罗树杰 著

广西虎村彝族跳弓节的个案研究

传统节日的生命力

知识产权出版社

全国百佳图书出版单位

图书在版编目（CIP）数据

传统节日的生命力：广西虎村彝族跳弓节的个案研究 / 罗树杰著 . -- 北京：知识产权出版社，2015.4

ISBN 978-7-5130-3123-3

Ⅰ.①传… Ⅱ.①罗… Ⅲ.①彝族－民族节日－研究－广西 Ⅳ.①K892.1

中国版本图书馆CIP数据核字(2014)第255525号

内容提要

本书通过对白彝村落传统节日——跳弓节的民俗志研究，从白彝的历史遭遇、自然与社会环境、生产方式等多种角度，根据直接参与观察，透彻理解当地人的生活故事和他们关于生活的淳朴观点，进行详细的民俗志描述。在追求民俗志书写"理想模式"的基础上，为学界进一步研究白彝提供更为翔实的资料。同时，运用参与式方法协助村民开展传统传承工作，期望民俗学研究走出书斋，"眼光向下"，将学术研究与探索解决现实生活中的问题结合起来，竭力以民俗学的知识，促进对"他者"的认识与理解，使更多的人关注弱势族群的民生与民间文化保护。

责任编辑：张　珑

传统节日的生命力：广西虎村彝族跳弓节的个案研究

CHUANTONG JIERI DE SHENGMINGLI:GUANGXI HUCUN YIZU TIAOGONGJIE DE GEAN YANJIU

罗树杰　著

出版发行	知识产权出版社有限责任公司	网　　址	http://www.ipph.cn
电　话	010-82004826		http://www.laichushu.com
社　　址	北京市海淀区马甸南村1号	邮　　编	100088
责编电话	010-82000860 转 8540	责编邮箱	riantjade@sina.com
发行电话	010-82000860 转 8101/8029	发行传真	010-82000893/82003279
印　　刷	北京科信印刷有限公司	经　　销	各大网上书店、新华书店及相关专业书店
开　　本	720mm×1000mm 1/16	印　　张	21
版　　次	2015年4月第1版	印　　次	2015年4月第1次印刷
字　　数	320千字	定　　价	59.80元

ISBN 978-7-5130-3123-3

专家评语摘录

中国民间文艺家协会副主席、中国民俗学会副会长

北京师范大学博士生导师刘铁梁教授

该论文的创新较为明显。

一是在研究方法上采用了"深描"目标的整体性观察村落与族群社会文化的方法，将虎村白彝的节日文化置于其历史和现实生活经验当中给予主位的理解，又从客位上比较了他们的节日文化与其他族群的异同，特别是因小见大，提出了如何透彻理解具体民俗拥有者、享用者生存处境和文化自觉过程的基础上来保护节日文化的问题。在民俗学、人类学的学理上，同时在当下文化保护话语的争论，这篇论文都是极具学术参考价值的。

二是追求一种理想化的民俗志写作模式的建立，将人文关怀的精神渗透在笔墨当中，将文化传统的理解与对于处于边缘、弱势地位群体发展道路的讨论有机地结合起来，既是整体描述的需要，也是贴近民众，"以人为本"的需要。

三是明确提出了白彝节日文化最基本的特征在于其具有明显的历史记忆功能，而此特征又与其婚姻圈的一定封闭性、体现村落权威和民主性的决策机制及集资于公共活动的机制等民俗事象紧密关联。

因此，虎村白彝节日文化个案研究，实际也是全景式的民俗志个案研究。其结论都是令人信服的，也是有一定普遍意义的。

中央民族大学中国少数民族研究中心主任

博 士 生 导 师 张 海 洋 教 授

　　该文围绕广西壮族自治区虎村白彝社区传统节日的民俗活动，丰厚描述和阐释杂居少数民族的仪式活动和文化再生产的关系，揭示民俗活动的行动主体如何通过文化展演来实现人与自然、神明和祖先的互动与互惠。

　　论文的学术价值在于阐明了少数民族传统文化的延续和创新的机制，为学界讨论相关问题提供了一个鲜活的案例。论文的应用价值在于阐明了传统文化对于构建和谐社会和重建有神社区的重要作用，从而为民俗文化保护提供了重要的道德和政策依据。

中国社会科学院民族文学研究所彝族学者

博士生导师巴莫曲布嫫研究员

　　彝学作为中国族别研究已有上百年的学术史，但广西彝族研究一直非常薄弱。论文以广西彝族白倮支系虎村的传统节日与民俗文化传承为研究对象，根据作者近年7次、为期约有3个月的田野作业和定点跟踪，运用社区研究中的"参与式方法"，结合民俗志阐释的分层描述，从生活空间、传统演成、文化观念、运作机制等角度，揭示出历史记忆、村落生活、节日传承之间的复杂关联和文化逻辑，从以下几个方面推进了彝族支系型节日文化的民俗学研究。

　　一、论文以充满细节的文化深描，将民俗学的村落研究理念，较为系统地投射到了一个具有地方性和支系性的边缘化社区，凸现了特定民俗时空中的村落节日生活及其自成一体的节日传统，不仅丰富了当代民俗学的节日文化研究案例，同时也从村落个案和专题研究补充了彝学领域中的重要缺环。论文的选题有着重要的学术空间。在当下非物质文化遗产保护的国家方略中，节日传统及其文化空间的学理问题是一个具有挑战性的重大课题，不容回避。论文立足于历史与现状，对族群-支系-村落关系中的民间生活世界与边缘社区的寒化选择问题进行积极探索，体现出当代学人应有的学术自觉。

　　二、作者将实证研究的学术诉求和深度参与的学术责任贯穿在田

3

野实践中，通过在虎村建立的田野关系，将民俗学整体研究法较好地统合到了村落社会的民俗实践与乡土治理模式的"结点"上，进而从年中行事的民俗时序到文化观念的深层表达，对节日文化的实践行为、传承形态、结构意蕴进行了系统的考察；加之直接来自田野的调查资料和个案分析，在民俗事件描写的资料学意义上较为完整地勾勒出一个村落的节日系统。

三、通过描述民间话语权力和分析虎村"七老制"在乡土自治与村落生活中的民间管理角色和决策机制，探析白倮彝族传统社会分工和民俗生活实践的内在机理、历史沉浮和现实遭际，说明长老制的社区组织在广西彝族地区有着独特的而稳定的制度传承，尤其是在节日传统及其文化连续性的运作机制中维系并巩固着社会网络（这与凉山彝族聚居区以家支管理为特征的乡土自治和以宗教性的季节仪式为时间管理的民俗生活极为不同）。作者从"人"这一村落文化的秉持者和实践者的角度作出定向梳理，彰显出民间文化的制度性传承及其文化创造力对塑造个体、社区和群体乃至村落公共场域和村民公共生活的意义，因而体系化、时序化的节日传统在一个边缘化的村落文化空间中得以存续、发展和变化的走向也由此得到了规律性的诠释。

民俗志研究范式的积极探索与实践
（代　序）

民俗志是民俗学研究的基础,也是重要的成果呈现方式之一。钟敬文先生在《建立中国民俗学派》中提出"民俗志",也称"记录民俗学",将其范畴确定为搜集、记录民俗资料的科学活动和对民俗资料的具体描述。但是,如何搜集、记录民俗资料,钟先生并没有具体论述。自古至今官修和民间著述的民俗志可谓汗牛充栋。但是,我认为,长期以来民俗学研究的不足,主要不是在理论和方法上,而是表现在民俗志的写作上。目前的所谓民俗志本身不能提供一种拥有学科意识的范式。民俗志写作成为一种复制过程,这种复制指的是写作对写作的复制。当前民俗志的不足主要表现在两个方面:一是写作成为一种复制的过程,导致民俗志文本和民间口头文本是一样的;二是民俗志成为没有叙述主体的资料集。因此,民俗志理想的模式应该是:第一,有确切的时间、地点和情景,能够让读者身临其境地体会到所描述的经历和事件,着重描写民俗事象是如何发生的,民俗仪式是如何组织起来的;第二,把"人"纳入审视的视野当中,不仅关注民俗行为过程,也关注民俗中的情感和体验,把普遍、平常的描述转化为具体、个别的描述;第三,田野作业的关键在于发现故事,注意采用情节化的叙事方式❶。虽然我从

---

❶ 万建中. 民俗志写作的缺陷与应有的追求. 民间文学论坛, 2007（1）.

理论上作了阐述，却由于琐事缠身无暇亲自实践。树杰君2004年9月考入北师大，到我门下攻读民俗学专业博士学位，此前他已经在广西民族大学民族学人类学研究所工作十多年，有比较丰富的田野作业经验和扎实的民族学基础，入学时我便鼓励他以此作为博士论文研究的方向。经过3年的艰苦努力，他交出了一份令我满意的答卷，并于2007年5月30日顺利通过论文答辩，得到论文评阅人和答辩委员刘锡诚、刘铁梁、陶立璠、徐杰舜、张海洋、吕微、巴莫曲布嫫等教授的肯定。毕业后，他在广西大学和国家社会科学基金的支持下，继续研究，现在他的论文经过补充、修改，准备出版，嘱我作序。作为导师，这种"美差"似乎是义不容辞的，因而在此写上几段话，权作勉旃。

树杰君的论文以节日这个重要的民俗事项作为切入点，选取白彝族群的一个聚落——虎村为田野点，借鉴人类学的参与观察及整体研究法，对该族群的传统节日——跳弓节进行"深描"。白彝是滇桂交界的一个小族群，人数不多，地处偏僻，交通不便，生活条件艰苦，以往的研究成果较少。作者克服困难，3年间多次深入村落，与村民同吃同住，与村民交朋友，参与村民的活动，虚心向村民学习求教，收集了丰富而可靠的第一手资料。对于丰富彝族研究和传统节日的研究是很好的补充，也更有利于外界进一步了解这一族群。更重要的是，该成果为探索民俗志研究的新范式做了有益的尝试，对于民俗学的学科建设将是一种促进。

首先，作者对民俗志的传统研究缺陷进行了进一步反思。在肯定传统民俗志写作不足的同时，作者进一步指出，以往民俗学研究在方法论上存在两方面的遗憾：一方面即简单地把民俗学理解为一般文化史中的民俗专题研究，不做调查，有悖民俗学"眼光向下"的研究旨趣。而且时空概念非常模糊，在描述民俗文化、民众的生活方式等对象时，缺乏具体的时空坐落的交代，成为一种超越民俗传承的具体时空、以民俗事象为中心的研究范式，"见物不见人"。此外，由于忽视民俗事项的具体时空，还往往把汉族等同于中国，相当数量的作品仅仅叙述汉族的节日，根本没有涉及少数民族，就冠以"中国"二字，无意中就把少数民族排在研究范围之外，严重伤害少数民族成员的感情，不利于民族团结；另一方面民俗学传统的采风往往时间很短，一般是参加节日活动后就走，只看到节日活动表面的"狂欢"场面，而对节日在现实生活中处于什么位置及其所表达的是什么意义很少深究，难以深入了解民俗活动的具体时空和参与者，所取得的成果容易使民间文化、生活方式与民众生活相剥离。作者这种反思是深刻和实事求是的，有利于对学科的发展，反映了一个民俗学学者的学科自觉。

其次，强调在田野语境中去观察和理解民俗。作者以扎实的田野工作及与村民的频繁互动，不仅仅是做单纯的节日研究，而是与文化的拥有者、继承者一起探索传承保护的路径，强调在参与中观察民俗生活、民俗展演的情境、民俗展演的人际互动、民俗展演与社会生活、民俗活动中社会关系、文化传统之间的复杂关联等，把民俗生活看作是在一定的时空范围内的文化传承，来进行综合的、整体的研究，是一种超越文化史视野的民俗研究范式，有人类学民族志式的研究取向，体现了作者对民俗研究范式的积极探索。

再次，该书凸显人文关怀情结。在当前传统文化保护与开发实践中，存在不同的意见，尤其是政府、商人与文化的拥有者、学者的意见往往存在很大的差别。其差别的关键在于立场不同。作者从保护传统文化的目的和民主权利的角度出发，提出保护民族的民间传统文化，这当然关乎全人类，但首先是民族民间文化的拥有者和继承者的事，这是他们的民主权利。因此，保护一个民族民间传统文化首先得尊重这个民族，这需要官员和专家学者要始终抱着学习、合作、平等、谦虚的态度向当地人学习，尊重、理解当地人的

7

传统文化，而不是把自己当作"救世主"，认为民众愚昧、无知，从而盛气凌人、滔滔不绝地给当地人讲课、做指示。政府官员和专家必须扮演协助者，与他们讨论、分享知识和经验，启发培养当地人的自信。尊重当地民众对自己的传统文化的选择权，这是工作的基本原则和基本态度。作者在研究过程中，在香港社区伙伴（PCD）的支持下，采用参与式方法与当地民众进行探讨传统文化保护与可持续生计的途径，促进当地民众的文化自觉，体现了作者民俗学者的人文关怀情结。我以为这是民俗学者应该秉持和倡导的态度。

探索需要勇气，探索也是有风险的，但是也只有不断大胆探索，学术研究才能不断深化与发展。树杰君这一探索是一个有益的尝试，祝愿他在不断探索中取得更多的收获。

万建中

2014 年 6 月 30 日

于北京师范大学

摘　要

　　白彝是彝族众多支系中的一个小族群，长期处于弱势的地位。本研究之所以选取白彝为研究对象，不仅因为其具有弱势族群传统传承所面临的普遍性问题，而且也期望通过一个白彝村落传统节日的民俗志研究，在追求民俗志书写"理想模式"的基础上为学界进一步研究白彝提供更为翔实的资料。同时，笔者运用"参与式方法"协助村民开展传统传承工作，更期望民俗学研究走出书斋，"眼光向下"，将学术研究与探索解决现实生活中的问题结合起来，竭力以民俗学的知识，促进世人对白彝的认识与理解，使更多的人关注弱势族群的民生与民间文化保护。

　　本研究的目的，在于通过考察白彝这个地处偏远山区弱势族群的传统节日体系的重新建构、运作机制和传承的基础与动力，检视与反思前人的研究成果；通过田野调查，以当地人的观点来解析他们发明传统和传承传统的原因；借用人类学的整体观，将传统节日置于整个社会生活与文化背景中加以理解；从白彝的历史遭遇、自然与社会环境、生产方式等多种角度，根据直接参与观察当地人的生活故事（life histories）和透彻理解他们关于生活的淳朴观点，进行详细的民俗志描述。

　　本研究试图以民俗学及其相关的人类学、民族学、社会学等学科的前沿理论和方法为指导，在详细调查并协助当地人传承传统的实践的基础上，开展相关学术对话，形成自己的思考与结论：传统是发明出来的，一个族群的传统节日既是族群传统的重要内容，也是族群传统的重要载体，族群文化观念的集中表达是节日活动产生与不断传承的思想基础，传统的生命力在于根据时空变化不断调适，所谓的"原生态""原汁原味"不过是炒作和误导，甚至是骗局；一个族群传统节日制度化的运作方式是传统节日生命力的保障机制，它不仅体现了民俗的规范功能，更体现了族群的社会结构、个人与村落成员的关系，以及一个人一生社会角色转换、社会地位提升的过程。推动族群传统节日传承的力量是多方面的，在新的历史条件下，旧基础和动力的弱化，增加了新的动力，使传统节日不会轻易消失，但根本的力量在于族群文化自觉意识的增强。在全球化的大背景下，对于长期处于弱势地位族群传统的保护，外力的推动是必要的，但是一定要把握好方向，方法要适当，要牢记传统的拥有者的文化自觉才是传统生命力、原动力。非物质文化遗产保护要关注文化拥有者的生存状态，尊重文化拥有者的自主选择，体现人文关怀。

此外，本研究坚持从当地人的视角来观察当地的传统，尽可能给地方性解释以充裕的空间与表述机会，所形成的是能够看到具体民俗拥有者、继承者和具体时空的民俗志。本研究对于探讨其他弱势族群传统传承、政府理解弱势族群的传统和制定保护民间传统政策、建设"社会主义新农村"都具有一定的参考价值。

【关键词】虎村；白彝；传统节日；传统发明；传统传承；生命力；民俗志

ABSTRACT

The White Yi is one of the many branches of the Yi nationality in Yunnan province and Guangxi Zhuang Autonomous Region. The present study chooses the White Yi as the object of research for the following reasons: Firstly, the problems in inheriting their traditional customs are shared by many disadvantageous ethnic groups. Secondly, it expects to provide more detailed data for further studies of this group through an ethnographic study of the traditional festivals in a White Yi village on the basis of "ideal pattern of folklore ethnography". Thirdly, through assisting the White Yi villagers in the work of tradition promotion, the present author expects more folklore studies to be carried out in the field, focusing on the needed and combing the academic research with the exploration of solutions to the problems in the real life of the people under study in order that better understandings of the White Yi are gained and more attentions are paid to the livelihood of the disadvantageous ethnic groups and the protection of their cultural heritages.

The purpose of this study is to reconsider the previous researches by inspecting the reconstruction and the basis and driving forces of traditional festivals of the disadvantageous ethnic group in remote mountainous areas, or in other words, to perceive the reasons of inventing and inheriting traditions from the native point of view. The author tries to understand the traditional ethnic festivals in the entire social life and cultural context such as historical experiences, physical and social environments, mode of production and so on. Based on direct participatory observation and the thorough understanding of the native life histories, the author provides a detailed description of folklores in a White Yi village.

According to the fieldwork of folklore and nowadays theories and methods of related subjects of anthropology, ethnology and sociology, and the experience in assisting the local people to inherit their traditions, the author developed the academic dialogue and drew the following conclusions:

Firstly, tradition could be invented. Traditional festivals of the ethnic groups play an important role in tradition inheritance. They typically exhibit the traditional ethnic heritages and embody abundant historical and cultural meanings. The vitality of tradition comes from the continuous adjustment and adaptation according to the changes in time and space. The so-called"prototype" or "original" is a kind of exaggeration and it is misleading.

Secondly, the operation of traditional festivals of an ethnic group manifests not only the normative functions of folklore, but also the social structure, the relations among villagers, the shift of social roles of an individual, and the process of promotion in his/her social status.

Thirdly, there are many reasons for the traditional ethnic festivals to be inherited. When the previous basis and driving forces of traditional festivals become weaker and weaker under the new historical settings, the new impetus emerges and plays a part in sustaining traditional festivals. The social and spiritual needs of human being decide existence, inheritance and adjustment of traditional ethnic festivals. This is where the vitality of traditional festivals exists. Therefore, it is insufficient to judge whether an ethnic tradition is pith or dross simply based on the "materialistic" or"idealistic"standards. The protection of intangible cultural heritages needs to pay more attentions to the living conditions of cultural carriers and to respect their own choices.

In addition, the author persists that scholars take the native's views to perceive the local traditions and give sufficient space and opportunity of expression for a local interpretation. This kind of folklore ethnography specifies the owner, the users and specific time and space. The questions discussed here have certain referring values to explore the inheritance of tradition of other disadvantageous ethnic groups for academics, to understand the traditions of the disadvantageous ethnic groups and to protect popular traditions in policy-making as well as to build the "new socialist countryside"for the present government.

【Key words】Tiger Village; the White Yi;Traditional Festival; Invention of Tradition;Inheritance of Tradition;the Vitality of Traditional;Folklore Ethnography

目　录

II

绪论：研究的主题、理论与方法

　　本研究在前人研究的基础上，以田野调查为基础，选取白彝[1]的一个村落——虎村为个案，并运用参与式方法（Participatory Rural Appraisal）协助村民开展传统传承工作，试图以民俗学及人类学、民族学、社会学等学科的相关理论与方法，在更广泛的意义上考察虎村村民的传统节日体系的重建、运作和传承，在详细调查并结合协助当地人传承传统的实践体会的基础上，开展相关的学术对话，探讨弱势族群传统节日的生命力。本书所说的传统节日的生命力就是指传统节日维持和延续的能力。

一、选题

（一）选择传统节日的原因

　　传统节日，也称传统岁时节日、传统节庆，是民众集体创造的文化产品。它集信仰、经济、社交、娱乐等功能于一身，成为广大民众生活必不可少的组成部分，至今依然[2]。一个族群的传统节日活动集中体现了这个族群的思维模式、行为方式、价值取向、审美情趣、族群性格、饮食习惯等文化深层结构，传统

---

　　[1] 滇桂交界地区的白彝与凉山地区的白彝是不同的概念。两者不仅分布地域不一，更重要的是划分标准不同，前者是一个以文化来划分的族群，后者则是以血缘来划分的等级。凉山彝语称"黑彝"为"诺"或"诺惹"，"白彝"为"曲"或"曲惹"。"诺"和"曲"是凉山彝族固有语。而"黑彝"与"白彝"是外来注释语。彝语中的"诺"和"曲"也不完全等同于汉语中的"黑彝"或"白彝"，在彝语中更无相对应的词，因约定俗成而被沿用。中华人民共和国成立以前，凉山地区的彝族等级森严社会。从古代历史上看，彝族的社会曾分为"兹、莫、毕、格、卓"五个阶层。从近古史上看，凉山彝族社会又分"兹、诺、曲莫、阿甲、干席"等阶层。从"诺""曲诺"等字意表面上看，虽有"黑""白"之谐音，但根本没有现在的"黑彝""白彝"之含义。参阅 诗普尼温. 白彝黑彝从何而来. 凉山论坛: http://www.ls666.com/bbs/dispbbs.asp?boardid=68&id=9928, 2003. 本书所指的白彝均非凉山地区的白彝。

　　[2] 钟敬文. 民俗学概论. 上海：上海文艺出版社，1998：153.

节日在民族文化中占有重要的位置，在人们的日常生活中发挥重要的作用，是一个族群或地区的标志性文化之一，也"是一宗重大的民族文化遗产"**❶**。因此，选择一个族群的传统节日来考察，就抓住了一个族群传统的核心。

〔二〕选择白彝的原因

白彝是彝族众多分支中人口比较少的一个分支族群，自称"芒佐"，意思是"白倮"**❷**也称"倮族""高裤脚彝族"等，主要散居在中国西南的云南省与广西壮族自治区交界的六韶山南麓方圆数十千米范围的一些寨子，总人数两千多人，云南省富宁县板仑乡、里达镇和广西壮族自治区那坡县城厢镇是白彝村落分布的主要行政区域。据虎村人说，云南省富宁县龙洋是白彝最大的寨子，有一千多人，四个跳弓场**❸**。笔者考察的虎村则是广西白彝最大的村落。

白彝居住地区沟壑交错，山高雾大，大部分村落交通不便，生存环境比较恶劣，生活贫困。当地壮族、汉族的女子不愿嫁到白彝，因而千百年来白彝都实行族群内部通婚，与其他族群的交往比较少，呈现出相对较强的族群封闭性。

彝族是一个具有悠久历史和灿烂文化的民族。彝族研究一直是民族学、人类学、民俗学研究中的热点之一，大量论著与之相关，但学界对白彝的研究还不够系统、深入。白彝分布不广、人数不多，但文化独特，做白彝民俗志具有资料价值。目前出版的相关学术著作和发表论文不多，而且存在不少由于调查不够深入而产生的语焉不详的问题乃至错误。本研究之所以选取白彝为研究对象，不仅因为其传统传承具有弱势族群传统传承所面临的普遍性问题，而且也期望通过对一个白彝村落传统节日的民俗志考察，为学界进一步研究提供比较翔实的资料。同时，更期望民俗学研究走出书斋，"眼光向下"，更贴近民众，将学术研究与探索解决现实生活中的问题结合起来，竭力以民俗学的知识，促进世人对白彝的认识与理解，使更多的人来关注和帮助弱势族群的民生与民间文化保护。

---

❶ 萧放. 传统节日：一宗重大的民族文化遗产. 北京师范大学学报（社会科学版），2005（5）.

❷ 王光荣. 通天人之际的彝巫"腊摩". 昆明：云南人民出版社，1994：6.

❸ 跳弓场：白彝寨神庙前集体祭司、娱乐的公共场地，场地中间有一丛金竹.

（三）选择村落的原因

以村落为研究单位一直是人类学的传统研究方法，人类学起源于对异民族原始文化的调查研究，后来到了研究程度高的复杂文明，就着重研究"小传统"，即基层民间文化，所以人们一直把人类学当作研究小传统的专门学问，因而以村落为单位的研究方法一直为人类学所推崇。其原因主要有两个：一是在农业社会里多数人居住在乡村；二是乡村规模小，便于以个人为主的研究人员在一两年内完成调查或研究❶。这种方法同样是民俗学的基本研究方法之一。与人类学有着相似旨趣的民俗学也十分强调村落研究。在民俗学家看来，村落作为民俗传承的生活空间，村落调查可被视为民俗学研究的基础性工作，村落召唤着民俗学者❷。日本民俗学家小岛璎礼更是提出民俗学的存在意义就在于民俗学是"从村落社会发展起来的一门构想性科学"❸。虽然以村落为单位进行民俗志研究已经取得了不少成果，传统变迁的研究也已经不是什么新鲜的话题，但是以一个具体村落的传统节日来进行民俗志研究，目前好像还没有这样的成果，对于白彝乃至彝族来说目前更是缺乏村落的节日民俗志。

（四）笔者的追求

以往的民俗学者绝大多数只是到调查点调查回来后著书立说就完事，而对于研究对象最为关心的问题很少给予关注和帮助（可能更多的是无能为力），甚至很少过问研究对象最关心的问题是什么，以致民俗学者被一些地方官员和民众认为是虽然研究人间烟火却不食人间烟火的人，不仅不会给研究对象带来什么"好处"，而且是专门来麻烦研究对象的，因而成为了"不受欢迎的人"。极个别学者还缺乏道德的自律，侵犯调查对象的隐私权和名誉权而遭到调查对象的痛斥。本来"民俗生活就是和谐生活，安全的生活"❹，却弄到如此地步，的

3

❶ [英]拉德克利夫·布朗. 对于中国乡村生活社会学调查的建议. 夏建中，译. 社会人类学方法. 北京：华夏出版社，2002：180-189.
❷ 刘铁梁. 村落——民俗传承的生活空间. 北京师范大学学报（社会科学版），1996（6）.
❸ [日]小岛璎礼. 民俗学之存在意义. 赵晖，何彬，译//周星. 民俗学的历史、理论和方法（上册）. 北京：商务印书馆，2006：339.
❹ 万建中. 民俗文化与和谐社会. 新视野，2005（5）.

确是学者的悲哀，对学科的声誉也是一种伤害。

　　在笔者进入虎村之前也听到一位来自虎村的干部说过，一些学者到虎村调查时就有村民对他们说："你们拍照、调查回去写文章发表得钱，我们却什么也没有得到。"所以，一些村民对到虎村调查的学者并不是太热情。村民的这种想法和态度是可以理解的。从互惠原则来说，别人给我们帮助，我们也应该给他帮助，否则就是不道义的，可是民俗学者却往往很难给别人什么帮助。于今，在市场经济条件下人们的经济意识逐渐增强，从经济学的角度来说，无偿占用别人的劳动就等于剥削。因此，民俗学者田野调查的处境往往是比较尴尬的。于是，在这些年的调查研究中，笔者受费孝通先生"迈向人民的人类学❶"思想的影响，作为一个少数民族学者，深切关注着少数民族地区的发展，也在琢磨着如何令民俗学研究走出书斋。民俗学者不仅要继续弘扬"眼光向下❷"的传统，不能"告别田野"❸，而且要将学术研究与探索解决现实生活中的问题结合起来，竭力以民俗学的知识，促进世人对乡土社会的认识与理解，使更多的人来关注和帮助弱势族群的民生与民间文化保护，使研究对象与地方政府感受到民俗学者不仅是能够贴近民众生活的，更是与他们"心连心"的，能够想他们之所想，急他们之所急，并不是"很无聊的人"。

　　所幸的是，2003 年初与香港社区伙伴❹结缘，使笔者的这种追求逐渐得以

---

❶ 费孝通先生 1980 在美国接受马凌诺夫斯基应用人类学奖时，以"迈向人民的人类学"为题发表演讲，一再强调："科学必须为人类服务，人类为了生存和繁衍才需要科学。毋需隐瞒和掩盖我们这个实用的立场，问题只是在为谁实用？用来做什么？我们认为：为了人民的利益，为了人类中绝大多数人乃至全人类的共同安全和繁荣，为了满足他们不断增长的物质和精神生活的需求，科学才会在人类历史上发挥它应有的作用。"（费孝通. 迈向人民的人类学. 社会科学战线，1980 年（3）；同时收入 费孝通选集. 福州：海峡文艺出版社，1996.）

❷ 赵世瑜. 眼光向下的革命. 北京：北京师范大学出版社，1999；钟敬文. 民俗学：眼睛向下的学问——在田传江同志与北师大研究生座谈会上的致辞. 民俗研究，2001（4）.

❸ 施爱东. 告别田野. 民俗研究，2003（1）.

❹ 香港社区伙伴（Partnerships for Community Development，PCD）是在香港注册的慈善机构，没有任何宗教或政治背景，是香港嘉道理基金会属下一个独立的发展机构。PCD 秉承公平、多元、自力自主、合乎生态原则、善治、互助及正能量的原则，强调以人为本、关顾环境生态、并尊重地方文化，提供资金及非资金的支持，在中国内地与本土社区、发展机构和地方政府以合作伙伴的关系，为达至可持续生活而努力，与本地的伙伴一起工作、学习和分享。面对当前中国与世界的发展趋势，PCD 相信需要反思主流发展模式，才能更好地建立人与自然的和谐关系。参阅 PCD 网站 www.pcd.org.hk.

付诸实践。在参加社区伙伴第一期在广西马山县的社区发展项目后，2004 年笔者当时所在单位——广西民族学院❶民族学人类学研究所就得到其支持，开展"传统知识与可持续性生计"的行动项目，其中白彝社区的项目由笔者负责。本书就是结合这个项目的实施来开展调查研究的成果。

正因为利用 PCD 项目，运用参与式方法协助村民开展传统传承工作，帮助他们解决了一些多年想解决而没有解决的问题，笔者在虎村调查时与村民的关系非常融洽，调查进行比较顺利，甚至村民有什么意见和想法还主动来找笔者反映，不少村民都纷纷表示，到他们做"麻公"或者"巡题"❷时，请笔者务必要参加相关仪式，体现了村民对笔者的信任及研究者与被研究对象之间一种和谐的关系。

本研究的目的就是试图通过考察偏远山区弱势族群的传统节日体系的重新建构、运作机制和传承的基础与动力，从而检视与反思前人的研究成果。从2004 年 7 月到 2006 年 11 月两年多时间里，笔者共进行七次田野调查，通过比较长时间的参与观察（Participant Observation）和大量的访谈，并协助当地人传承他们的传统，获取翔实的田野资料，强调从当地人的视角来解析他们的传统节日，然后再将传统节日置于整个社会生活与文化背景中去分析影响他们传统节日形成、运行和传承的因素，做"解释"的"解释"，探讨弱势族群传统节日的生命力。当然，这可能也只是笔者的一种追求，因为笔者既不是当地人，更不是白彝的成员，所经历的民俗志描述，是对不熟悉的文化和社会场景的描述，不敢说这一描述就是"颠扑不破的真理"，只能说是一种"努力接近事实"的描述。正如陈向明所说："'现实'不是固定不变的，任何'现实'都是交往各方在具体社会文化情境中的即时建构，是参与各方通过互动而达成的一种暂时的共识。"❸置身于在悠久而内涵丰富的"异文化"之中，用英国人类学家巴利的话来说，我们不过是一个"天真的人类学家"❹。

5

---

❶ 经教育部同意，2006 年 5 月 18 日更名为广西民族大学。

❷ 做"麻公"和"巡题"是虎村男子一生必须经过的两个阶段，后面将详细论述。

❸ 陈向明. 文化主位的限度与研究结果的"真实". 社会学研究，2001（2）.

❹ [英]巴利. 天真的人类学家——小泥屋笔记. 何颖怡，译. 上海：上海人民出版社，2003.

二、有关研究述评

（一）关于研究方法

研究方法是为了达到学科目的的研究工具，是构成学科体系的核心之一。"有人认为民俗缺少自身的理论，说它的理论源自人类学，民俗学只是人类学搜集材料的一个手段；也有人认为中国民俗学与西方民俗学不在一个理论层面上。尽管此类说法有许多值得商榷之处，但中国民俗学理论必须发展，这也是人所尽知的事实。"❶与人类学、社会学等相关学科层出不穷的理论学派相比，民俗学在理论方法上的建树是比较少的，"民俗学方法论的著作，目前国内还很少见"❷，因此常常遭到其他学科学者的诟病。越来越多的民俗学者也开始反思这个问题，表现出强烈的危机感，甚至把民俗学方法论的缺陷当作民俗学之所以面临多门学科的挑战的根本原因❸。而民俗学学科理论建设不仅需要在书斋里的探讨，更重要的是要在实践中进行探索，像刘铁梁教授主编的《中国民俗文化志》，按照"标志性文化统领式"的模式来书写民俗志，就是这种探索实践的重要成果。

根据自己的学习和体会，窃以为以往民俗学研究（包括传统节日的研究）在方法论上存在至少三方面的遗憾：

第一，大部分是一种文化史的研究，即"把民俗学看成与文化史或一般文化学研究没有什么区别的学问，……简单地把民俗学理解为一般文化史中的民俗专题研究"❹。其实，钟敬文先生早在1986年给后滕兴善的《民俗学入门》写序时就指出了这种研究方法不是民俗学研究的重点。他说：

民俗学作为一种科学，它是"现在的"学问，而不是"历史的"学问……民俗学的记述和研究，是以国家民族社会生活中活生生的现象为对象的。过

---

❶ 夏敏. 文化变迁与民俗学的学术自省. 民俗研究，1999（2）.

❷ 钟敬文. 关于民俗学结构体系的设想. 钟敬文文集（民俗学卷）. 合肥，安徽教育出版社，2002：46.

❸ 刘晓春. 民俗传承的地方性研究——以客家乡村社会为个案. 湛江师范学院学报（哲学社会科学版），1999（1）.

❹ 罗树杰问，刘铁梁答. 民俗学与人类学. 广西民族学院学报（哲学社会科学版），2005（3）.

去，我们学界（包括我自己在内）对此点认识是不够清楚的。有些学者往往从古文献上去抄辑材料，或热衷地到历史民俗现象中去寻找研究题目。我们应该说，对古代民俗资料的辑录乃至整理，对古代民俗进行科学的研究，是完全必要的。但是，它是文献民俗的整理或研究，是属于历史民俗学或民俗史研究的范围，跟民俗学当然也有关系，但基本上却不是一回事❶。

可见，钟敬文先生认为民俗学重点是要"拿一般民众的'生活相'作为直接研究的资料"❷，而不是通过文献研究从古代文人的记录中找到解释文化的依据。受"热衷地到历史民俗现象中去寻找研究题目"这种研究取向的影响，以往许多关于传统节日研究成果的特点就是基本不做调查研究，而且时空概念很宽泛。空间上多冠以"中国""××省""××族"，如佘时佑的《中国节日》（华文出版社，2005 年）、赵东玉的《中华传统节庆文化研究》（人民出版社，2002年）、杨琳的《中国传统节日文化》（宗教文化出版社，2000 年）、徐万邦的《中国少数民族节日与风情》（中央民族大学出版社，1997 年）、赵杏根的《中华节日风俗全书》（黄山出版社，1996 年）、简涛的《立春风俗考》（上海文艺出版社，1998 年）、陈久金和卢莲蓉的《中国节庆及其起源》（上海科技教育出版社，1989 年）、常天的《节日文化》（经济出版社，1995 年）、黄泽的《西南民族的节日文化》（云南教育出版社，1995 年）、雪犁的《中华民俗源流集成·节日岁时卷》（甘肃人民出版社，1994 年）、乔继堂的《中国岁时礼俗》（天津人民出版社，1991 年）、韩养民和郭兴文的《中国古代节日风俗》（陕西人民出版社，1987 年），罗启荣的《中国年节》（北京科普出版社，1983 年）等，这是第一个特点。第二个特点就是时间概念很模糊，有的根本不写时间，有的即使写了也是宽泛和含糊不清的，如宋兆麟和李露露的《中国古代的节日文化》（文物出版社，1991 年）、胡敏的《汉族四时八节风俗》（广西教育出版社，1990年）、韩养民和李岩龄的《中国古代节日风俗》（陕西人民出版社，1987 年）、林继富的《西藏节日文化》（西藏人民出版社，1993 年）等。由于使用的空间

7

---

❶ 钟敬文. 民俗学入门·序//钟敬文文集（民俗学卷）. 合肥：安徽教育出版社，2002：482.
❷ 钟敬文. 民俗学入门·序//钟敬文文集（民俗学卷）. 合肥：安徽教育出版社，2002：482.

太宽泛，而实际上又没有涵盖足够的范围，如有的往往把汉族等同于中国，仅仅叙述汉族的节日，根本没有涉及少数民族，就冠以"中国"二字，无意中就把少数民族排除出了中国的范围，严重伤害了少数民族成员的感情。而民俗学自"五四"以来就是一门"眼光向下"的学问，"民俗学的研究是从对现实的民俗观察入手的，而不是先从考查文献记录开始的。所以从一定意义上说，是从共时性的发现开始而进入历时性的解释"，"注重研究生活层面的文化""深入地了解他们为什么拥有这种文化，他们怎样传承这种文化"，"特别关注民众在生活中实际拥有的怎样的文化，了解他们怎样创造与传承这些文化以及怎样选择与吸收外来文化的情况"❶。简单地把民俗学研究等同于文化史的研究，不是民俗学研究的旨趣，"违背了民俗学眼光向下和理解民间的初衷。虽然是在研究民众的文化，可是在方法上却不肯亲近民众、贴近生活，这是一个必须要反思的问题"❷。

第二，"采风"研究而不是"田野调查"研究。采风的传统在中国可谓源远流长，采风在上古就成为制度。《汉书·艺文志》就记载："故古有采诗之官，王者所以观风俗，知得失，自考正也。"后人因此把采诗称为采风，近人又将民间文学的搜集工作称为采风。现代又把文艺工作者下基层体验生活引申为采风，有些摄影、美术的爱好者也把外出摄影、创作称为采风。"采风"的特点一是时间短，长的几天，短的只有一两个小时；二是收集的资料比较单一，主要是采集民歌、民间故事和摄影等，很少涉及族群的政治背景、经济社会、社会结构、教育等"社会场景"❸；三是往往人数众多，各地的作家协会、摄影家协会、民间文艺家协会等往往组织集体采风：数十人或百人以上的集体创作，如 1998 年 10 月"北京百姓摄影俱乐部组织的'吉普金秋坝上行'创作活动，当时有 30 辆吉普车，100 多号人，车队上路时，浩浩荡荡，烟尘滚滚，像

---

❶ 罗树杰问，刘铁梁答. 民俗学与人类学. 广西民族学院学报(哲学社会科学版),2005(3).

❷ 罗树杰问，刘铁梁答. 民俗学与人类学. 广西民族学院学报(哲学社会科学版),2005(3).

❸ Kelly D. Introduction: A Discursion on Ethnography// Liu J, Ross A H, Kelly P D. The ethnographic Eyes. Interpretive Studies of Education in China. New York: Falmer Press, 2000: 2.

军队行进，十分壮观" ❶。

　　田野调查，也称田野工作、田野作业、实地调查，其实都是英文 "fieldwork" 的不同译法，是西方人类学家注重面对面（face to face）的接触及视觉探索的必然产物。它开始于路易斯·亨·摩尔根（Lewis Henry Morgan），到马林诺夫斯基（Malinowski）得以成为学科范式。从马林诺夫斯基以后，没有田野调查的经历，像詹姆斯·弗雷泽（James George Frazer）那种"摇椅上的人类学家"就称不上真正的人类学家。19 世纪 60 年代以前，如果一名人类学专业的学生想要获得博士学位，先到某种异文化中去从事田野调查是唯一的途径。田野调查的研究方法是："在实地调查中，我们集中在一个地点住上一年以上的时间，把握当地年度周期中社会生活的基本过程，与当地人形成密切的关系，参与他们的家庭和社会活动，从中了解他们的社会关系、交换活动、地方政治和宗教仪式。人类学家称这一基本的工作为'田野工作'（fieldwork），称田野工作的基本内容为'参与观察'（participant observation）。" ❷对于什么是"参与观察"，人类学家布瑞曼（Berreman）有进一步解释：

　　参与观察是指与被研究者共同生活，通过日常生活中的密切交往来逐渐地了解他们和他们的语言以及他们的生活方式。这就意味着民族志工作者要与被研究者交谈、与他们一起劳作、参与他们的社会活动和仪式、走访他们的家庭。简言之，要尽可能在不同的场合与他们接触，从而了解他们。有时为了获取某个专题方面的材料，他需要进行访谈。他应时刻关注发生在他身边的一切事情，尽可能地去了解那些不曾预料的或看似无法解释的事件或事情。他获取资料的方法往往是极为灵活的，因而也是难以界定清楚的。❸

　　因此，采风与人类学的田野调查虽然都是实地调查，但是田野调查与采风方法比较主要有几点不同。一是要求时间比较长，西方人类学要求在一个调查

---

❶ 蒋超. 闲谈"采风". http://www.ycrx.cn/photography/exoterica5.html.

❷ 王铭铭. 人类学是什么. 北京：北京大学出版社，2002：63.

❸ Berreman G D. Ethnography Method and Product//Clifton A J. Itroduction to C Anthropology：Essays in the Scope and Methods of the Science of Man B. Boston：Houghton Mifflin Co.，1968：337. 转引自 袁同凯. 走进竹篱教室. 天津：天津出版社，2004：48.

点连续调查时间一般不少于一年。笔者的同事和同学在香港中文大学人类学系攻读博士学位，导师要求他们在田野点做调查的时间加起来必须不少于 8 个月。虽然，这种时间要求不断遭到质疑，他们提出"时间的长短必须与调查的目的相结合"❶。笔者同意调查时间的长短不应该有硬性的规定，但一般而言调查时间充裕一些，得到的材料将会更加可靠。二是一般参与的人很少。三是田野调查时强调采用"参与法"，"即调查者深入到被调查的群众之中，与之共同生活，从生活方式的参与，进而到文化心理、民族意识的参与"。因此，这种方法"所得资料不但数量大，而且可信性强"，"固然优越于一般的'采风'"❷。由于以往研究传统节日的著作除了文化史角度的研究外，大部分就是"采风"的成果。这类成果虽然是到民众那里调查出来的，但时间很短，往往是参加节日活动后就走，只看到节日活动表面的"狂欢"场面，而对节日在现实生活中处于什么位置，为什么是现实生活不可缺少的组成部分，它所表达的是什么意义等问题并不关心，也不了解。这些采风的成果"将民间文化、生活方式等对象从社区生活中抽取、剥离出来，无视具体时空坐落中的制度与语言体系、人们的实际行为以及人们对制度和行为的看法，更不考虑文化与创造文化的人之间的关系。因此，民俗学的成果构成了一幅单一的、泛民族的'民俗'图景"❸，或形成"一种宏大叙事（grand narrative），关注于普适性理论，抛弃了地方性，使民众成为一个模糊化、边缘化、实语化的存在"❹。刘晓春认为，形成中国民俗学研究的这样一个路径与 20 世纪以来进化论思潮对人类学、民俗学的影响有关❺，但笔者认为主要是受中国民间文学采风这种学术传统的影响。中国的民俗学研究从"五四"开始就是从大规模采风开始的。钟敬文先生就说："我从早期开始写作一般文艺论及民俗学（包括民间文艺学）的文章，直

10

❶ 陈庆德，等. 人类学的理论预设与建构. 北京：社会科学文献出版社，2006：367.
❷ 钟敬文. 民俗学概论. 上海：上海文艺出版社，1998：484.
❸ 刘晓春. 民俗传承的地方性研究——以客家乡村社会为个案. 湛江师范学院学报（哲学社会科学版），1999（1）.
❹ 吉国秀. 婚姻礼仪变迁与社会网络重建. 北京师范大学民俗学专业博士论文，2004：1.
❺ 刘晓春. 民俗传承的地方性研究——以客家乡村社会为个案. 湛江师范学院学报（哲学社会科学版），1999（1）.

到三十年代前期，很少地注意到方法论的问题……我的这方面的觉醒是到了东京之后。"❶而且，中国民俗学作为一门学科从诞生的那一天起就是设在中文系里，搞民俗学的人大多数是出身于搞民间文学的，这种状况至今并没有得到根本的改变。以致民俗学的学科地位处于十分尴尬的位置，属于法学门类的社会学一级学科，却设在中文系里，在社会学界处于边缘，在文学界也得不到足够的重视，在公共资源的分配上能够获得的份额很少。

第三，民俗志写作方面的缺陷。关于这一点万建中教授已经作了很好的概括。他认为当前民俗志的不足主要表现在两个方面：一是写作成为一种复制的过程，导致民俗志文本和民间口头文本是一样的；二是民俗志成为没有叙述主体的资料集。因此，民俗志理想的模式应该是：①有确切的时间、地点和情景，能够让读者身临其境地体会到所描述的经历和事件，着重描写民俗事象是如何发生的，民俗仪式是如何组织起来的；②把"人"纳入审视的视野当中，不仅关注民俗行为过程，也关注民俗中的情感和体验，把普遍、平常的描述转化为具体、个别的描述；③田野作业的关键在于发现故事，注意采用情节化的叙事方式❷。就目前研究节日的成果而言，不仅看不到传统节日的具体时空和节日活动的参与者，而且缺乏一个具体村落的传统节日即微观的有深度的个案描述的民俗志。

有鉴于以往研究成果的不足，笔者以为，既然民俗学关注的是民众生活层面的文化，而民众的生活是具有时空的，传统节日作为民众生活的一种非常态，更应强调时空特点，应该关注传统节日具体时空中的民众。其实，以日本柳田国南先生为代表的民俗学家一开始就比较重视村落这样的时空。关敬吾先生的《民俗学》也强调民俗是在一个村落或其他具体的社会时空当中。"相比之下，中国的现代民俗学虽然也有爱国的情结，有民主、科学的追求，但更具有民本主义的倾向，一开始就是强调走向民间，为老百姓说话。但对于这个'民'只给予阶级的、地位的界定，过分强调它是哪个阶级的文化而不是一个

11

---

❶ 钟敬文. 钟敬文文集·民俗学卷自序. 合肥：安徽教育出版社，2002：21.

❷ 万建中. 民俗志写作的缺陷与应有的追求. 民俗文化普查与研究通讯，2007（创刊号）；民间文学论坛，2007（1）.

具体区域社会的文化。这个偏向到 20 世纪 50 年代后期就非常突出了，出现了认识上的偏差。今天强调民俗传承的具体时空是想说明：不要仅停留在官与民二元对立结构上来理解民俗，还要从一个区域生活整体的建构与发展即生活的延续过程上来理解民俗"❶。

在工业化过程中，特别是强势文化主导的现代化迅猛发展的当今，经济全球化势不可挡，文化似乎也有一体化的趋势，即弱势族群文化在与强势文化的接触和碰撞中，弱势族群的传统文化被认为是落后的东西，正在被丢弃或消解，文化似乎也有被强势文化吞噬、取代的趋势。西方的现代化道路似乎成为所有国家和族群发展的唯一道路，西方强势文化似乎要取代所有族群的文化，使世界文化"一体化"。以致保护文化多样性已经成为世界性行动和当前各个政府关注的热点问题之一。但是，目前关于能不能保护，如何保护，意见并不一致。由此也引发人们的思考：弱势文化还有生命力吗？弱势文化如何传承和延续？弱势文化在传承和延续中的动力何在？面临的障碍是什么？民众、政府、商家、学者的认识、态度及其在传承和延续中各扮演什么角色？这些方面目前都还缺乏比较扎实的个案论证。本书拟通过一个白彝村落的以节日体系为中心的传承与开发的调查研究，通过努力按照万建中教授所提出"民俗志的理想模式"去尝试做一个民俗志，来进一步充实对弱势传统传承问题的认识，对保护民族民间文化提出自己的看法。

12

（二）关于传统的传承

民俗文化、民间文化或非物质文化❷保护是随着工业化特别是全球化迅猛发展带来生产、生活方式的急剧变革，社会结构的巨大变化和人们价值观念的转变，使传统，特别是弱势族群的传统或非主流文化面临严重危机而成为全球

---

❶ 罗树杰问，刘铁梁答. 民俗学与人类学. 广西民族学院学报（哲学社会科学版）. 2005（3）.

❷ 本文采用刘铁梁教授的观点：即"民俗文化"或"民间文化"，主要是在文化研究中所使用的概念；而"非物质文化"与"遗产"连用，主要是政府在建立文化保护制度，履行联合国教科文组织有关公约义务的工作文件中所使用的概念。三者所指，虽有一定差别却是基本重合的文化现象。刘铁梁. 中国民俗文化志·总序. 民俗文化普查与研究通讯，2007（创刊号）.

关注的一个热点，在中国还是一个比较新的研究领域。传统节日作为民俗文化的一个核心内容，历来是民俗学研究的一个重点。

传统作为民俗的核心，颇受学术界关注。在商品经济不发达，文化交流不够广泛和不够频繁的时代下，传统在生活中自然传承，似乎没有存在什么大的问题。自从 15 世纪以来，尤其是哥伦布航行抵达美洲以后，西欧国家开始向"新大陆"大规模殖民扩张、掠夺，引发了土著民族与殖民民族之间的剧烈冲突。随着近代欧洲资本主义的发展和对外殖民扩张，这种冲突就在更大范围和更广泛的领域里发生。但当时在民族、国家面临生存危机的情况下，人们还没有来得及关注本民族传统因受外来文化冲击而带来的传承问题。随着经济、科技的日益强盛，其文化也迅速取得霸权地位，其他民族和族群文化的自然传承机制遭到破坏，生存受到了越来越大的威胁，弱势文化的传承问题越来越引起人们的关注。

已有的关于传统延续、传承方面的研究主要从两个层面来进行：一个是理论研究；另一个是个案研究。

1.纯理论的研究

理论研究方面成就最大者当首推美国的 E.希尔斯，他的著作《论传统》，对传统的内涵、特征、变迁的原因与方式、前景等做了系统的论述。对于传统的传承，他说："传统依靠自身是不能自我再生成自我完善的。只有活着的、求知的和有欲求的人类才能制定、更新和更改传统。传统之所以会发展是因为那些获得并且继承了传统的人希望创造出更真实、更完善或更便利的东西。传统会失去它们的拥护者，从这一意义上来说传统可能退化，因为它们的承袭者不再沿用它们了；或者因为，那些曾经继承、修订和扩充它们的人现在偏向于选择其他的行为方式；或者因为新一代人找到了其他的信仰传统，或者根据他们所接受的标准，他们发现某些较新的信仰更能被人接受。"❶他还说："对一种传统的拥护是社会结构的一种事实。换句话说，拥护本身即是内含传统的社会结构，是对传统持赞同和肯定态度的接受，传统本身则可以以各种变化了的或

13

---

❶ [美]E.希尔斯. 论传统（导论）.傅铿，吕乐，译. 上海：上海人民出版社，1991：19.

未变的形式出现。传统的命运便随着这种拥护的规模不同而变化。一项传统为人拥护的规模会扩大或缩小；这两种变化发生时可能会伴随着传统内容的改变，也可能传统内容不变。"❶可见，他指出了传统的传承和变迁的动力所在，但他的论述没有列举证明的材料，也没有深入分析传统的生命力和传承机制是什么。

美国人类学家米德虽然不是专门研究传统的，但她提出了文化传承是一种变异的传承。她认为，文化的连续是有间断性的，这样的间断性表现在前喻文化、并喻文化和后喻文化三种模式之中，文化传承的这三种模式同样可以用来说明民俗传承的间断性。所谓前喻文化是指老年人代表的传统文化占主导地位；传统文化和年轻人的新文化并行不悖、势力相当地共存于一个社会之中，就是并喻文化；而后喻文化指的是老年人学习并认同年轻人带来的文化上的新东西。❷其研究成果对于研究民俗在当今社会剧变、时代不同、代际之间的传承是有借鉴意义的。

苏联学者阿尔诺利多夫和丁恒杰等人提出了文化"社会遗传"❸的概念和机制，这实际上与民俗学界所谈的民俗具有传承性的意思相近。

费孝通先生就传统文化的传承和发展提出了"文化自觉"这一理念。费孝通先生指出："文化自觉只是指生活在一定文化中的人对其文化有'自知之明'，明白它的来历、形成过程、所具特色和它的发展去向，不带有任何'文化回归'的意思，不是'归复'，同时也不主张'全盘西化'或'坚守传统'。自知之明，是为了加强对于文化转型的自主能力，取得决定适应新环境、新时代的文化选择的自主地位。"简单地说，文化自觉是"对文化进行多角度、全方位的反思的过程，是文化的再审视和定位。"❹这一理念包含了以下四个方面：第一，知我。文化自觉首先要认识自己，就必须由反思开始。从历史的角度纵向

❶ [美]E.希尔斯. 论传统. 傅铿，吕乐，译. 上海：上海人民出版社，1991：350.

❷ [美]米德. 文化与承诺：一项有关代沟问题的研究. 周晓虹，周怡，译. 石家庄：河北人民出版社，1987.

❸ [苏联]阿尔诺利多夫，等. 文化概论. 邱守娟，译. 北京：中国人民大学出版社，1989：37.

❹ 费孝通. 反思·对话·文化自觉. 北京大学学报（哲学社会科学版），1997（3）.

深入我们的文化精神中，不仅要深刻了解本民族及其代表文化，还要深刻了解其他兄弟民族及其代表文化。从空间的角度来看，要深刻了解各区域、各族群的文化生活，摒弃任何形式的民族沙文主义。第二，知他。这里的"他"指的是本土文化外的其他异质文化或人自身之外的对象。这体现了人与人、人与社会、人与自然的关系。要了解"他"，同样需要反思，同时进行"跨文化交流"（cross-cultural communication），即自觉性的"文化对话"，而非一般意义上的文化接触。第三，对话。只有平等对话，才能增进双方的互相理解；而要实现平等对话，其外必须重构现实的国际秩序，打破新老帝国主义的秩序结构，同时重构现实的经济关系，使南北经济关系走向平等，还要打破现实的文化格局，改变文化原创者和接受者角色的固定化结构。其实，最首要的就是要增强对文化转型的自主能力，使民族的文化能够持续成长。只有弱势文化建立起令人尊敬的现代文明文化大厦的时候，文化间的平等关系结构才有实际依托。第四，共荣。费孝通曾说："各美其美，美人之美，美美与共，天下大同"。❶ "'各美其美'就是不同文化中的不同人群对自己传统的欣赏。这是处于分散、孤立状态的人群所必然具有的心理状态。'美人之美'就是要求我们了解别人文化的优势和美感。这是不同人群接触中要求合作共存时必须具备的对不同文化的相互态度。'美美与共'就是在'天下大同'的世界里，不同人群在人文价值上取得共识以促使不同的人文类型和平共处。"❷这既是对文化自觉历程概括，也是文化自觉所追求的目标。通过平等对话，全球化能够逐渐发展出生命共同体的意愿；通过对话，大家都具备和平共处的根源意识，互相尊重，互相理解，互相欣赏，实现人类的共荣理想。由此，文化自觉不仅回应了中华民族复兴的问题，也是对整个人类前途的深刻人文关怀。但是，笔者以为费先生同样没有论述通过什么样的机制来促进文化自觉，文化自觉在民众中又是如何体现的；除了文化自觉外，是否也存在文化自盲和困惑。

15

---

❶ 费孝通. 论人类学与文化自觉. 北京：华夏出版社，2004：188；费孝通. 重建社会学与人类学的回顾和体会. 中国社会科学，2000（1）.

❷ 费孝通. 跨文化的席米纳. 读书，1997（10）.

2.实证研究

伦敦大学伯克贝克学院犹太裔著名的左派历史学家 E.霍布斯鲍姆在 1974 年与牛津大学圣安东尼学院的种族关系研究员 T.兰格等合著的《传统的发明》❶一书中，通过对苏格兰的民族服装、威尔士的历史再造、英国皇家仪式变迁、英国统治下印度庆典礼仪的变化、非洲民族对英国中产阶级生活方式的模仿，以及 1870—1914 年英、法、德三国民族节日和大众文化方面的变化等不同的个案，对什么是传统作了新的诠释，本书使用"传统节日的发明"的概念就是受该书启发的。但是，他们对传统的传承问题的关心显然不够。

最早以个案关注传统传承问题的是乔健博士，20 世纪 60 年代在他在美国康奈尔大学就以印第安那瓦侯人的传统传承为个案作为博士论文，完成了《那瓦侯传统的延续》(英文，台湾"中央研究院民族研究所"专刊乙种第三号❷)。乔健博士指出，个体延续传统需要经历三个主要过程即传承（transmission）、施授（dispensation）和认知（conceptualization）。他试图通过对美国印第安人那瓦侯社会祭仪传承的传承、施授和认知过程的详细描述，建立一个以这三个过程为基础的文化运行模式（models of the operation）。乔健研究的是没有文字、社会发展处于比较低级发展阶段的那瓦侯社会，与当今许多弱势族群，尤其是中国的少数民族族群所处的社会环境，有很大的差异。

16　改革开放以来，中国发生了翻天覆地的变化。从文化的角度看，就是延续了数千年的小农经济、小农意识，在市场经济条件下受到了全面的、彻底的冲击。但是在人们欣喜看到了一个新天地的同时，人类学家、民俗学家们却看到，借助那个发展缓慢的小农经济的环境较完整地保存了上百年、上千年、对中国人有着深远影响的一系列民俗事象，却在十几年中被冲得七零八落，有可能从生活中消失。那么，传统是不是就没有生命力并且要全部消失了？如果还有生命力，又表现在哪里？这些是乔健博士没有遇到，当然也就没有探讨的问题。

---

❶ ［英］E.霍布斯鲍姆，T.兰格，等. 传统的发明. 顾杭，庞冠群，译. 南京：译林出版社，2004：1.

❷ 2004 年收有此文的乔健的论文集《印第安人的讼歌：中国人类学家对那瓦侯、祖尼、玛雅等北美原住民族的研究》，由广西师范大学出版社出版。

　　随着中国社会文化的急遽变化，越来越多的中国学者关注民族传统，特别是中国传统的传承问题。例如，杨士杰著的《云南山地民族生活方式的传承与选择》（云南人民出版社，1998）、赵世林著的《云南少数民族文化传承论纲》（云南民族出版社，2002）和杨甫旺著的《楚雄民族文化的保护与传承》（云南民族出版社，2004），就对云南少数民族传统的传承问题展开了讨论，如刘述先、梁元生编写了一本讨论文化传统传承问题的论文集《文化传统的延续与转化》（香港中文大学出版社，1999）等。其中，赵世林的《云南少数民族文化传承论纲》是在他 2002 年在四川大学历史系的博士论文基础上写成的，该书以整个云南省少数民族文化为研究对象，涉及面很广，分理论篇、论证篇和开发篇。在关于民族文化传承的理论依据方面，作者在马克思、恩格斯关于“两种再生产理论”的基础上提出“精神文化再生产”的观念，“补充和发展”了经典作家的理论（该书序言第 9 页），这一点也被他的导师冉光荣教授❶认为是“本书最成功的地方”（该书正文第 3 页）。此外，作者还提出“文化传承场”的概念，从定义学的角度对“民族文化传承”作了宏观的理论构架，探讨民族文化传承的特点、本质和属性。

　　在社会主义市场经济条件下，民族文化的传承应该成为一条重要的路子，这是许多学者经过调查研究后提出的观点。其中，影响比较大的是傅谨的《草根的力量——台州戏班子的田野调查与研究》（广西人民出版社，2001），作者持续 8 年对浙江台州民间戏班子进行调查，揭示了民间戏班子拥有的顽强生命力的文化渊源——民营剧团适应市场化的运作机制的内在合理性。李富强在《让文化成为资本》（民族出版社，2004）中明确提出西部民族文化复兴之路在于文化产业与文化事业联动。而马翀炜、陈庆德在《民族文化资本论》（人民出版社，2004）中则更明确地提出：“民族文化资本化从表面上看是对经济利益的追逐，从深层次上说是民族发展的一种现实努力，是对自身文化在新的历史条件下新的存在意义的追寻。”（该书 287 页）但民间传统大部分是难以靠市

17

---

　　❶ 冉光荣：1938 年 12 月 8 日生，重庆人。1959 年四川大学历史系本科毕业，1962 年四川大学历史系研究生毕业，获硕士学位，留历史系工作。现任四川大学历史文化学院教授、博士生导师。

场机制运作的，那么，它们还有生命力吗？如果有，其机制又是什么？

贵州省社会科学院索晓霞的《贵州少数民族文化传承运行机制探析》（贵州民族研究，2000（3））和《贵州少数民族文化传承方式初探》（贵州社会科学，1998（2））是为数不多的专门探讨民族传统传承的论文，作者在前一篇文章中提出了贵州少数民族文化传承方式主要是：一对一、一对多、多对多和通过习惯法四种方式。在后一篇中，她通过对贵州少数民族文化传承分析得出结论：从宏观上看，文化的传承是任何一个民族持续发展的需要。从微观上看，适应传统文化和承袭传统文化是任何一个社会成员获得社会生存权的唯一选择。正是这种来自全民族的集体的需求和来自生活于其中的社会成员生存的毫无选择，使得贵州少数民族文化传承运行机制得以产生并能有效运行。制度和法规形成的社会强制，生活中的潜移默化，道德和禁忌形成的心理约束，是隐藏在各种文化传承现象背后"看不见的文法"。民族文化传承运行机制能有效运转，有其民族文化根源，离不开社会组织和文化职司的积极参与。那么，贵州的经验是不是具有普遍意义？这需要更多的个案来验证。

越来越多的博士学位论文也选择论述传统传承问题，如云南大学邓永进博士 2000 年的论文《传承与变迁：20 世纪西双版纳傣族文化发展研究》（林超民教授指导），北京师范大学吴锋博士 2001 年的论文《中国传统孝观念的传承研究》（周桂钿教授指导），吉林大学王润平博士 2004 年的论文《当代中国家庭变迁中的文化传承问题》（邴正教授指导），南开大学李爱慧博士 2004 年的论文《传统的延续与转化：东欧犹太移民在美国的早期经历（1880—1920）》（李剑鸣教授指导）等都从不同的角度对传统的传承问题进行了探讨，但涉及传统生命力、传统传承机制的论述却不太多。

（三）关于传统保护

伴随世界经济全球一体化的迅猛浪潮而来的强势文化的强烈冲击、中国经济由社会主义计划经济向社会主义市场经济转型过程中人们思想观念和生活方式的巨大变化，民族民间文化遗产，特别是以口头传统为主要存在方式的非物质文化遗产，迅速变异或消亡，有的专家学者甚至认为"传统民间文化正面临灭顶之灾"❶。

保护是一种外力干预的传承。其实，中国政府自 20 世纪 50 年代开始就开展了民族民间文化遗产保护的工作，改革开放后保护力度进一步加大。第一，中国政府制定了一系列有关关于民族文化保护的法律、法规和政策，继承和弘扬民族优秀传统文化，以促进民族平等、团结、进步；第二，开展民族文化艺术遗产的搜集、整理出版工作；第三，保护民族文物；第四，发展少数民族文化出版事业；第五，建立、发展少数民族文化的艺术团体和艺术教育❷。但是，以往的保护主要是一种静态的保护。

为推动全球文化多样性保护，联合国教科文组织制定了一系列文件，多次组织召开有关国际会议，有力地推动文化多样性的保护。中国自 1985 年加入《世界文化遗产公约》以来，掀起了民族文化遗产保护的新高潮，致力于世界不能替代的文化和自然遗产的保护和维护工作，帮助地方将少数民族地区有重要价值的文化遗产向联合国教科文组织申报，争取列入世界文化遗产保护名录。中国民族民间文化遗产保护工程于 2004 年初正式启动。2005 年 3 月 31日，中国国务院办公厅颁发了《关于加强我国非物质文化遗产保护工作的意见》，正式启动对全国非物质文化遗产的普查摸底工程。2005 年 12 月 22 日，中国国务院发出《国务院关于加强文化遗产保护的通知》，要求按照"保护为主、抢救第一、合理利用、传承发展"的工作方针，做好非物质文化遗产保护工作。2006 年，国务院又批准文化部确定的第一批国家级非物质文化遗产名录共计 518 项。这一轮民族文化遗产保护运动不仅强调文化的静态保护，更注重"活态文化"❸的保护。

在这样的大背景下，这方面的研究也如雨后春笋般不断涌现。例如，冯骥才主编的《守望民间》（西苑出版社，2002）、张庆善主编的《中国少数民族艺

19

❶ 刘魁立. 论非物质文化遗产保护的整体性原则. //张庆善. 中国少数民族艺术遗产保护及当代艺术发展国际学术研讨会论文集. 北京：文化艺术出版社，2004：4.

❷ 罗树杰，徐杰舜. 民族理论和民族政策教程（第九章）. 北京：民族出版社，2005.

❸ 宗远. 抢救活态文化迫在眉睫. 中国文化报，2002-2-21；乔晓光. 活态文化. 太原：山西人民出版社，2004；王光荣. 论少数民族活态文化的抢救. 广西师范学院学报（哲学社会科学版），2004（1）.

术遗产保护及当代艺术发展国际学术研讨会论文集》（文化艺术出版社，2004）、向云驹的《人类口头和非物质遗产》（宁夏人民出版社，2004）。祁庆富主编的《民族文化遗产》第一辑（民族出版社，2004），杨源、何星亮主编的《民族服饰与文化遗产研究：中国民族学学会 2004 年年会论文集》（云南大学出版社，2005），王文章主编的《非物质文化遗产保护概论》（文化艺术出版社，2006）等，使文化遗产（包括很多传统）的研究热闹起来，这些专家学者们也非常关注民族文化遗产的保护问题，纷纷提出保护民族文化遗产的建议和意见。这些建议和意见主要包括：对民族文化遗产的现状进行全面普查，建立详细的资料数据库和工作网站，确定保护名录、保护方案；由国家或政府投资建立培训机构，包括在高等院校中开设有关专业和课程，培养各级各类民间艺人；建立文化遗产保护机制，形成以政府为主导，社会各方面参与的保护格局；走市场化的保护之路，特别要通过发展旅游业来提供经济刺激；加强宣传教育，使国内外更多人了解、理解民族文化遗产；保护文化生态环境，建立文化遗产保护区、保护带、保护村、保护点、博物馆等，开展特色文化艺术之乡和民族艺术家的命名活动；参考国外经验，设立专项基金包括个人基金，用于保护、开发、人才培训、宣传、咨询、考察交流，等等。

国家、地方政府制定的法律、法规和采取的措施，以及专家学者的建议和意见，对于民族民间文化遗产的保护无疑是十分重要和有意义的。但笔者认为，这些法律、法规、措施，以及建议、意见，基本上是从客位的角度，而没有站在民众的立场来考虑问题。也就是说，老百姓对于保护民族民间文化遗产的看法是什么？为什么要保护？保护哪些内容？如何保护？也许有人认为老百姓认识水平低，缺乏长远眼光。我们姑且不论这种观点是否正确。但为政要顺民心，先秦时《管子》就有"政之所兴，在顺民心，政之所废，在逆民心"之说。于今这种为政之道已经成为世界潮流，保护民族民间传统文化遗产概莫能外。保护和弘扬民族文化遗产，是一个系统工程，需要各方面的努力：政府的高度重视，社会各界包括专家学者的积极推动。重视民族文化遗产的拥有者和享用者的作用已经成为国际学术界的共识。联合国教科文组织 2003 年 10 月通过的《保护非物质文化遗产公约》就指出："承认各社区，尤其是原住居民、各群体，有时是个人，在非物质文化遗产的生产、保护、延续和再创造方面发挥着重要作用，从而为丰富文化多样性和人类的创造性做出贡献。"如果没有站在民众的立场来考虑问题，措施很可能就会脱离实际，得不到广大民众的认同与积极参与，最终无法落到实处，保护和弘扬民族民间文化遗产也只能成为空谈。对此，周星教授认为在保护文化遗产的实践中重视发挥基层社区作用有三点好处："第一，由于社区文化生态和社区人文背景的支撑，不仅有可能使'遗产'持久地'活'在民众生活之中，而且在新的条件下，他还可以获得'再生产'的机会，亦即成为社区文化创造的源泉。第二，不用花太多钱，只要其意义被社区居民理解或认同，马上就可以做起来。第三，实施基层社区的遗产项目保护，还可以促进社区乡土教育的发展，并有利于探讨使民间智慧在社区内获得世代传承的新路径。"❶

在文化保护中，民俗学者应该持什么立场？能够有什么作为？大多数学者主张积极参与重建、改造、创新、开发。其中，贺学君的观点值得我们关注和思考。她认为，民俗学者的立场首先应该是学术的立场，这是最基本的立场。这一立场，是以学术为基点，冷静观察，积极、客观、全面地记录。它要求民俗学者将自己的身份尽量客观化，无论现实中的研究对象如何变迁（充实、蜕变、扭曲、断裂），始终清醒地意识到你的第一位的任务就是冷静细致地进行追踪考察，利用现代民俗学理论和高科技手段尽可能详尽地搜集录制资料，然后给予科学的分析研究，探讨其演变的原因和规律。其次是社会立场。民俗学者是社会的，应该有社会责任感，面对急速变化的现实，要积极地介入。但介入必须"合理"，即必须按照民俗学的"学理"去进行介入。再次是人文立场。这一立场，要求民俗学者在面对众多传统民俗文化，不得不大幅度自我变革的时候，更多地从正在变革的民俗文化的民众主体的角度进行思考，理解他们生存、发展的人性欲求，尊重他们自己合理的现实选择❷。

21

---

❶ 周星. 民族民间文化遗产保护与基层社区. 民族艺术，2004（2）.

❷ 贺学君. 民俗变异与民俗学者的立场. 西北民族研究，2003（3）.

（四）关于白彝和传统节日的研究

1.关于彝族与白彝研究

前已述及，学术界对于彝族的研究成果是比较多的。关于彝族研究的整体概况，沙马拉毅的《彝族文化研究综述》（载《西南民族大学学报》1996 年中华彝学研究专辑）、白兴发的《近百年来彝族史研究综述》（载《学术月刊》2003 年第 9 期）、李列的《彝学研究现代学术的建立（1928—1949）》（北京师范大学 2005 年博士论文，刘铁梁教授指导），已经作了很好的总结，在此不再赘述。

前已述及，彝族研究论著很多，但对白彝的研究则比较薄弱，还很不全面、系统。20 世纪 50 年代末中国科学院民族研究所广西少数民族社会历史调查组就派梁浩等人到广西睦边县（今那坡县）那坡人民公社隆平大队彝族进行社会历史调查，并于 1964 年编印了《睦边县那坡人民公社隆平生产大队倮倮(彝)族社会历史调查报告》❶，这是历史上第一次有专人到白彝地区进行社会历史调查，记录白彝族群的社会生活。这次社会历史调查，虽然有明显的时代政治烙印，搜集资料也不够全面，但毕竟填补了空白，其意义不同寻常。时隔 20 多年，即 20 世纪 80 年代初，广西民族学院民族研究所的袁少芬、钟桂明两位老师又到广西那坡县者祥屯和达腊屯两个白彝村落进行社会历史调查，撰写发表了《那坡县者祥屯和达腊屯彝族社会历史调查》❷，这次调查收集了更为丰富的白彝社会历史资料。但是，由于调查时间很短，参与观察很不够，基本靠访谈获取资料，因此与前一次中国科学院民族研究所广西少数民族社会历史调查组的调查一样，资料可信度受到影响。按照"民俗志的理想模式"的标准来衡量，这两次调查报告的书写都存在明显的不足，读者从公开出版的报告中连调查的确切时间都无法了解。以后还有一些学者陆续到白彝做过某些专题的调查，但是时间都不长，他们的成果散见于"民间文学三套集成"等资料集中。真

❶ 该调查报告后收入两本书公开出版，即云南省编写组的《四川广西云南彝族社会历史调查》（昆明：云南人民出版社，1987 年）和广西壮族自治区编辑组《广西彝族仡佬族水族社会历史调查》（南宁：广西民族出版社，1987 年）。

❷ 袁少芬，钟桂明．那坡县者祥屯和达腊屯彝族社会历史调查//广西壮族自治区编辑组．广西彝族仡佬族水族社会历史调查．南宁：广西民族出版社，1987.

正对白彝社会文化进行学理阐释的学者中，应该说王光荣是第一人。王光荣本人出身白彝，在中南民族学院受过全日制的本科训练，是广西彝族历史上第二位（白彝第一位）大学生，大学毕业后又长期在基层从事文化管理工作，对本族群有深厚的感情，20世纪80年代他调到南宁从事民间文化的教学后，得以集中精力进行彝族文化特别是白彝文化的研究，并成为研究白彝领域的专家。王光荣的《通天人之际的彝族"腊摩"》（云南人民出版社，1994）和《中国广西彝族文化摭论》（香港天马图书有限公司，1996）仍然是到目前为止已经公开出版的广西彝族研究方面仅有的两本学术著作。此外，王光荣还与他的夫人农秀英共同搜集译注了白彝的送葬经词，编成《那坡县彝族开路经》，该书由广西民族古籍办公室1998年内部印刷。其中《通天人之际的彝族"腊摩"》是一部有研究深度的民俗学著作，比较全面详细地介绍了白彝腊摩的产生及腊摩的各种节日，以及腊摩在白彝节日、婚嫁、建造住宅与入宅、生寿葬礼、治疗疾病、传承族群文化等方面的作用，是一部比较难得的白彝微观研究的民俗志著作。但是，距万建中教授提出的"民俗志的理想模式"还有较大的距离，其中一些细节的调查也存在瑕疵。《中国广西彝族文化摭论》则是一本广西彝族（包括白彝、红彝、黑彝三个族群）研究心得的散论，涉及面很广，严格来说不是民俗志著作。此外，白彝口传资料的收集整理集方面，在云南省则出版了李贵恩、刘德荣等搜集整理、黄汉国等翻译的《铜鼓王：彝族英雄史诗》（云南人民出版社，1991），也为白彝传统的抢救和研究做了十分有益的工作。

23

2.关于传统节日与白彝节日研究

对传统节日的研究是民俗学、历史学、民族学等学科研究的传统内容之一。笔者对国外传统节日研究的成果看得不多。勒罗伊·拉杜利的《罗马人的狂欢节》（纽约布拉齐勒出版公司，1979），只看书名以为是研究节日的，其实是一本法国年鉴学派的历史人类学著作，主要描写1580年法国境内罗马人的起义，并通过这一事件剖析当时整个法国的政治、经济、宗教和文化状况。而维克多·特纳的论文集《庆典》（方永德等译，上海文艺出版社，1993）虽然不都是研究传统节日的，但无疑是一部人类学研究节日的重要著作。法国人葛兰言的《古代中国的节庆与歌谣》❶（赵丙祥、张宏明译，广西师范大学出版社，2005）则是一部外国人研究中国节日的历史人类学力作。作者通过分析《诗经》中的情歌，考察了中国上古时期朴野的习俗——"俗"是如何转化为"文明的秩序"——"礼"的，提出中国古代营造社会秩序的基本模式，而且在特定的时间和空间中，男女两性超越村落日常生活的界限，聚集在一个神圣的地方，以对歌的形式相互竞赛交换礼物，包括"最大的礼物"女性（质）。

在中国古代就非常注意对节日的记录和研究，历朝历代的官书、私人著述中对于节日仪式的资讯可谓"不胜其多、不胜其详"。中华人民共和国成立后，特别是20世纪80年代后相关著述更为丰富，甚至出现了关于节日的鸿篇巨制，像高占祥主编的《中国民族节日大全》（知识出版社，1993）、赵杏根编著的《中华节日风俗全书》（黄山出版社，1995）、乔继堂和朱瑞平主编的《中国岁时节令辞典》（中国社会科学出版社，1998）等。就连中央文明办调研组也组织编写了《我们的节日》（学习出版社，2006）。

关于1983年以后中国岁时节日民俗研究概括，萧放教授和他的学生吴静瑾在《近20年（1983—2003）中国岁时节日民俗研究综述》❷一文中已经作了详尽的综述，笔者也不想在此再啰唆，但是这些成果大多数是对传统节日还是属于"热衷地到历史民俗现象中去寻找研究题目"的成果，如萧放的《<荆楚岁时记>研究——兼论传统中国民众生活中的时间观》（北京师范大学出版社，2000）和《岁时——传统中国民众的时间生活》（中华书局，2002）、李道和的《岁时民俗与古小说研究》（天津古籍出版社，2004）、佟辉的《天时·物候·节道——中国古代节令智道透析》（广西教育出版社，1995）、宋兆麟和李露露的《中国古代的节日文化》（文物出版社，1991）、简涛的《立春风俗考》（上海文艺出版社，1998）、巫瑞书的《南方传统节日与楚文化》等，都是以深厚的乾嘉学派的功力阐释了某些传统节日的源流和内涵，但很少关注民众"生活层面"的传统节日及其传承的机制与动力，也不是民俗志著作。只有赵玉书的《中国传统的节庆文化研究》（人民出版社，2002年）中有一节"传统节庆与文

24

---

❶ 又译为：格拉耐.中国古代的祭礼与歌谣.张铭远，译.上海：上海文艺出版社，1989.

❷ 中国民俗学会.民俗春秋——中国民俗学会20周年纪念文集.北京：学苑出版社，2006：334-361.

化传承"，谈到传统节日能够传承的原因在于："人们对传统节庆中负载的悠悠中华文化，充满着依恋，饱含着深情。"❶

因此，笔者非常赞同刘魁立先生的关于目前节日研究不足的看法，即节日所涉及的问题，"我们似乎都有所触及，但又往往感到不系统、不详尽、不深入，没有穷及义理、令人信服"，"尚未提供很好的学理阐释"❷。除前面提到长期以来民俗学研究，包括对传统节日的研究，在方法论上存在三方面问题外，还缺乏对当代民众生活中节日文化的微观深入的民俗志研究的著作，只是少量的一些单篇的论文，而像刘铁梁的《节日民俗展示社会秩序的意义——以贵州台江县苗族姊妹节与划龙船节的关系为例》、潘蛟的《火把节纪事：当地人的观点》等对某个具体时空里的当代节日有比较深入的学理阐释的论文也不多。而关于传统节日的传承问题讨论虽然比较多，但是并没有看到民俗志式的研究成果发表，这不能不说是节日研究的一大遗憾。

对彝族传统节日的研究近 20 年来取得了不少成果，还出现了以一个节日为研究对象的专著，即朱文旭的《彝族火把节》（四川民族出版社，1999）、祁树森主编的《云南楚雄民族节日概览》（德宏民族出版社，1991）、巴莫姊妹彝学研究小组的《彝族风俗志》（中央民族学院出版社，1992）、朱旭的《彝族原始宗教与文化》(中央民族大学出版社，2002）等都有对彝族节日的专门论述。除此以外，还有余立梁的《论彝族节日文化》（楚雄师范学院学报，2001（4）），祁树森和李世忠发表的《楚雄彝族的节日文化与习俗》（民族艺术研究，1996（5）） 等专门研究彝族节日的论文。

跳弓节是白彝的标志性文化之一。前面提及的王光荣的两本著作里都有专门论述跳弓节的篇幅，此外，还有张丽壁等发表的《广西彝族的跳弓节及跳弓舞》（民族艺术，1987（4））、左汝芬《富宁彝族跳公节述略》（民俗研究，1998（1））、张莉萍《滇桂交界地区彝族"跳弓节"调查与分析》（云南民族学院学报，1995（3））、方士杰的《彝族跳弓节的原始宗教烙印》（中南民族学院学报，1994（2）） 等专门对白彝的跳弓节进行研究的论文，为后人研究白彝的节

25

---

❶ 赵玉书. 中国传统的节庆文化研究. 北京：人民出版社，2002：210.

❷ 刘魁立. 节日文化论文集·序//中国民俗学会，北京民俗博物馆. 节日文化论文集. 北京：学苑出版社，2006：2.

日打下良好的基础，但这些研究没有从更大的社会文化背景去探讨社会的政治、经济、教育等与传统传承之间的互动关系与作用，分析其节日体系及其功能、结构和传承，也没有探讨跳弓节与白彝其他传统节日的关系，而且在他们的研究中都很少有被研究者表述的机会。这些不足都给本研究提供了空间。

三、调查研究方法和资料来源

除采用辩证唯物主义和历史唯物主义的方法、理论联系实际的方法、历时研究和共时研究相结合的方法、定性分析和定量分析相结合、收集历史与地方文献等绝大多数人文社会科学共用的方法外，本书重点采用以下方法。

1.参与观察法

刘铁梁教授认为，民俗学的研究要求从对现实的民俗观察入手，在一个地域生活文化的整体中包含着诸多的民俗事象，形成一个文化的体系。这个体系的形成不是根据哪一个人的设计或者倡导，而是根据一个地区人们的生活需要。所以，脱离生活整体的需要去谈论民俗，显然是不对的❶。正如吉尔兹所说："我们必须谨守严格以当地文化持有者的观点来看待事物的戒律。"❷因此，笔者从 2004 年 7 月 11 日第一次到虎村开始就住在村民家里，到 2006 年 11 月 25 日，先后 7 次到村里。在村里生活的几个月中，笔者参加力所能及的一些劳动；在房东的帮助下不分白天黑夜地挨家挨户地走访，参与虎村人的各种活动特别是节日活动；结合实施 PCD 的项目，不失时机地多接触村民，虚心学习他们的语言，与他们一起换碗"赶牛"❸喝酒，吃他们夹给的肉（包括大肥肉），和他们手拉手跳铜鼓舞、五笙舞，与他们围着火塘、在树根下、晒台上聊天、长谈，听他们讲村落的历史、生活的故事……帮他们照相，他们一

26

---

❶ 罗树杰问，刘铁梁答. 民俗学与人类学. 广西民族学院学报（哲学社会科学版），2005（3）.

❷ 克利福德·吉尔兹. 地方性知识. 王海龙，等译. 北京：中央编译出版社，2004：72.

❸ 赶牛：虎村喜庆筵席上的一种喝酒习俗。入座后每人各自喝完 4 杯（实际上是 4 碗，虎村都是用碗装酒），喝了 4 碗后开始"赶牛"，即把桌面的酒碗按逆时针转，与你的邻座碰碗喝干。"赶牛"喝干两次后，第三次斟酒称"打双酒"，全体站起来敬东家，感谢东家的盛情款待，祝福东家一切如意，然后大家换酒碗喝干。所以，在虎村喝酒至少得喝 7 碗，不胜酒力者喝到这时就差不多醉了。

般不把笔者当作外人，都很愿意邀请笔者到他们家"玩"。特别是房东一家对笔者给予无微不至的关怀，给笔者住最好的房间，盖最新的被子，撑最好的蚊帐，知道笔者不胜酒力，在喝酒的时候总照顾笔者……因而与村民建立了深厚的感情，也使得笔者能够从各个层面观察和熟悉他们的生活，了解他们的想法。在调查中注意采用主位（emic）和客位（etic）相结合，对民俗事象的解释要注重"本土解释"❶，即吉尔兹所说的"native's point of view"，注意不同性别、不同年龄阶段、不同姓氏、不同家庭背景人群的解释。

山村生活条件是艰苦的：夏天东奔西跑下来因为缺水而无法洗澡而全身发臭；冬天又寒又湿，外面呼啸的寒风不断灌入并不密封的干栏房有时也实在令人难以入眠；有时围着沾满污垢的桌子吃着冰冷的饭菜，还要不断地大碗地喝着凉酒，对于肠胃虚寒的笔者也的确不是一件快乐的事情。这些确实使笔者不时想念城中温暖的家。当然，笔者每次到虎村住在房东家，对房东一家人的正常生活无疑是一种严重的干扰，也给他们增加不少麻烦。记得有一次笔者受凉感冒严重咳嗽，彻夜不止，弄得房东一家也休息不好。但是，房东不但没有责怪笔者，反而对笔者嘘寒问暖，使笔者倍感温暖。正是有了与村民的良好关系，使笔者能够在一个原来陌生的"异文化"村落里顺利开展田野调查。

2.把调查研究与帮助调查研究对象结合起来

前已述及，在一些人看来民俗学者的调查往往是专门给地方政府和民众添麻烦的，因为民俗学者往往不能给当地带来什么直接的经济利益。在市场经济条件下，民俗学者（包括民族学、人类学学者）开展调查研究的难度越来越大，民俗学者为了顺利调查不得不到处去求人帮忙，特别是民俗学专业的研究生的调查更是由于缺乏必要的经费支持而陷入窘境，好像社会实际生活中并不需要民俗学，是民俗学者自己去找事做，以致有人调侃说"民俗学田野调查是赚了钱后没有事干的人的玩意儿"。民俗学专业的研究生或只好"热衷地到历史民俗现象中去寻找研究题目"，或在学校周边就近选一些点来调查外，或退守家

❶ 张有隽. 本土解释在人类学理论、方法上的意义. 广西民族学院学报（哲学社会科学版）, 2002（4）.

乡,走"家乡民俗研究"❶的路子,做异文化的调查则"连想都不敢想"。"家乡民俗学"❷本来只是民俗学的一个支点,但是近年由于民俗学者的退守家乡而风靡成为时尚,大有成为民俗学学科范式的势头,甚至有人干脆把是不是"我群对我群的参与观察和文化书写"当作民俗志和民族志的分界线❸。其实这是一种无奈的选择,反映的是一种学科的尴尬而不是学科的自觉。笔者并不是要反对搞"家乡民俗学",但如果都过分强调家乡民俗研究,民俗学的视野必然会受到限制,研究的路子越来越窄,民俗学也必然越来越边缘化,对学科的发展并没有什么好处。过分强调家乡民俗学,与"中国民俗学的特殊性格——多民族的一国民俗学"❹也不相符。

早期西方人类学是为殖民统治服务的需要而产生的,而后来作为学科范式西方人类学强调初学者要先做异文化研究,并不完全出于这种政治目的和猎奇,而是用于反观自身的社会与文化,不断反省自我和发展自我,寻找恰当的理论体系,来指导自身的行动和面对他文化的成员。19世纪中叶以来,欧美人类学之所以理论学派层出不穷,就得益于田野调查广泛成功采用,也使得人类学的地位越来越高。这对于急于加强理论建设的中国民俗学而言是值得借鉴的。中国民俗学当下不是急于要"告别田野",而是需要更加扎实的田野,不仅要做家乡民俗研究,还应该创造条件多做异文化,甚至到国外去做民俗学调查研究,开展比较研究。近年来中国与芬兰、日本、美国等国民俗学界之间开

❶ 安德明. 家乡——中国现代民俗学的一个起点和支点. 民族艺术,2004(2).

❷ 安德明,吕微,等. 家乡民俗学:从学术实践到理论反思. 民间文化论坛,2005(2);安德明,廖明君. 走向自觉的家乡民俗学. 民族艺术,2005(4).

❸ 高丙中认为,民族志与民俗志的区别在于:民俗志是"我群对我群的参与观察和文化书写",而民族志是"我群对我群的参与观察和文化书写"。什么是"我群"?高丙中没有下定义,但是笔者理解其外延可能比家乡民俗志要大一些,但两者基本吻合。对于这种区分笔者不敢苟同,而是同意郭于华的观点即"民族志没有办法在我群与他群之间做一个决然的划分"(详见 高丙中."民俗志"与"民族志"的使用对于民俗学的当下意义. 民俗文化普查与研究通讯,2007(创刊号);郭于华. 民族志的主体间性. 民俗文化普查与研究通讯,2007(创刊号))。否则,费孝通的《江村经济》、林耀华的《金翼》为什么被人们看作是人类学著作而不是民俗学著作呢?对于杰克逊的《家乡人类学》和梅瑟施密特的《北美的家乡人类学家》我们又如何看待?(参阅 [日]田村和彦. 文化人类学与民俗学对话//周星. 民俗学的历史、理论和方法(上册). 北京:商务印书馆,2006:456-485.)

❹ 钟敬文. 建立中国民俗学派//钟敬文文集·民俗学卷. 合肥:安徽教育出版社,2002:76.

展合作，使中国学者得以走出去考察无疑是一条正确的发展方向。

在市场经济条件下开展民俗学调查研究，更需要"眼光向下"，关注民众关心的问题，从民俗学的角度去帮助他们解决想要解决的一些问题。这样既方便了自己的调查研究，同时也有利于改变政府和民众对民俗学学科的看法，提升民俗学的学科地位，民俗学者才会成为"香饽饽"，而不是"不受欢迎的人"。当下民俗学要争取更多的政府支持，似乎比较困难，而非政府组织的资源是一个值得民俗学者充分利用的资源。

目前，中国的慈善事业还很不发达，有钱的企业和个人还不太愿意至少没有强烈地意识到应该拿钱去帮助弱势群体。资料显示，我国人均 GDP 与美国比较相差 38 倍，但人均慈善捐款数额则相差 7300 倍❶。这一状况已经引起中国政府的重视，随着中国国家政策的调整，中国的慈善事业必然会发展起来。目前，国际上有越来越多的慈善结构（包括联合国下属的机构）愿意帮助中国内地的弱势群体。这些机构不但关注民生问题，也关注环境保护、公共卫生、传统文化保护等问题，既有行动项目，又有研究项目，给民俗学者非常大的展示才华的空间。中国的民俗学者可以选择与一些没有政治和宗教背景的慈善机构合作，以自己的专业角度去设计和申请相关项目。民俗学者争取这些项目很有优势，因为民俗学的立场是"眼光向下"，与国际上这些慈善机构要求必须采用参与式方法来实施项目很容易结合。参与式方法的扶持方式不是简单的给钱或给物，而是首先在调查地点动员各层次的村民代表来做与笔者研究课题相关的需求评估，在评估和确定扶持项目和实施项目过程中，多次与村民代表平等地交流、讨论。一旦确立就迅速给予扶持。这一过程使村民感到笔者是个务实的人，是真心来帮助他们的，是能够做实事的，消除对研究者的戒备心理，使调查者很快取得被调查者的信任，与被调查者建立了良好的关系，有心里话愿

29

❶ 根据中华慈善总会的估计，比较美国 120 万家免税慈善基金组织，分配 6700 亿美金、占到 GDP9%的资金规模，中国国内现有的大大小小 100 多家慈善公益组织所掌握的资金总计，仅占到国内 GDP 的 0.1%。中国国内较大型的慈善基金组织和知名草根公益团体的调查中，收到的善款无一例外平均 70%以上来自于国际捐助以及中国香港、台湾地区。而在非官办的草根社团中，这一比例可以达到 100%。参阅 郭凯. 谁阻碍了中国富人成为慈善家. 出版参考，2005（14）；黄楚慧，等. 中美人均 GDP 差 38 倍，人均慈善捐款相差 7000 倍. 广州日报，2007-3-14.

意跟研究者说，为调查研究打下基础。参与式方法强调村民是发展的主体，决策权和实施权都在于村民，特别是要动员妇女和村中处于弱势地位的人群的参与，外来者不是去强迫命令被帮助者，而只是充当协助者，通过项目的实施提高村民的能力，最终实现能够自己解决自己的问题。这种方法强化了我们学者"眼光向下"的立场，激发了村民的积极性，培养了村民的集体意识和自我管理能力。笔者的这次调查研究就是结合香港社区伙伴的"族群传统文化资源管理与可持续生计研究"行动项目进行的，既达到 PCD 要帮助村民解决传统传承的一些问题，也解决了笔者的调查差旅费。

由于与村民建立良好关系，参与观察调查十分顺利，加上有经费支持，笔者在调查中多次召开村民代表的座谈会、小组会，进行家庭和个别访谈，访谈录音、拍摄各种节日仪式的 DVD 录像数十小时，拍摄照片数百张，除在南宁对白彝研究者专家王光荣教授进行两次访谈外，还两次为他提供差旅费与他一起到虎村参加节日活动，为笔者做现场翻译、讲解。此外，笔者在那坡县调查过程中，还广泛接触当地政府的有关机构的各民族官员、群众和白彝的干部、教师，对他们进行采访，也获得不少资料。本书的写作，除了在图书馆和网上下载的文献资料外，主要是依据笔者的这些观察、访谈、拍摄的笔记和音像资料。为了进一步加深对彝族的整体了解，2007 年 4 月 9~17 日趁参加国家民族事务委员会的一个研讨会之机，笔者顺道到云南省红河哈尼族彝族自治州的个旧、蒙自、河口、开远，四川省凉山彝族自治州的西昌、昭觉、美姑、布托等地"走马观花"式地考察了当地的彝族社区，访问了一些彝族干部群众，增加了对彝族文化的认识。

四、本书的叙述结构

全书主要包括绪论、正文与结论三个部分，其中正文分为五章。

绪论部分简要地描述了本书的选题理由和关注的问题，并对相关研究理论方法与研究成果进行述评，使读者能够更好地理解本书的关注点。

第一章利用文献资料和田野调查资料，对虎村传统节日的生存生态进行描述与分析，以便读者从具体时空坐落中的民众生活层面去理解为什么虎村会有这样的传统节日。

第二章通过详细描述虎村目前传统节日体系的状态，并与其他地区彝族节日进行比较，以阐述虎村传统节日的独特性，以说明这些节日的形成与他们的先辈的历史经历密切相关，也是虎村人适应新环境及与周边族群互动的结果。

第三章以调查材料探讨虎村传统节日的文化涵义，从思想根源去探讨虎村节日传统产生并得以不断传承和延续的原因。

第四章以调查材料探讨虎村传统节日的运作机制，从而从保障机制上探讨虎村传统节日的生命力。

第五章通过调查材料分析不同时期推动虎村传统节日传承的各种力量及其在虎村传统节日传承中的作用，探讨虎村传统节日生命力的原动力。

在结论部分，集中阐明了本书的观点：传统是发明出来的，有的传统已经被发明了，有些传统正在被发明着，还会有更多的传统随着需要而被发明出来；一个族群的传统节日既是族群传统的重要内容也是族群传统的重要载体，族群文化观念的集中表达是节日活动产生与不断传承的思想基础，传统的生命力在于根据时空变化不断调适，所谓的"原生态""原汁原味"不过是一种炒作和误导，甚至是一种骗局；一个族群传统节日制度化的运作方式是传统节日生命力的保障机制，它不仅体现了民俗的规范功能，更体现了族群的社会结构、个人与村落成员的关系，以及一个人一生社会角色转换、社会地位提升的过程；推动族群传统节日传承的力量是多方面的，在新的历史条件下旧的基础和动力有所弱化的时候，又增加了新的动力使传统节日不会轻易消失，但根本的力量在于族群文化自觉意思的增强。对于长期处于弱势地位族群传统的保护，在全球化的大背景下，外力的推动是必要的，但是一定要把握好方向，方法要适当，传统的拥有者的文化自觉才是传统生命力原动力。因此，非物质文化遗产保护要尊重文化拥有者的自主选择，体现人文关怀。

白彝仅分布在滇桂交界的富宁县和那坡县为数不多的村寨中，由于白彝的社交活动主要以族群内部为主，加上历代实行族群内部联姻，村寨之间交往密切，而且在广西的白彝村落还有两个村子因为国民党军队而结下恩怨，至今互不往来，虎村大部分的婚姻关系都在本寨里建立，使得一般虎村人交往的空间更加狭小。因此，为了保护信息提供者的个人利益和隐私权，除了部分地方官员和著名人物外，本研究提及的人物姓名一般采用代号，请勿"对号入座"。本研究旨在探讨弱势族群传统节日的传承问题，书中所涉及的人物和事件都是为了阐释弱势族群中普遍存在的问题，而不针对任何个人、群体和单位，如果不幸对谁造成伤害，那绝不是有意的，敬请包涵。

第一章 虎村：
白彝传统节日生存的一个生态空间

虽然后现代的反思人类学者提出："传统不再是先民的旧俗古礼，而是后人的改制发明；文化不再是人类适应环境的生活方式，而是人们编织的意义之网或权势话语"**❶**，但是，传统绝不是空中楼阁，无本之木，无源之水。一个族群的传统必定与它所处的具体生态空间即环境有着密切的关系。当然，这种生态不仅仅是这个族群赖以生存发展的自然生态，还包括与这个族群生活相关联的各种社会条件及该族群所共有的道德观念、价值体系、风俗习惯、宗教形态等。因此，以文化作为研究对象的人类学特别强调整体性研究，不管是功能学派的拉德克利夫-布朗·马林诺夫斯基，还是社会学派的莫斯，抑或解释人类学的格尔茨莫不如此。格尔茨和马克斯·韦伯都认为"人是悬挂在他们自己编织的意义之网上的动物"**❷**，要探讨系统的深层意义、内在逻辑结构，就必须将文化作为意义系统来研究。

当然，传统不只是考古学通过发掘文物进行研究，也不仅在历史文献里寻找，更需要民俗学对"生活相"的研究，透过"生活相"去理解、探究传统。因此，钟敬文先生指出：民俗学研究"不能固守英国民俗学早期的旧框框"，要研究"现代社会中的活世态"，"拿一般民众的'生活相'作为直接研究的资料"的

---

❶ 人类学名著译丛编委会. 丛书总序//马林诺斯基. 科学的文化理论. 黄建波，等译. 北京：中央民族大学出版社，1999.

❷ [美]克里福德·格尔茨. 文化的解释. 纳日碧力戈，等译. 上海：上海人民出版社，1999：5.

对象❶。至于什么是"生活相",钟敬文先生没有下严谨的定义。据笔者的理解,它与刘铁梁先生所说的"生活层面"的涵义是一致的,就是要"特别关注民众在生活中实际拥有怎样文化,了解他们怎样创造与传承这些文化以及怎样选择与吸收外来文化的情况"❷。然而,要准确理解和把握民众的"生活相"或生活层面的文化是怎样被创造和传承的,必须要了解民众是在什么样的生态(包括自然环境和人文环境)中生活的。在这方面,与民俗学关系密切的文化人类学坚持以人为本,从整体观出发,强调在社会文化研究中必须坚持研究经济、社会、文化、意识形态等诸系统的相互作用,并把这些系统置于人与自然、人与人的关系中考察的研究方法值得民俗学借鉴。其实,中国古代的地方志编纂者就有意识地注意到了这一点,于是往往把风俗的记述放在"舆地"篇中。现代民俗学家则更加强调民俗研究要有文化整体观。刘铁梁教授就认为:"中国的民俗文化根本上说具有农耕社会的性质,而农耕民俗文化研究的田野作业几乎都是从进入具体的村落开始的。从调查常规来看,不论是带着什么课题进入村落,总要首先对村落的人口、姓氏、耕地、作物、聚落格局、周围环境和历史变化等作基本的查询,这是因为这些基本材料不仅本身是农耕民俗的组成部分,而且也是其他民俗事象的背景。"❸况且,"传统岁时节日是自然时间和生活时间协调的产物,是在一定生态环境下形成的生活节奏体系"❹,研究传统节日更需要首先了解其所存在的生态。

34

基于对相关理论的学习与理解,本书作为对村落节日传统个案的调查研究,笔者以为要更好地理解和把握具体时空中白彝节日传统的创造、传承与演变,离不开具体村落的生态。于是,本书首先叙述本研究调查研究地点的生态。这样做虽然落入俗套,缺乏创新,但仍然是十分必要的。

---

❶ 钟敬文. 民俗学入门·序//话说民间文化. 北京: 人民日报出版社, 1990: 9.

❷ 罗树杰问, 刘铁梁答. 民俗学与人类学. 广西民族学院学报(哲学社会科学版), 2005(3).

❸ 刘铁梁. 村落——民俗传承的生活空间. 北京师范大学学报(社会科学版), 1996(6).

❹ 萧放, 吴静谨. 近20年(1983—2003)中国岁时节日民俗研究综述//中国民俗学会. 民俗春秋——中国民俗学会20周年纪念文集. 北京: 学苑出版社, 2006: 334.

第一节 白彝：长期处于弱势地位的族群

弱势与强势是一个相对的概念，不会有绝对的弱势族群，也不会有绝对的强势族群。弱强在于衡量角度的不同，在于客观环境的变化，用不同的环境、标准等去衡量同样的族群，就会分出不同样本的弱势族群与强势族群。本书所说的弱势族群是指在具有可比性的前提下，一个族群的整体比另一族群的整体在政治地位、经济地位、生存和发展条件、人口规模、人口的综合素质，特别是受教育的水平等方面处于一种相对不利地位的族群。这里强调的是族群的整体而不是个别，因为整体处于弱势地位的族群的个别成员在一定的社会关系中并不弱，甚至还可能处于强势。

一、彝族众多族群中的一个小族群

彝族是一个有着悠久历史和璀璨文化的民族。据 2000 年中国第五次全国人口普查统计，中国国内彝族人口为 7762272 人。彝族的主体分布在中国，与中国西南地区毗邻的越南、泰国、缅甸、老挝等国家也有彝族分布。在中国，彝族主要分布于云贵高原和青藏高原的东南部边缘地带的高山河谷间的云、贵、川、桂四个省区，其中云南省的彝族人口最多，全省绝大部分县、市都有彝族分布。据 2000 年中国第五次全国人口普查统计，云南省有彝族人口 4705658 人，占全国彝族人口总数的 60.62%。彝族是一个主要居住在西南山地的民族，其居住形式为大分散、小聚居。四川凉山彝族自治州、云南楚雄彝族自治州和红河哈尼族彝族自治州，即大凉山、小凉山、哀牢山、乌蒙山一带比较集中。而在广西，2000 年中国第五次全国人口普查时，彝族人口只有 7126 人，不到全国彝族总人口的 1%，也仅占近 5000 万广西总人口的 1.5/10 万。在广西，彝族主要聚居在隆林各族自治县的德峨、克长、者浪、岩茶等 4 个乡的 10 多个村和那坡县城厢、百都、下华 3 个乡的 9 个村寨，少数居住在西林县、田林县等地。广西彝族根据各地衣着、兴趣和崇尚习俗，分别自称"诺濮""芒佐""乜齐"，即黑彝、白彝、红彝❶。

35

---

❶ 参阅 覃乃昌. 广西世居民族. 南宁：广西民族出版社，2004：205-206.

白彝自称"芒佐",意思是"白倮"❶,是彝族的一个分支族群,在彝族的众多分支中是人口比较少的一支。白彝是他称,因其服装以白为主色调而得名,因为他们过去都是穿裤脚仅长及膝盖的裤子,所以也被称为"高裤脚"彝族。因此,滇桂交界地区的白彝与凉山地区的白彝是不同的概念。两者不仅分布地域不一,更重要的是划分标准不同,前者是一个以文化来划分的族群,后者则是以血缘来划分的等级。本书所指的白彝均非凉山地区的白彝。

白彝主要分布于云南、广西毗邻地区方圆数十千米范围的一些寨子,其中云南省富宁县板仑乡龙迈寨、木腊寨、龙洋寨,里达镇的里拱寨,广西壮族自治区那坡县的城厢镇的虎村、念毕和者祥三个寨子是白彝的主要聚落,总人数大约两千多人。据虎村的人说,龙洋是最大的白彝寨子,有4个跳弓场,1000多人。

二、处于"老、少、边、山、穷"地区

白彝居住在云贵高原的西南边缘、六韶山的南麓,属中山地形,海拔约800米,村寨的相对高度一般都在200米左右。有的村处于喀斯特地区,有的村处于土山地区。虽然地处亚热带季风气候,但是一年四季受极地气团、热带气团和赤道气团的影响,天气变化无常,四季较分明。

白彝所处的桂西地区和滇东地区虽然分布着壮族、汉族、瑶族、苗族、彝族、仡佬族等多个少数民族,但自古以来是壮族的聚居区,壮族人口占人口的绝大多数,许多县壮族人口占全县总人口的90%以上,以致除了在城镇居住的汉族外,居住在农村的汉族大部分都只能居住在自然条件比较差的山上,因此,汉族在桂西许多地区都属于"高山汉"❷。

虎村所在的那坡县❸,位于广西壮族自治区西部,地跨东经 105°31′至

36

❶ 王光荣. 通天人之际的彝巫"腊摩". 昆明:云南人民出版社,1994:6.
❷ 吴培和,等. 族群岛:浪平高山汉探秘. 南宁:广西民族出版社,1999. 该书是第一部专门以"高山汉"为研究对象的著作。
❸ 那坡县古为百粤地,秦属象郡,宋置镇安峒,宋政和四年(1114年),镇安峒改为镇安州,元改为镇安路,明称小镇安。清乾隆三十一年(1766年)改流官,置通判称小镇安厅,光绪十二年(1886年)改称镇边县。民国时期沿用"镇边县"名称。1953年镇边县改名为睦边县,1965年睦边县改名为那坡县。参阅 广西那坡县志编纂委员会. 那坡县志. 南宁:广西人民出版社,2002.

106°5′，北纬 22°55′至 23°32′，北回归线与县城北面穿越而过。全县横宽直线距离 38 千米，纵长直线距离 67 千米，总面积 2231.11 平方千米。它属于百色市所辖的一个县❶，是一个集"老、少、边、山、穷"于一体的县。

"老"，就是革命老区。右江流域是邓小平、韦拔群等领导的具有伟大历史意义的百色起义、建立右江苏维埃政权之地，对那坡县各族人民产生重要影响。1930 年红八军第一纵队北上与红七军会师，途经那坡县时有不少人参加红军。后来中共地下组织在那坡县的平孟开辟靖镇区革命根据地，举行武装起义，建立民主政府，为解放那坡做出重要贡献。

"少"，就是少数民族聚居区。2004 年整个百色市有壮、汉、瑶、苗、彝、仡佬、回等 7 个世居少数民族，少数民族人口占总人口的 87%，其中壮族占80%。那坡县辖 10 个乡 2 个镇，有 129 个行政村和 1 个街道办事处，有壮、汉、苗、瑶、彝等 5 个世居少数民族，总人口 19.2 万人，壮族约占 90%，其他少数民族占 4%。

"边"，就是地处中国与越南的边境地区，广西和云南的毗邻地区，远离中心。那坡县位于广西西部，县人民政府驻地城厢镇，距首府南宁市 400 余千米，距百色市中心 230 千米，东邻靖西县，西北与云南省富宁县毗邻，是云南省出海的主要通道之一。南与越南高平、河江两省四县接壤，边境线长 207 千米，是广西陆地国界线最长的县份，与越南社会主义共和国接壤的边境设有国家二类口岸——平孟口岸，另外还有百南、那布、坡酬等 9 个边境互市点和贸易市场，是中国的"南大门"之一。20 世纪在越南抗法、抗日、抗美的救国战争中，那坡县人民给予越南人民无私的支援，胡志明等越南革命领导人曾进入那坡县避难并建立活动据点。

"山"，就是山区。整个百色是典型的山区，山区占总面积的 95.4%（其中石山占 30%，土山占 65.4%），丘陵、平原仅占 4.6%。其中，那坡县属于云贵

37

---

❶ 根据国务院 2002 年 6 月 2 日《国务院关于同意广西壮族自治区撤销百色地区设立地级百色市的批复》（国函[2002]47 号）和广西壮族自治区《自治区人民政府关于撤销百色地区设立地级百色市的通知》（桂政发[2002]32 号），撤销百色地区和县级百色市，设立地级百色市，百色市新设右江区。在一股撤地改市的"旋风"中，经济还比较落后、以生活水平还不高的农村人口为主的广西，一夜之间消灭了"地区"，农民变成了"市民"。

高原南沿，海拔 800 米以上的中山占全县总面积的 69.48%，海拔超过 1000 米的山峰 637 座；海拔 500~800 米的低山占全县面积的 23.55%；海拔 250~500 米的高丘占全县总面积的 6.97%。因此，那坡县虽然大部分地处北回归线以南，但气候却比同一纬度的许多地区寒冷。

"穷"，就是那坡县工农业基础十分薄弱，经济发展缓慢。2004 年，全县国内生产总值 46353 万元（当年价），其中第一产业 20245 万元，第二产业 7802 万元，第三产业 18306 万元，农民人均有粮 286 千克，农民人均收入 1297 元（不及全国农民人均收入 2936.4 元的 1/2，上海农民人均收入 7337 元的 1/5）。2004 年全县财政收入仅 3281 万元（不及江苏省县级市昆山市财政收入 31.5 亿元的 1/10）。到 2004 年年底，全县尚有 3660 户 15400 人未解决温饱，未解决温饱的贫困人口占农村总人口的 9%。由于自然、社会等方面的原因，贫困人口很容易返贫，仅 2004 年返贫人口就达 5400 人❶。

三、生存和发展的自然条件比较差

广西那坡县的白彝主要聚落都分布在从云南省境内延伸到广西的六韶山余脉的南端，且都位于那坡县北部，属县城所在地的城厢镇所辖，与云南省富宁县板伦乡交界。海拔一般都比较高。云南、广西的白彝之间来往密切，20世纪 50 年代以前基本上是族群内部通婚，往来以步行为主。主要白彝聚落之间，最远的寨子当天也可以步行达到。1965 年 1 月那坡县到富宁县的省际公路修通，1989 年 1 月那坡县城厢镇内隆平到广西与云南边界上的小集市那桑街的村级公路修通，使滇桂白彝之间的来往更为方便。

虎村是那坡县的白彝几个主要聚落交通最方便的一个，距离县城仅约 10 千米，步行三四个小时就可以到达。1964 年，那坡县县城到百都❷乡的公路第一期工程就已经使虎村通了公路。21 世纪之初，广西对这条公路进行了改建，铺上沥青路面。从 2005 年开始，政府又投资对该公路按 7 米宽的路面标准进行改造、扩建，2007 年建成后，不仅公路更宽，坡度下降，而且到百色不需绕大

❶ 那坡县扶贫工作简介. 广西扶贫信息网：http://www.gxfpw.com/zhengchefagui/xinxi.asp?article_id=584.

❷ 百都：壮语地名，大门的意思。百都乡是那坡县与富宁县郎恒乡交界的一个乡。

弯经过德保县、田东县、田阳县，从虎村到百色的路程缩短了100多千米。虎村坐落于六韶山余脉巴当山几乎是最高处向阳的山坡上，风大雾多，年平均气温要比山下的县城低好几度，没有河流，用水只能靠山泉。耕地以小块坡地为主，且大部分为旱地，只有少量坡地引用山泉水而被改造为水田。但是，由于山泉水流量不大，往往要等到雨季来临后才能有足够的水来耕种，只能种植单季稻。如果有些年份比较干旱，单季稻也难以保证获得好的收成。因此，这种靠天吃饭的田，老百姓形象地称之为"望天田"。还有一些无法引水的坡地只能种植玉米等旱地作物。即便是这种条件的耕地在虎村的人均也不足1亩左右（虎村分四个小组，各组的人均耕地数有些差异）。村子中间房前屋后和周围山坡倒是非常适合种植各种竹木，但是，虎村能够开垦的除了耕地外，都已经种上杉木、油茶树、油桐树、八角树和竹子，几无可供开垦之地，所以整个村子从远处看上去还是郁郁葱葱的，但实际上大树并不多（图1-1）。

39

图1-1 位于巴当山之巅的虎村（白色楼房为小学，2004年7月摄）

　　由于生存和发展条件差，所以虎村的经济发展水平一向低于当地的壮族和汉族，长期处于比较贫困状态。在中华人民共和国成立以前，虎村人民生活水平普遍极度贫困。土地改革前，虎村的田地大部分都被规从村的 2 户汉族地主占有，另外木棉、交利、毛坪的汉族地主和规古村的壮族地主都在虎村占有田地。共有 45 户人家的虎村没有地主，只有 3 户富农，3 户富裕中农，3 户中农，15 户贫农，其余都是雇农。雇农没有耕牛和田地，有的连房屋都没有，专为别人打工，生活十分悲惨。2006 年 5 月 8 日，笔者与一位雇农、1927 年出生的科姓老奶聊起旧社会的情况时，她说："全村只有一户有瓦房，其余的都是茅草房。后来国民党的保安队来虎村时，把那户的瓦房也烧了。"至于她家的情况更是相当艰苦："没有衣服换，落雨湿后只能生火烤干，睡也睡不成，吃的也没有，吃苦愁啊。自己没有田地，早出晚归去规从、木棉、茅坪那些壮族、汉族的寨子帮地主、富农打工，他吃剩了才给我们吃，油、盐也放得很少，更不要说吃肉了，就放一点辣椒。帮地主做工，地主每天给 3 碗饭，我白天吃了两餐，晚上不吃，就留给孩子吃。有的地主、富农一天给大米一筒（500 克）或玉米 2 筒。不够吃，我们加野菜一起煮。为了省下给孩子多吃些，我晚上不吃，饿肚子。孩子小的时候，劳动时候也背去，天黑才能回家，孩子哭得很厉害。如果是帮地主、富农捡茶子，捡一背篓给 10 个铜钱。当时 5 个铜钱可以买 1 斤大米，3 个铜钱可以买 1 斤玉米，但全家人还是吃不饱。"谈起现在的生活，老人高兴地对笔者唱起了彝族山歌，大意是：到了今年欢喜啦，现在有吃又有穿，新衣服随便换，每天可以吃三餐，有酒又有肉。老人对现在的生活水平非常满足，退休后到百色的儿子家住了一段时间，后来还是回到虎村与女儿、女婿一起居住。不仅从旧社会过来的人对生活水平的提高感到满意，1956 年出生的 W 村支书对改革开放后虎村经济发展和人民的改善也有深刻体会："我十多岁的时候，特别是 1967 年、1968 年时，国家给我们救济粮都是木薯粉、木薯片。读高中的时候，没有车，我们都是走路去那坡，带玉米粒去学校蒸吃，菜也是每个星期从家里煮一些带去，没有了就买点酱油下玉米饭，条件相当

艰苦。"❶

改革开放后，白彝的生活水平有了很大的提高，但是绝大部分人口都只是刚刚解决了温饱问题。总体而言，在滇桂交界的彝族生活水平比当地壮族、汉族的要低。据虎村人介绍和笔者对到虎村参加节日活动的云南富宁县彝族的访谈，普遍认为云南富宁县的彝族生活水平比那坡县的还要低。在那坡县城，笔者经常看到在街头拾荒的白彝妇女。虎村人告诉笔者那都是从云南富宁县过来的。但应该说，虎村村民的经济收入、生活水平也还是非常低的。

21 世纪初，虎村生存和发展面临的另一个突出问题是生活用水没有解决。水是生命之源，也是族群生存和发展的最基础条件之一。据虎村的老人回忆，由于过去巴当山上森林茂密，开垦的田也比较少，所以，村里的几处泉眼冒出的水很多，虎村从没有感觉到缺水。20 世纪 50 年代以后，天然林逐步被砍伐用来开辟田地，种植粮食作物和经济作物，泉水的出水量明显减少。加上人口和大牲畜的增加，以及建在本村中心小学的住校师生的增加，用水量也大增。于是，一到干旱季节，虎村用水就非常紧张，水量不足，村中和村边几处水源，随时可见排队等水的人们。人们等待着那涓涓细流集在小坑里，再用水瓢舀到水桶里，等满一挑水甚至需要一小时。每天挑水耗费了村民不少时间。如果哪一家办酒席，必须派一两个年轻力壮的人专门做挑水。2005 年 11 月笔者与一位虎村的汉族姑爷小冉聊天时，他说："我来这里感到最不方便的就是水困难，如果自来水通了，我们做姑爷的就轻松了。因为办酒席时姑爷的主要任务是挑水。"由于缺水，洗澡成为一种奢望。笔者从 2004—2006 年在虎村调查期间，也尽量节约用水，一杯水就可以刷牙和洗脸，没能在虎村洗过一次澡，实在受不了就到县城的招待所洗一洗。而且，虎村的主要水井周边都没有开好排水沟，下雨时道路上的污水会流入井中，使井水十分浑浊（图 1-2），从卫生的角度来说是不太好的，然而就是这样的水对虎村人来说都是不可多得的。

41

---

❶ 2005 年 11 月 19 日笔者与 W 支书的访谈资料。

（1）丰水期

（2）枯水期

42

图1-2　同一泉水的丰水期和枯水期

　　为了解决虎村的用水问题，政府没少投入。据村民介绍，20 世纪 80 年代初，那坡县政府就为虎村铺设了钢质自来水管，告别了千百年来挑水的历史。但由于村民管理不善，没有过多久，水管管网损坏，大部分村民只好又重新找出扁担和水桶来挑水。1998 年政府又利用世界银行西南扶贫项目帮助虎村从另外一个山头引水到村头，并修建了一个大水池，从源头引水 2443 米到大水池，还铺设钢管到各家各户。每户只需购约 2 米的入户水管、水龙头和水表即可，1998 年 11 月 20 日建成通水，但使用不到 2 年时间，整个供水系统再度瘫痪。

在 21 世纪初中共中央提出全面建设小康社会的时候，用水问题依然困扰着虎村人。2006 年 5 月上旬，按正常年份早就已经进入雨季，可是从 2005 年秋以后就一直没有下过一场透雨，所以，虎村的用水较以往更为紧张，村中最大的泉水都已经见底，因为学校师生也依靠这眼泉水，缺水使师生的正常生活受到了影响，找水成为每个家庭每天的头等大事。于是，12 户村民在村支书的组织下，决定从村子上方一个原来用于灌田的泉眼引水到村里来。那块田是落实生产责任制后一位干部与他在家里的妻子开荒的，每年收入不少于 100 斤干谷。村支书联合几位农户找到这位已经退休的干部，希望他家为了解决大家的用水问题，不再耕种这块田，把那眼灌田的泉水引到坡下的村里作为村民的生活用水，并表示大家愿意补偿他家 10 年的收成共 1000 斤干谷。考虑到大家和自己的用水问题，这位退休干部欣然同意了。因此，那部分村民十分高兴。每户集资 200 元，修了一个蓄水池，埋设了水管。过去也有人想过要从此处引水，但他们觉得距离太远，而实际做起来只有 400 多米。考虑到水的流量，他们说，现在是先吸收 12 户参加，经过一段时间观察，如果水量大再吸收更多的人参加。笔者 2006 年 5 月在虎村调查的时候，他们已经把水接通到 12 户的家里，但由于水量不大，每两天才从水池里放一次水，每次每户大概只能够接到 4~5 挑水，人畜饮水得到解决，但仍然无法满足洗澡、洗衣服等生活的需要。而且，12 户约占全寨的 1/5，还有绝大部分人口的用水问题还没有得到有效解决。

四、学校教育起步晚，发展困难多

学校教育是近代以来提高人口素质的最主要途径，但是白彝的学校教育起步晚，目前发展困难多，严重地制约着白彝人口素质的提高。

白彝只有自己的语言，没有本族群的文字，由于在本地区白彝是弱势族群，所以为了方便对外交往，他们一般都会说当时广西较为普遍使用的桂柳话和当地的壮语。直到蒋桂战争后，以李宗仁、白崇禧、黄旭初为核心的新桂系集团退守广西，提出“建设广西，复兴中国”的口号，采取了一系列措施企图振兴广西。在教育方面，1933—1939 年开展的一场轰轰烈烈的普及国民基础教育运动，使广西基本实现了每村（街）一所基础学校，每乡镇一所中心基础学

43

校。在这一过程中,虎村 1933 年才出现私塾。教师是从那坡县城请来的壮族。由于当时虎村大部分家庭温饱问题都没有解决,能够送孩子读书的家庭不多,只有十几个学生。当时采用的课本有《千字文》《百家姓》《三字经》等。老师平时用汉语来讲课,辅之以壮语来解释。学生大多只会认字、会读、会背,但不大会写。他们只懂得使用抵押、典当之类的常用字词。教室设在私人家里,因为当时的学生交不起学费,教师的生活问题无法解决,这个私塾总共才办了两年半❶。但毕竟在虎村历史上是破天荒的。

为了"开化"偏远地区的少数民族,发展苗、瑶等少数民族,新桂系极力推行"特种部族"教育,专门培养教育各少数民族农民子弟。1934 年 1 月,"广西苗瑶教育委员会"(后改为"广西特种教育委员会")成立,负责规划全省的"特种"教育,并制定《广西特种教育区域设校补助金办法》,由省财政拨款予以特殊照顾。为了解决师资问题,1935 年 1 月,新桂系在南宁创办"广西特种师资训练所"❷,招收略懂汉语的偏远地区少数民族青年,培养"特种部族"教育的骨干力量。在这样的背景下,虎村有 2 人被招收进入了训练所学习,其中 LKM 于 1941 年毕业回到虎村创办了一所初级小学❸,还担任副村长。从此,虎村有了真正意义的学校教育。当时学校总共有 25 名学生,其中壮族学生 5 人,彝族学生 20 人❹。课程主要有国语、算术、自然、社会等。讲课主要用汉语桂林

❶ 广西壮族自治区编辑组. 广西彝族仡佬族水族社会历史调查. 南宁:广西民族出版社,1987:110.

❷ 1937 年 7 月,"广西特种师资训练所"迁往桂林办学,1942 年 4 月改名为"广西省立桂岭师范学校"。学校成立"日常生活指导委员会""学生回籍服务指导委员会""假期调查宣传团"等八个学会,由教师帮助、指导少数民族学生学习、生活和回乡工作。学生在校学习期间,每人每月补助学习用品费毫币 3 元;服装被帐费每人每月 15 元(后增至 50 元);膳食费每人每月补助 6 元;每学期发棉布制服一套;图书、课本、医药费及寒暑假来往路费统由省政府开支,币值跌落后,各费均按比例增加。特种师资训练所培养的学生成为"特种部族"教育的骨干力量。参阅 罗树杰. 桂系军阀民族政策简述. 广西民族学院学报,1995(2);谭肇毅. 民国时期新桂系的民族政策述评. 广西师范大学学报(哲学社会科学版),2005(2);李晓明. 新桂系民族政策述评. 广西民族研究,2004(4).

❸ 关于 LKM 毕业回乡的时间有两种说法:一说是 1941 年,见广西民族出版社 1987 年出版的广西壮族自治区编辑组的《广西彝族仡佬族水族社会历史调查》110 页;另一种说法是 1945 年,见云南人民出版社 1994 年出版的王光荣的《通天人之际的彝巫"腊摩"》136 页。

❹ 此人数不知具体年份,见 广西壮族自治区编辑组. 广西彝族仡佬族水族社会历史调查. 南宁:广西民族出版社,1987:110.

话，辅以彝语解释。教师的薪水为每个月 3 挑谷，由学生共同负担。学校教育的创立，培养了虎村第一代新式的知识分子。中华人民共和国成立以前，虎村已经有了一位中学毕业生，两个中等师范毕业生。他们在中华人民共和国成立后都被吸收为国家干部。LKM 一直在虎村担任小学教师直到 1962 年因身体欠佳而自动离职，为虎村的学校教育做出了突出的贡献，可以说是他奠定了虎村现代学校教育的基础。另外一名曾被招到桂林特种师资训练所学习的虎村村民，毕业回来后曾担任过村长，后参加了共产党领导的地下游击队，中华人民共和国成立后在那坡县那当乡做干部，并作为少数民族参观团成员到过北京等地参观，可惜 41 岁因病而英年早逝。

中华人民共和国成立后，虎村教育得到了快速发展。1951 年，虎村的初级小学改为由政府统一管理的公办小学，仍然由 LKM 担任教师，LKM 享受中专毕业的国家公办教师待遇。在政府的大力扶持下，建立了校舍，适龄儿童都有机会进入学校学习。虎村的教育得到了前所未有的发展，白彝的一大批子弟在虎村受到初等教育后，从大山走出去读更高一级的学校，甚至进入了高等院校，毕业后成为各级各类干部和专门人才，改变了历史上白彝没有人参与政治和国家社会生活的状况。据统计，中华人民共和国成立后到 2004 年 7 月，虎村被录用为国家干部、教师、工人的人员已经达 67 人，其中担任大学、中学、小学教师的共 10 人，其中几人还担任了那坡县乡镇或县直属机关部门的领导职务。中华人民共和国成立初期，虎村就有 3 位被保送到南方大学就读❶。其中一位是当年在南方大学就读过的现已 80 多岁的老人。笔者每次去拜访他的时候，他都很自豪地用广州话对笔者说："我们的校长是叶帅。"笔者就用广州话与他聊天，他甚是兴奋。于今已经成为广西师范学院民间文化研究所所长的王光荣研究员，就是虎村 LKM 门下最有成就的学生。他从彝族村寨走出来，中等师范学校毕业后，又考入武汉一所大学的中文系，成为广西白彝的第一个本

45

---

❶ 为了培养更多理论联系实际的干部，在解放军南下的过程中，中共中央决定在广州创办南方大学，中共中央华南分局第一书记兼任校长。南方大学 1950 年 1 月 1 日正式开学。1952年全国高等院校调整时，毛泽东和中央要求革命大学支援地方高校，南方大学的干部和教职员工分流到中山大学、华南师范学院、广东民族学院、广东革命干部学校等高校，南方大学随之解散。参阅 陈典松. 解放初期创办的南方大学及其影响//广州博物馆. 镇海楼论稿. 广州：岭南美术出版社，1999.

科生。尔后，越来越多的虎村人有机会进入中等和高等学校学习。1961年虎村初级小学被升级成为完全小学，是虎村所在大队（现为村民委员会）10个自然村高小和虎村初小阶段学生学习的地方，虎村的孩子上学更加方便。目前虎村小学除虎村的学生外，其余9个自然村的学生都实行寄宿制，平时住校，周末放学回家。到2004年6月，虎村小学在校生共有121人，性别结构为：女生57人，男生64人；民族结构为：彝族66人，汉族34人，壮族21人；年级结构为：一年级22人，二年级12人，三年级15人，四年级17人，五年级29人，六年级26人。其中，在校住宿的男生有26人，女生11人。内宿的学生自己从家里带大米或玉米到学校，由食堂统一蒸熟，学生每个学期只需交500斤木柴或25元钱的燃料费。全校有7名教师，其中公办教师4名，代课教师3名。代课教师与公办教师工作量一样，但不分年龄、学历、能力，每个月只有210元收入，养老保险、医疗保险等所有福利待遇全部没有❶。这是一项十分不平等的政策。同工同酬、聘任制这些基本的公平原则都未能实现，这种政策也影响着教师的工作积极性。

　　虎村越来越多的年轻一代的家长，懂得孩子上学的重要性，而且有意识地为孩子将来升到高一级学校读书做准备。2005年11月12日，一位1968年出生姓方的家长对笔者说："小鬼一读书我们就开始种植一些杉木，将来如果他考上高中、大学，就可以砍伐去卖换钱给他去交学费，砍一片树林也可以有几千块收入。现在也要去找一些钱，每个月要留两三百块钱，为小鬼读书做准备。作为父母亲，我们有责任送他去读书。"2006年2月7日一位姓梁的家长也对笔者说："我爱人在海南打工的钱一般我们都储蓄起来，现在小孩读书都是用我在家搞副业的收入。主要的钱都留来以后起房和供小孩读大学。"这些都是十分有远见的家长。2005年虎村又有一个女孩考上玉林师范学院的法学专业本科，还有一个女孩考上河池学院的少数民族预科班，先到广西民族大学学习一年，2006年秋季正式到河池学院读本科。她们的家长都千方百计克服困难，甚至借钱供她们上学。但现在仍有不少家长没有能力或者没有送孩子去读

---

❶ 本材料由虎村小学赵校长、教导主任王老师2004年7月13日提供。

中学的强烈愿望，目前 18~60 岁的村民绝大多数只有小学文化程度。一些到县城读初中的孩子由于家庭困难或成绩不好，没有毕业就辍学了。

虎村彝族教育的困难引起政府和社会各界的关注，也得到政府和社会各界的扶助。据笔者所了解到的就有：1997 年 4 月中国西南扶贫世界银行贷款项目广西项目就为虎村小学购置了教学设备一批（表 1.1），并给在虎村小学读书的一批家庭贫困的孩子发放春荒补助和书杂费补助，详细项目如下❶：

表 1.1 世界银行贷款项目为虎村小学购置的教学设备

序号	设备名称	数量	序号	设备名称	数量	序号	设备名称	数量
1	小学教学教具箱	1个	8	地球仪（平面政区）	1个	15	乒乓球	100只
2	小学自然教具箱	1个	9	秒表	2只	16	羽毛球	100只
3	米尺	2把	10	小篮球	10只	17	羽毛球网	2副
4	托盘天平	1台	11	篮球	5只	18	短跳绳	50条
5	教学收录机	1台	12	小足球	6只	19	长跳绳	15条
6	手风琴	1台	13	乒乓球拍	10只			
7	地球仪（平面地形）	1个	14	羽毛球拍	10副			

（1）春荒补助：共补助 18 人，其中属于虎村的有 5 人，每人获得 110 元，用于营养补助。

（2）减免书费：资助标准为每人获得 72 元。共补助 18 人，其中属于虎村的有 2 人，用于交书费。

（3）减免书费：共补助 7 人，男生：4 人，女生 3 人，其中属于虎村的 2 人，每人获得 45 元。用于交书费。

（4）减免书费：共补助 18 人，其中属于虎村的 2 人，每人获得 72 元；4 人每人获得 60 元；3 人每人获得 45 元。用于交学费。

47

---

❶ 本材料由虎村小学赵校长、教导主任王老师 2004 年 7 月 13 日提供。

（5）减免书杂费：共补助 20 人，其中属于虎村的 1 人，获得 60 元；2 人每人获得 45 元。用于交书杂费。

2000 年香港中业教育机构为振兴边陲地区教育事业，资助 30 万元，加上政府"边境大会战"❶配套资金 30 万元，重新建设虎村小学。2000 年 5 月该项目动工，同年 11 月建成总面积为 1800 平方米两栋大楼（图 1-3）。2005 年那坡县民族局又拨款 2 千元，为虎村小学安装了一副钢制篮球架。经过政府和社会各界的关心帮助，虎村小学的硬件得到了很大的改善。但是，2004 年 7 月 13 日虎村小学赵校长对笔者说，由于虎村条件艰苦，一般老师都不愿意到虎村小学任教，尽管全镇小学教师超编 153 人，虎村小学的 7 位教师中却只有 4 位是正式的，由于数量不足不得不招 3 位代课教师。师资队伍是提高教学质量的关键，如何加强师资队伍的建设，稳住骨干教师，仍然是发展虎村学校教育的一个难点，需要得到政府和各界人士给予更多的帮助。

图1-3 虎村小学

此外，近几年虎村还有不少孩子获得香港宣明会、那坡县干部职工的帮

---

❶ 从 2000 年 8 月开始广西实施的边境建设大会战，重点解决边境地区基础设施滞后问题，帮助当地群众改善生产生活条件。

扶，得以减免书杂费。两位五年级的小学生 FSHU 和 WLL 在《南方都市报》记者的牵线帮助下，2002 年获得资助，到广州参加"两广少年儿童手拉手"活动，其中 FSHU 获得广州军区一位军官每年 500 元的资助，直到她高中毕业。2004年 7 月 25 日虎村一位小学生获得保利公司资助到北京参加夏令营活动。至今仍令虎村人难以忘怀的是，2001 年 1 月时任中共广西壮族自治区委员会书记的曹伯纯同志到虎村，全寨男女老少都穿彝族服装迎接。当时，曹伯纯看到身穿白彝服装的小孩非常可爱，就想伸手抱一个彝族小孩。看到这位陌生人伸手过来，许多小孩都害怕而本能地跑开，只有一个姓黎的 6 岁女孩没有跑，大大方方地让曹伯纯抱起来。当得知这位女孩的父亲是一位退伍军人，其生前为村党支部书记，不幸英年早逝，家庭十分困难后，曹伯纯决心帮助她。在曹伯纯的关心下，2002 年 9 月南宁扶壮学校❶决定免费接收她，由于她年龄太小，又安排她已经读五年级的堂哥跟她一起去，学校将免费让他们读完小学和初中。两年后，2005 年 7 月学校以南宁市道路拓宽，校舍被拆造成校舍紧张为由，将 2 名彝族小学生送回虎村，但扶壮学校表示，愿意继续每年资助两兄妹各 500 元直到他们读完初中。2005 年 11 月，笔者正在虎村调查时，两位孩子都还没有收到扶壮学校的资助款，而此时两位孩子中的一位已经升入那坡县民族中学读初中，家庭负担更加重了。他们也多次打电话到学校询问，均没有联系上学校领导。他们担心学校是不是说话不算数了。于是，他们的一位叔公就与这位初中生于 2005 年 11 月 12 日（星期六）乘车到南宁，找到扶壮学校，校长的夫人也就是学校的财务主管说，资助没有能够及时兑现，主要是原来留的电话打不通，跟学生联系不上，他们说话是算数的，并当场把两兄妹一年的资助费发给了他们。第二天，他们就高高兴兴地回到了虎村。

　　但是，由于虎村经济发展、生活条件、思想观念等诸多因素的影响，虎村

---

　　❶ 位于南宁市西乡塘区一个城中村——万秀村里的一所民办农民工子弟学校，1996 年由中国致公党党员、壮族教师张龙安创办。到 2006 年 9 月共有两千多名学生，设有学前班、小学部和初中部。该校引入陶行知的平民教育理念，让农民工子女进得来，学得好，有尊严，成为对社会有用的人，使农民工子女也像其他孩子一样拥有平等学习机会，可以像城里的孩子一样健康成长。2005 年 6 月该校挂牌成为广西陶行知研究会实验学校，2006 年被认定为"南宁市科普示范学校"。在全市 62 所"南宁市科普示范学校"中，是民办学校中唯一被认定的学校。

许多小孩都没有读到初中就辍学了。个别家长对小孩辍学也采取听之任之的态度。所以，虎村的农业户口中，受教育的程度总体上是比较低的（具体数据有待详细统计分析）。要在虎村实现小康，建设社会主义新农村，提高村民的综合素质仍然任重道远。

五、族群关系：长期处于被歧视的状态

那坡县各民族总体而言是和睦相处、互相帮助，并没有发生什么械斗、仇杀，共同建设和守卫着祖国的边陲，虎村与周边其他壮族、汉族的寨子也相处得十分融洽。每年虎村举行跳弓节的时候，周边其他民族都来参加，据虎村的老人说，过去他们去周边的壮族、汉族村子筹集过节资金时，他们都很愿意给。但是，历史上，在那坡县乃至整个桂西地区，壮族人多势众，其他少数民族甚至汉族都处于弱势状态，白彝更是处于边缘状态而受到歧视。在中华人民共和国成立以前，虎村没有一个村民能够在政府部门里任职，完全被排除在官僚政治的体制之外。白彝与其他族群的交往也比较少，白彝也不与其他族群通婚。那坡县博物馆章馆长告诉笔者，当地壮族用壮语称彝族为"懵"，意思是最低级、最差的，带有明显的歧视味道。虎村村民对笔者说，过去壮族、汉族看不起彝族，看到彝族就讥笑"倮倮不洗脚，泥巴自己脱"，还讥笑苗族"苗族不洗脸，出门着狗撵"。而且，由于彝族经济文化发展水平比当地壮族、汉族要滞后一些，所以过去彝族上街买肉时主要是挑一些比较便宜的牛肠、牛肺、牛肚等，回去后又舍不得一次吃完，储存时间长使这类食物带有腐烂的异味。于是，当地人一提起白彝就略带轻蔑的口吻把彝族与臭牛肠连在一起。

中华人民共和国成立后，民族平等和民族团结得以实现，反对民族歧视，各民族交往逐渐增多，彝族外出读书、做干部、当教师、打工的人越来越多，民族隔阂逐渐消除。各民族在一个学校上学、在一个单位工作，不同族群聚落之间的交往与协作日益频繁，彝族与其他民族通婚也不断增多。虎村中年妇女FGY对笔者说："以前我们也不乱与他们结婚。直到（20世纪）70年代我姑姑嫁给一个壮族人开始，嫁给壮族、瑶族、汉族人的人才逐步多起来。"

彝族与其他民族间涌现出许多民族团结的动人故事。例如，《那坡县志》记载，1954 年达腊彝族粮食征购按时完成后，主动抽出 20 匹马帮助归管、田湾的汉族人运粮。而同年达腊彝族人不熟悉红薯插枝的种植方法，香街的壮族人也主动带红薯苗去帮助他们。1957 年达腊彝族人颜幸才到县城挑瓦，不慎失足坠河，壮族人李汉仁奋力将他救起，并背回家精心护理，第二天又把他送回家❶。上面提到的社会各界关注和帮助虎村发展教育，都是新时期族群关系改善的生动体现。笔者 2004—2006 年在虎村多次参加节日活动，都碰到彝族的壮族老同或朋友到虎村节日酒席承办的家庭祝贺。他们在虎村住一宿，所带礼物不过 10 元钱而已。但是，历史传袭下来的民族歧视的思想观念至今没有完全消除。一位虎村的中年妇女 FGY❷2005 年 11 月 10 日告诉笔者，她 20 世纪80 年代去那坡县城读书的时候，有的壮族、汉族人看不起彝族，还骂她们，"雨落里达❸街，狗叫倮倮来""倮倮不洗脚，泥巴自己落""彝族爱吃牛肠、牛肚"，她与骂她的人吵起来，那些人后来才不敢这样骂她。笔者 2004 年第一次到那坡调查，在县城一家招待所办理住宿手续的时候，对服务台的两位中年妇女说我们是从南宁来的，准备到虎村。她们就说"你们去那里可能得吃臭牛肠"，笔者就问她们是否去虎村吃过，她们说没有。这说明她们也只是道听途说而已，由此可见当地人歧视白彝的观念还有延续。

长期处于弱势地位，使虎村人的社会交往和文化传承主要在族群内部进行，他们的文化长期以来也很少为外族人所真正了解。

51

第二节 虎村：亚热带山地农耕族群的一个生活空间

人类作为地球的主人，自从诞生的那天起，就与周围的地理环境发生着密切的关系。人类必须适应环境才能生存，并在适应性环境的过程中发明和创造了自己的文化，可以说人类的文化很大一部分就是为求生存发展而在适应环境中创造的。地处亚热带山地的虎村人的文化也体现了他们适应亚热带山地环境

---

❶ 广西那坡县志编纂委员会. 那坡县志. 南宁：广西人民出版社，2002：118.
❷ FGY：女，1962 年生，虎村彝族，高中文化。
❸ 云南省富宁县的一个乡。

的特点。

一、依山聚居的聚落

（一）聚落形态

聚落是人类聚居活动的场所，也是一个族群生存和发展的空间。关于"聚落形态"的定义，美国考古学家戈登·威利在 20 世纪 50 年代曾作如下表述："人类将他们自己在他们所居住的地面上处理起来的方式。它包括房屋的安排方式，并且包括其他与社团生活有关的建筑物的性质与处理方式。"[1]也有的学者认为，可以将其表述为"人群的居住安排方式"[2]。聚落位置的选择既受自然环境和经济形态的制约，还受人文、社会因素的制约。因此，可以认为，聚落的内涵较村落更丰富，本书叙述中"聚落"和"村落"并用，但是在本书中指的都是村落。因为白彝聚居的形式基本上都是村落。

由于白彝不是现在居住地的土著，人数不多，处于弱势。因此，白彝聚落多处于高山山腰或幽谷之中。由于白彝每年有聚积族人举行跳弓节[3]的习惯，所以，不像南方另一个山地民族瑶族那样家户相当分散，聚落规模也比较小，白彝的聚落虽然不多，每个聚落之间也距离数千米乃至一二十千米，但聚落规模一般都在 30 户以上，多的达百户之多。虽然聚落较大，但村里并没有整齐的巷道，蜿蜒崎岖的小道也没有铺上石头，甚至村里的主干道就是主要的排水沟，一到雨天，就泥泞不堪。高筒塑料鞋或橡胶水鞋就成为必不可少的出门工具。各家各户的房子往往是根据自己所占的地基来布局，因此房子布局的随意性比较大，也比较松散，也没有明显的规律性，缺乏规划。这与当地的壮族、汉族传统的聚落有较大的差异。这也给公共设施的建设带来较大的麻烦，如电线、水管、有线电视线的架设增加不少成本。

52

---

[1] Willey G R. Prehistoric Settlement Patterns in the Viva Valley, Peru. Bureau of American Ethnology,Smithsonian Institution, Bulletin 155, 1953：1. 转引自 王巍. 聚落形态研究与中华文明探源. 中国经济史论坛：http://economy.guoxue.com/article.php/10255.

[2] 王巍. 聚落形态研究与中华文明探源. 中国经济史论坛：http://economy.guoxue.com/article. php/10255.

[3] 跳弓节是虎村每年最隆重的节日，后面将详细论述。

笔者的考察点虎村是广西境内最大的白彝聚落。从那坡县城出发，一路沿着蜿蜒而上的爬山公路大约 10 千米就到达了虎村。2004 年 7 月，我们第一次到虎村时村支部书记告诉我们说，全村有 71 户 301 人。第二天，笔者从虎村小学校长那里借来 2002 年虎村的"文化户口簿"，得到的数字却是总计 71 户，308 人。后来，笔者了解到，这实际上只是户籍在该村的农业人口，并不是住在村里的人口数。住在村里的人口与这个数字有一定的出入。这是因为：一是有的人长年外出打工，笔者去调查的这几年虎村长年在外打工的人不下四五十人，有的甚至全家外出，已经多年不回家；二是有些从村里出去当干部、工人的村民，退休后回到村里居住，其户口并不在村里；三是有的从村里出去工作的村民把幼小的子女送回老家抚养。因此，要准确统计村里到底多少人并不是容易的事。虎村有十个姓氏，但以科、梁、黎、王四姓为"开山"之祖，其他姓氏都是后来或入赘，或搬迁而来的，但现在科家已经衰落，只剩 1 户人家，梁、黎、王、方成为现在的主要姓氏，加上历代以来基本上都是实行族内婚，整个村子的人具有浓郁的宗族和血缘关系。但各姓氏之间在聚落布局上没有明显的地域界线。

白彝的每个村子都有节日祭祀的公共场所："廊"和"稠"，二者是连在一起的，"廊"前面的空地称为"稠"。"廊"在彝话中是庙的意思，但邦郎总管 LRZH 则说："我们的'廊'，不是庙，是我们俫族将军的营房、军官的指挥部。"[1] "廊"，原来有各种各样的翻译法：寨神庙、腊摩庙、腊摩亭、腊摩宫，后来王光荣教授根据白彝的崇拜金竹风俗、族与竹同音、"祭"和"枝"同音，将其命名为竹枝宫[2]，但是一般村民并不认同这种叫法，本书一律使用寨神庙的叫法。"廊"前面有一块空地称为做"稠"，汉语翻译为跳弓场，正对寨神庙门约 3 米的跳弓场中央有一丛金竹，节日举行各种仪式都要围绕金竹丛跳舞。

53

---

[1] 邦郎总管 LRZH：1952 年生，彝族，小学文化，虎村村民，邦郎总管，为笔者的主要报道人之一。以下与 LRZH 的谈话记录均为笔者从 2004—2006 年多次到虎村与他交谈所得，不另做注。

[2] 王光荣：那坡县白彝人，1944 年生，广西师范学院民间文化研究所所长，研究员。2005 年 8 月 14 日，笔者与同事李美在南宁采访了他。本书所提到的王教授亦指他。

（二）民居

相对而言，在虎村建干栏式房屋，花费不算太大。因为一般自家种植有木材，只需买瓦和请亲戚朋友来帮忙的伙食开支。如果是建钢筋水泥结构的"洋房"，钢筋、水泥、沙子、砖头等主要建筑材料都必须到县城购买，而且由于虎村在山上，运费比较高，所以建这种房子的花费是干栏式的好几倍。由于虎村经济发展总体还比较落后，即使要建干栏式的房子，对一般家庭来说仍然是一个沉重的负担，因而有的分了家的兄弟还没有能力单独建新房，于是出现了家户多于家宅的现象。但是，一般人结婚后都会首先考虑另外建房单独居住，除了赡养老人外，大部分都是核心家庭，联合家庭很少出现。

过去，虎村白彝的房子非常简陋。20 世纪 80 年代中期袁少芬、钟桂明到那坡县者祥和达腊进行彝族社会历史调查，他们当时了解到彝族的居住情况是这样的："解放后已全部盖起了干栏式的房子，很大一部分盖上了瓦房。"❶笔者在虎村调查时，大部分仍然是依山而建的干栏式木房子。但是，直到 20 世纪末，广西边境地区还有上万户农民住在茅草房里，其中那坡县全县还有 3359 户农户住在茅草房里❷。于是，广西壮族自治区人民政府决定世纪之交时在边境地区开展茅草房改造工程（简称"茅改瓦"），那坡县是这项工程实施的重点地区，因此，白彝贫困群众受益。2005 年 11 月 8 日，曾经作为虎村扶贫联系点负责人的城厢镇人大主席团的简主席告诉笔者："当时整个××村委会共 54 户，是整个城厢镇最多的，其中虎村当时又是整个村委会中茅草房最多的，茅改瓦工程在那里实施好像是 36 户。根据各家各户的住房面积补助瓦片，房子大的多得，房子小的少给，每户平均约补助 1000 元。补助的办法是当时我们与云南富宁县的一些厂家谈好价钱就去拉瓦回来分给农户，不是发现金。"

到 2006 年 5 月虎村已经有 4 户住上了钢筋混凝土结构的"洋房"。干栏与当地壮族传统的干栏式木房子结构是一致的，旧式干栏为木瓦结构（图 1-4），新

54

---

❶ 袁少芬，钟桂明. 那坡县者祥屯和达腊屯彝族社会历史调查//广西壮族自治区编辑组. 广西彝族仡佬族水族社会历史调查. 南宁：广西民族出版社，1987：79.

❷ 覃柯苌. 广西边境：感受茅草改造的力量//黄德举. 广西扶贫之路. 南宁：广西人民出版社，2005：146.

式的则为砖瓦结构（图 1-5），干栏前面一般用竹木搭建一个露天晒台，作为晒东西和室外休息的地方。

　　钢筋混凝土结构的"洋房"与现代广大城乡的钢筋混凝土结构的房子没有太多的区别（图 1-6）。还有 1 户于 2005 年建起了砖瓦结构的房子。2006 年 11 月 25 日笔者再到虎村时，又有 4 户正在建设新房子，而且都不是旧式的干栏式。白彝的木干栏式房子手工艺普遍比壮族的要粗糙一些，地板缝隙较大，与当地壮族房子的墙壁多用纯木板或以木条围起来再糊上泥浆不同，白彝的旧式干栏式房子大部分以竹篦笆作为墙壁，通风采光效果好，但保暖性则差一些。内部结构一般用木板另外隔出 3 个卧室。其余的作为厅堂、厨房（图 1-7）。

图1-4　旧式木瓦结构干栏

图1-5　新式砖瓦结构干栏（2006年落成）

图1-6　新式钢筋混凝土的"洋房"（2005年落成）

56

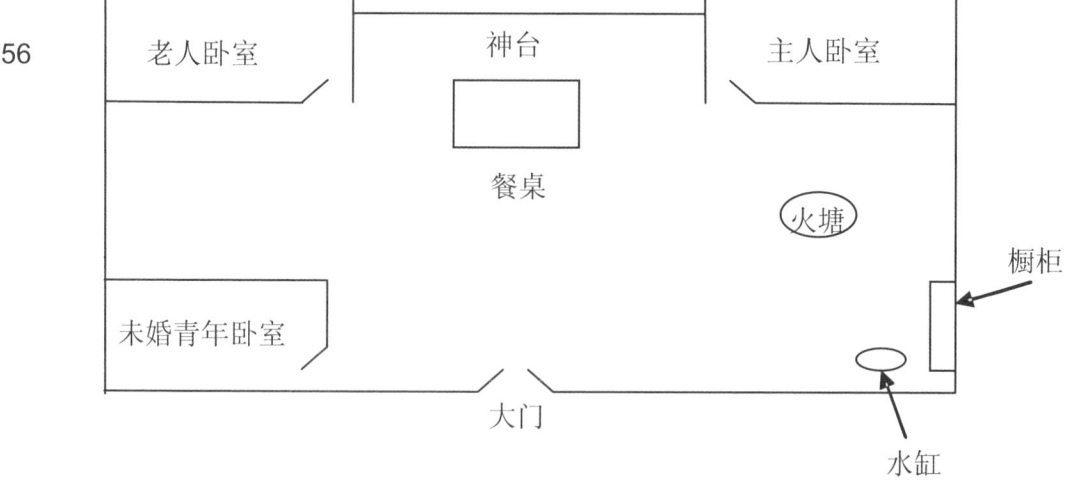

图1-7　干栏房第二层内部结构平面图

二、虎村人的生计

人类要创造历史，首先必须满足吃、穿、住、用等基本的物质需要，所以第一个历史活动就是生产，而生产一开始就是两种：生产物质生活资料和生产人本身。根据虎村的气候、土地、水源和市场等条件，虎村白彝形成了自己的生计方式：靠山吃山。他们充分利用山区种植粮食作物、经济作物、经济林和用材林，使他们的生产生活得以维持。

（一）开梯田：引山泉水种植水稻

虎村人均占有耕地并不多。土地改革前，虎村有 45 户，232 人，共有田 14.3 亩，地 85.5 亩。1952 年 9 月虎村开始进行土地改革，到 1953 年春结束。土改后，虎村共分得田 43.3 亩，地 22.5 亩。即使这样，人均耕地仍然是很少的。每年粮食都不够吃。后来，经过不断开荒，耕地面积有所扩大。到 20 世纪 80 年代初实行家庭联产承包责任制时，耕地数量和人均拥有量都超过 1953 年。笔者看了一位家里 4 口人参加承包耕地的土地证，共有旱田 2.21 亩，旱地 2.3 亩，人均耕地已经超过 1 亩。而且，20 世纪 80 年代后，许多农户还积极开荒造田造地，这些耕地均不在承包的范围内。前已述及，一位干部与他的妻子就在山腰的一个泉水边，开了一块田，每年收入不少于 100 斤干谷。随着一些坡地被逐渐开垦出来并改造成为梯田，加上先进农业技术的不断推广和优良种子的不断引进，单位面积的产量不断提高（图 1-8，图 1-9）。村支书告诉笔者，以前种老品种水稻，亩产约四五百斤，从 1985 年开始推广杂交水稻品种，亩产可以达到六七百斤，现在杂交品种已经成为最主要的水稻品种。粮食产量的提高也大大改善了虎村人的粮食结构。20 世纪 80 年代后，虎村的饮食结构由原来的以玉米为主转变为以大米为主。

57

由于虎村坐落处已经接近巴当山的山顶，山泉都是季节性的，而且水流量也比较小，因此，这些田并不是保水田，而是靠天吃饭的"望天田"。所以每年都要到农历五月才能有足够的水来耙田插秧，加上山高水寒，每年只能种单季稻。由于地势高陡，一年四季风都比较大，虫灾、鼠害等各种自然灾害都比较严重。如果哪一年不风调雨顺或虫灾严重，粮食产量就会大幅度下降。

图1-8　梯田

图1-9　水稻

（二）开垦坡地：种植粮食作物、经济作物和经济林

虎村人除了把大量的时间花在田里外，花在坡地上的也不少，因为田里只种一季水稻。虽然坡地数量也不是很多，但坡地和责任山上耕种的作物品种比较多（图1-10）。例如，LYI一家9口人，生产队分配承包的林果地和荒山，共有油茶0.3亩，杉木0.8亩，荒山1.15亩，他们又在荒山开了一些耕地。虎村村民在地里种植的粮食作物主要是玉米、旱稻（图1-11），还有红薯、红稗（鸭

58

脚粟）、木薯等。豆类主要有黄豆、金豆、四季豆等。

图1-10　虎村的坡地（2006年2月初）

图1-11　虎村坡地里的旱稻（2004年7月中旬）

　　虎村的坡地上除耕种粮食作物、豆类外，主要的面积都经济林和用材林。经济林主要是油茶、油桐、八角。用材林主要是杉木。收获这些经济林的果实非常辛苦，不仅要花费大量的时间，而且还有一定的危险性。

那坡县的土山地区盛产油茶籽❶，过去以这种油茶籽榨出的油一直是当地人的主要食用油。虎村自古有种植油茶的传统。油茶果实不大，每年霜降时成熟，其茶果开裂，果仁落在树根下，收油茶果前要把油茶林里的杂草铲光，使开裂后掉到树根的油茶籽易于找到，所以收获茶果俗称"捡茶籽"。到收获季节时，一粒粒地去捡掉到树下和采摘还在树枝上的油茶果，这项工作需要投入大量的时间。油茶树是一种木本油料植物，四季常青，全身都是宝，具有很高的经济价值、生态效益和社会效益。种植油茶不施化肥，不打农药，而且茶油富含不饱和脂肪酸，维生素含量丰富，茶油中的茶多酚对降低胆固醇和抗癌有明显的功效，是一种优质食用油，被誉为"长寿油"。茶油还可以入药，长期贮藏不易酸败变质。随着人民生活水平的日益提高，茶油作为一种绿色健康食品，越来越受到人们的青睐，市场上供不应求，价格不断上升，近年大城市里售价达到 20 元/千克，国际市场的精炼茶油更高达 9 美元/磅。2005 年茶油在那坡卖到了 17 元/千克。为了增加收入，虎村人像中国许多贫困地区的农民一样，好东西舍不得吃，把它拿到市场上出售，然后买一些价格更低的东西回来给自己食用。虎村许多家庭都把茶油卖掉，然后去街上购买猪肉炼油来吃。卖茶油成为村民重要的收入来源之一。榨油后剩下的茶麸饼是天然优质的洗发护发剂，用茶麸洗的头发干净油亮，不伤身体，不污染环境。油茶树干木质坚硬，是制作小农具和斧头把、刀柄的好材料，油茶树的枝叶是优质的燃料。

那坡县还是广西重要的八角❷生产基地。八角用途很广，其果皮、种子、树叶都含有丰富的芳香油。炖煮菜肴时，放入少许干八角及其制作的调味品，则香气四溢，使食品更加美味可口。八角还可入药，有驱虫、健胃、调中理气、祛寒湿、活血、止痛、止咳、健脾、开胃等功效。从树叶或果皮中提取的八角油，又称茴油，是食品工业和日用化学工业的重要香料。历史上虎村种八角不

---

❶ 油茶籽（ camellia seeds 或 tea seeds）：亦称"茶籽"，为山茶科常绿灌木或小乔木油茶蒴果的种子，仁含油量一般为 40%~60%，榨油食用，是南方山区的重要的一种食用油料来源。

❷ 八角：学名茴香（ star aniseed aniseed），俗名大料，是中国南方特有的经济树种，其中广西是中国八角的主产区，产量约占全国八角总产量的 85%。

多，20 世纪八九十年代时八角价格最高时达每斤四五元，所以，那坡县政府把八角作为支柱产业来扶植，虎村也大量发展。摘八角果则更加不容易，因为八角树基本都是种在非常陡峭的山坡上，而八角果都结在树梢上，爬到树上手往往够不着，而梯子在陡坡上又不易架稳，所以摘八角果不但辛苦，而且比较危险。但村民们为了尽快致富，并没有太多地考虑这些。最不幸的是，等虎村村民种植了数年后开始挂果时，八角的市场价已经一落千丈，从一市斤几元降至几毛钱。2005 年那坡县八角生果春天开花结的果每斤 0.47 元，秋天开花结的果每斤 0.53 元。由于八角果实价格低，相对而言茴油的价格比较高，砍八角树枝熬茴油，收入会高一些。2005—2006 年茴油在那坡县的收购价为 46~48 元/千克，但是这是一种竭泽而渔的办法。因为砍树枝后，影响八角树的生长和挂果，熬油还要砍伐大量的树木作为燃料，破坏生态，所以那坡县政府已经下文禁止熬茴油，但一些老百姓还是偷偷地熬。那坡一位汉族青年对笔者说："如果八角能够卖到每斤 1 块，我们就不愿意熬油。"❶贫困的农民考虑更多的是眼前的利益，他们担心政策的变化使眼前利益丧失。

杉木是中国南方山区出产的优质用材木。杉木是虎村村民建房的重要材料，也是村民出售的重要商品之一。但是，因为杉木种植周期较长，一般需 15~20 年，目前在虎村有限的坡地上许多村民在前些年砍伐杉木之后，更愿意种植一些见效快的经济作物。

虎村村民的生活也离不开竹子。他们崇拜金竹。他们的祭司——腊摩和萨喃主持各种仪式时手里必定要持一把"僚竹"。白彝特有的乐器——五笙就是用五根薄竹和两个葫芦制成。村民建造旧式干栏房时，棉竹是围在四周做房屋墙壁和建造晒台的主要材料。毛竹则是虎村村民编织背篓、簸箕等各种生产生活用具的原料。近年来，也有商贩到虎村收购毛竹，每根价格为 2.5~3 元，有些家庭一年卖竹也可以收入二三百元。所以，虎村村民有种植竹子的习惯，房

❶ 那坡县熬茴油的土办法是：将砍下的八角树的新鲜树枝连叶放入蒸锅里，用半生干的柴火烧，火不能太大，也不能太小，连续烧 36 个小时，必须有人看火，因为火太大烧糊或火灭了，就前功尽弃。以一锅（一大锅 500~600 千克八角叶）可得茴油约 9 千克。每片八角林每两年才能砍一次树枝熬油，对八角树的生长和生态破坏大，为了可持续发展和保护环境，所以那坡县政府禁止熬茴油。

前屋后随处可见翠绿的竹林。据村民说，编织一个背篓大约需要一根半毛竹，一个背篓在那坡县城可以卖 12 元。但是，虎村却很少有编背篓去卖，主要是他们的手工艺比不上壮族和汉族，所以基本上只能是自编自用，没有形成致富门路。如果加以培训，提高他们的技术水平，可以更好地发挥当地的资源优势，增加村民的收入。

（三）畜牧业：养牛为耕田，养猪为过年

虎村的畜牧业并不发达，畜牧业对于增加村民的收入作用不是太大。其原因主要是虎村的山坡基本上都已经被开垦来种植粮食作物、经济作物和用材林，没有太多的牧场来发展草食牲畜，原来养马主要是为了驮运物资，2003年经过虎村的公路铺设沥青路面后，车辆来往方便，全村已经没有人再养马。虎村人养牛主要是为了耕地耙田。虎村没有现代农业机械，虽然田地不是太多，但离不开牛。一位村民对笔者说，如果去借别人的牛来使一天，要去赔别人一天工，别人还不太乐意。而且要等别人播种完毕，才能够借牛，这样可能会耽误农时，影响一年的收成。因此，尽管牛对村民来说使用率不是很高，但却不得不喂养。一旦养牛，不管刮风下雨都要照看，差不多要占用一个劳动力。当然，如果养的是母牛，每年可以产一头牛犊，将其出售能够收入几百元，则比较合算。但是，母牛的力气比较小，耕田效率不如公牛，田地比较多的农户还是喜欢养公牛，否则会耽误农时。

虎村不具备大规模养猪的条件。虎村村民的粮食一般除了口粮外，剩余的并不多。不少家庭如果不是因为年轻人都出去打工，自产粮食还不能自足。一般一户只养一两头猪，到春节前宰杀，叫"杀年猪"，然后制作烟熏肉，自己食用，很少出售。2005 年 11 月 12 日，一位村民对笔者说："我们这里气候太冷，猪长得慢，每年只能出栏一次。我们主要是养来自己吃的，每年杀年猪，不用买肉和油。"这位村民的话有一定道理，但是，笔者以为养猪较少主要还是养殖技术的问题，因为北方的气候条件比虎村要冷得多，但所养的猪并不需要一年才能出栏。村民养鸡也不多，每家一般都只有几只到十几只，没有形成规模，主要是为了过节、招待客人和祭祀。狗是虎村村民豢养比较多的家畜，几乎每家每户都有一两只。狗在虎村村民生活中占有重要位置，虽然现在狗已经没有了协助打猎的作用，但是看家护院少不了狗，更重要的是，狗在白彝族群的社会交往中扮演着特殊的角色，即当自己的岳父、内兄弟做麻公或巡题时，必须要送狗，当自己举行入宅仪式时内兄弟抬猪来贺后，次年必须杀狗去给他们拜年。近年来狗的市场价格不断攀升，笔者 2004 年初到虎村时活狗每市斤为 4 元，到 2006 年 5 月已经涨到 5 元，这也刺激了村民养狗。

（四）打工：走出大山去寻梦

生计模式是人们在不同的生态环境中创造出来的，并在独特的历史发展和功能过程中积累、传递和演变，它们是一个族群心理与价值建构的基础，它们本身还构成各种独特的社会结构和制度形式，体现了一个族群生存策略的个性。一个族群要生存和发展，就必须不断适应环境，不断调整自己的谋生方式，获得更大的生存空间。

20 世纪 50 年代后期后，中国政府把千百年来以个体生产为主的农民按聚落组织起来进行集体生产，同时实行城乡二元结构的经济体制❶，农民被牢牢地束缚在土地上，直到 20 世纪 80 年代初农村经济体制改革，实行家庭联产承包责任制后，农民才得到了松绑，农村剩余劳动力开始转移到城镇。但是，城乡二元结构没有完全打破❷，仍然还存在歧视农民的现象。由于文化素质、思想观念和族群关系等多方面原因，直到 1992 年以前，只有个别虎村农民在县城和附近地区打零工，并没有村民远离家乡到外地打工。1992 年，邓小平的"南方谈话"发表后，中国经济进入大开放和加速发展时期，东南沿海特别是珠江三角洲地区的非公有制经济迅速发展，而这时农村经济体制改革带来的农民增收效果不明显，农民仅靠种地富不起来，于是引发了日趋汹涌的"民工潮"❸，更

❶ 陈桂棣，春桃. 中国农民调查报告. 北京：人民文学出版社，2004：136-151.

❷ 据报道，我国将大力推进以建立城乡统一的户口登记制度为重点的户籍管理制度改革，逐步取消农业户口、非农业户口的二元户口性质，实现公民身份平等（参阅 石国胜. 我国将大力推进户籍管理制度改革. 人民日报，2007-3-31（4））。但是，笔者作为农民的子弟以为要真正实现城乡居民在教育、就业、医疗、社会福利等多方面的平等还需要长期的努力。

❸ 参阅 李培林. 农民工——中国进城农民工的经济社会分析. 北京：社会科学文献出版社，2003.

多的打工仔、打工妹到城市和沿海地区寻梦,虎村的村民也被这一次气势磅礴的"民工潮"冲到了海南。1992年5月一位刚刚结婚不久的女青年跟随她的外地的同父异母的兄弟到海口,直到2006年11月笔者离开虎村时她还在海口。而后,虎村的青壮年也逐步走出了大山,有的甚至全家外出,有一户还迁到了海南。目前,虎村青年人多数在南宁、广东和海南打工。近几年虎村长年在外打工的约五六十人,有10户人家全家外出打工(包括单身户)。由于文化素质、现代劳动技能比较低,个别村民出去后,不仅挣不到钱给家里,连去了什么地方家里人都不知道。例如,LYX 1994年出去打工,先在南宁市,再到贵港市,后来就与家人失去了联系,使得家里老母亲天天以泪洗面,实在令人伤感。结婚生了孩子的虎村村民,因为需要照顾老人小孩,大部分在县城和附近乡镇做季节工,可以不时回家照顾家庭。

外出打工成为虎村村民增加收入的最主要渠道。当然,由于虎村出去打工的村民的文化水平大都比较低,有的甚至小学肄业,而且大都是通过亲戚、朋友带出去的,没有经过什么技能培训,所以绝大部分是在建筑工地、小饭馆、私营小工厂从事对技能要求不高、比较累的工作,收入不太高。据笔者调查,比较高的也只是老板包吃包住后,每月给600元工资,如果加上加班费可以达到800~900元,低的只有200~300元。当然,也有个别外出打工的虎村村民,已经在外创立了家业,如一位女青年在南宁与她的丈夫开了店铺,经营兽药;还有一位在那坡县城开了日常用品的批发店,成为了虎村比较成功的打工者。

64

有些中年人在年轻时曾经到过外地打工,后来由于上有老下有小,不能外出打工了。但是,他们跟笔者算了算,觉得只要在附近找到工作,凭他们的经验,仍然可以获得不少于去外地打工的收入。2005年11月11日,一位中年人YZHF对笔者说,他们虎村5个人一起到在那坡县城帮老板做水泥砖,工资按件计,每做1块水泥砖就有0.15元收入,每天至少可以收入25元,多的时候可以收入30元。同一天,一位在那坡县城帮别人盖房子的FWW对笔者说,他们从工头那里领工来做,包工不包料,即完成一项工程工头给工钱,但材料由工头购买。这样一天也可以收入30多元。笔者问他这样的收入与他们到外地打工收入相比是否有较大差别,他们认为,收入差不多,但在外地可以把钱攒成整数，在本地打工，经常来来回回，路费每次就需要 6 元，还要买一些小孩吃的东西，所以攒不了钱，只能是维持家用和供在县城读中学的孩子们的开支。

一些耕地特别少的家庭，又不能够外出打工的，只好租种本村或邻村的田地。因为 1982 年分配承包田地的时候，按照当时的人口分配，一定 30 年不变，增人不增田地，人口减少也不减少田地。有的家里女儿多，后来嫁出去后人口减少，人均田地就比较多，而有几个儿子的，结婚分家，每对夫妇再生 2 个孩子的，就变成了一个人的承包田地，要养 4 口人，对于人均耕地本来就不多的虎村村民来说生活压力就比较大。笔者于 2006 年农历四月十一日对虎村一户人家的经济状况做了比较详细的调查。

家庭成员：4 人，丈夫，LRY，1957 年生，初中文化；妻子，KXX，1964 年生，初中文化；大女儿，1987 年生，小学毕业，在县城打工；小女儿，1990 年生，初中刚辍学在家❶。以下是笔者与他们夫妇的一段对话：

笔者：你们家经济状况怎样？

LRY：1986 年我们结婚时，土地已经分过了。只有 1 个人的田地，要养 4 个人。由生产队分得 8 分田和 5 分地，我们自己开荒田 8 分。每年约收得干谷 1000 斤。除种自己的田地外，还租种 2 个外出打工者的地，这样每年收得玉米约 1000 斤。如果大女儿也在家就不够吃（出去打工了）。为了增加收入，今年开始到山下的××村子租人家的田来种，约 1 亩多，每年给他家 300 斤干谷❷，剩下的是我们的，种子、化肥、农药都是我们自己买。其他收入主要有以下几项。

八角：每年可收几十斤到 100 多斤。2005 年收得 300 斤。春果（春天开花结的果实）市场收购价约每斤 5 角。

养猪：2005 年卖一头活猪，约 200 斤，3 元一斤，现在还有一头，准备过一段时间再买一头来养。

---

❶ 2006 年 11 月 25 日笔者再次去虎村调查时，她母亲说她已经到广西田林县打工。
❷ 笔者觉得在人均田地比较少的虎村，租种田的租金是比较高的，因为虎村一带的田只能种单季稻。在笔者的家乡桂中的村子的保水田，可以种双季稻，租种一亩也只需给田主交 300 斤干谷。笔者了解到在虎村还有一种租种方式，就是田主把种子、化肥买给租种的人，由承租人耕种、管理，收获时平分。这一种租种方式是双方共担风险，相对而言承租者压力要小得多。

65

养牛：养一头黄牛，刚下一头小牛，还没有卖，如果卖一头牛大约可收入800元。

茶油：生产队分的茶山每年约收得10斤油茶籽，加上自己后来种的，2005年共得油30斤，油价同猪肉价，每斤6元。

黄豆：每年收得100~300斤不等，每斤可卖1.5元。

黄瓜：在玉米地里套种黄瓜，有100~200斤，每斤可卖0.4元。

以上各项工作已经使我们两公婆一年忙到头，总收入不足3000元。大女在那坡县饮食店打工，老板包吃包住，每个月给500块。

笔者：那你们家开支情况怎样？

LRY：我们家小孩都不读书了，少了一大笔开支。现在各种开支主要如下。

（1）电话费：正常约每月40元，但有一个月小孩打信息台，结果花去500元❶。

（2）电费：10~20元。除电灯外，主要是看电视，喜欢看新闻和电视剧。

（3）送礼：满月、进新房、结婚、丧葬、跳弓节等各种传统节日，每年约1000元。2005年送进新房3家，老姨嫁女送铺盖和100元，去百色喝喜酒100元。后来，岳父去世，大姐的儿子进新房不能送猪，否则更多。送礼，在本屯一般送20元，特别亲的送50~100元，去那坡、百色和南宁就要送100元。有时为了贺礼，没有钱只好卖米。

66

（4）看病：我有肾炎，腰痛，药不断，每街（3天一次墟日）去买药要花10多元。去医院检查过，花了500多元。费用太高，能忍就忍。

（5）化肥、农药：每年约500元。

笔者：你们出去打工过没有？

LRY：1995年我去南宁园湖路帮人卖过建筑材料，每月工资300元，扣除

---

❶ 有关信息台成为陷阱的报道已经不少见，偏僻的彝族村寨虎村也有人成为受害者。如《人民日报》2000年7月4日第10版就曾刊登杜若原的《为社会服务还是图财为己——武汉信息台向何处去（新闻聚焦）》一文说，鲜花，还是陷阱？这是电信信息台留给人们的疑惑。当电信信息服务日益渗入社会生活时，它变得像一把"双刃剑"：既给我们带来便捷和新感受，又带来许多麻烦和伤害。

水电费 20 元，伙食费 100 元，没有多少。加上南宁的天气太热，我头痛，而且觉得交通不安全，我亲眼看到一个人被车撞死。于是，我没有做多久就回来了。

LRY：我们这里的习惯，老人留下的房子，不是给老大就是给最小的儿子。中间的儿子要出去自己盖。我的房子是 90 年代初盖的。当时，买了 20 根木头做柱子，花了 300 元，其他的主要是自己做。房子先盖茅草，到 2000 年时，政府搞"茅改瓦"工程，给了 6000 块瓦，才变成瓦房。不过，由于政府买的瓦是云南省富宁县产的，这种瓦比较薄，2005 年下冰雹时打烂了不少，后来我买水泥瓦来补。

从这一家的情况看，他们除田地比较少以外，负担相对是比较轻的，因为他们的子女已经都不上学了，而且他们不需要他们负担老人的生活（跟哥哥一起生活）。但是，他们的生活并不富裕，如果家里有小孩读高中、大学，加上赡养老人，生活就更为艰难了。要在虎村实现全面建设小康社会和建设社会主义新农村，还需做长期艰苦的努力。而且，目前虎村大多数人不知道虎村将来的发展前景是什么样的，青壮年纷纷外出打工，村民最大的心愿就是希望政府投入，把他们这个旅游点发展起来，多一些游客，使他们通过展示他们的文化而获得更多的收入。

67

第二章 虎村传统节日：
自成一体的发明

定居虎村的白彝人在长期适应当地生态空间的过程中，结合本族群的历史传统和历史经验，发明了自成一体的传统节日。虎村有哪些传统节日？2005年11月11日虎村邦郎总管 LRZH 介绍："我们的传统节日一年中有正月节、二月节、四月节、五月节、十月节共5个节，九月九不算。"这些传统节日与彝族的其他族群不同，更与当地的壮族、汉族的传统节日迥异，集中体现了白彝族群的文化特点及与其他族群的文化差异。

第一节 开年节：每年传统节日的序幕

在古代汉族的社会里，人们认为新旧转换的节日——春节这一天预兆着全年的吉凶祸福，因而禁忌极多，为了趋吉避凶、祈求丰收，过年成为一年中最隆重的节日，是一种"非常时间的非常行为"❶。与汉族社会不同的是，虎村白彝的开年节并不是一年中最隆重的节日，而只是一年传统节日的序幕，节日活动围绕着寻找当年传统节日承办者和筹集过节物资而开展，为全年的传统节日活动能够顺利开展做好铺垫。

开年节的叫法是根据白彝语译成的。开年节彝话叫"嘈当包"，也叫"科当包"，"嘈"就是"跳弓节"的意思，"科"是年的意思，"当"是开始、开端的意思，"嘈当包"意思就是跳弓节的开端，也是一年开始之意，具有双重含

---

❶ 万建中. 过年：非常时间的非常行为. 北京观察，2007（2）.

义。这个节日从正月初八开始，到正月初十结束。其核心就是要选出当年传统节日的承办人"巡题"❶和"麻公威"、"麻公义"❷。

一、正月初八：占卜节日活动的承办人

正月初八的主要活动是要由祭司举行占卜活动，选出当年节日活动的承办者：巡题和麻公。

（一）收集占卜活动使用的酒肉

正月初八上午，虎村传统节日的组织者——四位邦郎就集中，一起到全寨各家各户收酒和肉（图2-1、图2-2）。除丧事未满一年的家庭外，每户交 2 两肉和 1 斤酒，也可以交现金，2 两肉折算 2 元钱，1 斤酒折算 1 元钱。如果酒肉都不给的话就交 3 元钱即可。收到的这些酒肉，除留给新的巡题、央巴❸（2人）和麻公（2人）每人约半斤（晚上由邦郎送到他们家）外，其余的都在初八、初九、初十这三天在寨神庙前供七师❹食用。因为这是虎村祖传的做法，所以村民都乐意交肉、酒或钱。

图2-1　割熏肉交给邦郎

❶ 巡题：虎村一年一度保管铜鼓的人，后文将详细介绍。

❷ 麻公威即麻公哥，简称公威；麻公义即麻公弟，简称公义，都是虎村节日的重要承办者，后文将详细介绍。

❸ 央巴：虎村的五笙手。

❹ 七师：虎村传统的决策组织，由两位祭师和五位老年男子（五师）组成，文后将详细介绍。

图2-2　打酒交给邦郎

2006 年正月初八上午，笔者跟随邦郎去收酒肉和钱，所到人家，主人都非常热情，先请邦郎坐下，并倒酒给邦郎喝，然后才割肉、打酒或交钱给邦郎。2006年正月初八这天共收现金 59 元，其中公共开支为 23.9 元，具体为香一把 1.2 元；火机一只 0.6 元；蜡烛 2 条 0.4 元；纸 2.2 元；猎物"野猪"❶3.1 斤，每斤 7 元，共 21.7 元，收支相抵结余 35.1 元。

（二）占卜巡题和麻公

虎村传统节日活动的承办者要通过举行仪式，由祭司占卜产生。正月初八日下午 2 点，邦郎总管 LRZH 手提铜锣到跳弓场（虎村寨神庙前的一块空地，举行集体活动的地方，彝语叫"档嘎"），敲打三下，大声呼喊几声，告诉全寨男女老少，准备在寨神庙前由腊摩❷念经占卜，新一年的巡题、公威、公义，请大家穿上新衣服，到跳弓场来集中。邦郎总管的喊声，标志着节日活动的正式

---

❶ 相当于野猪，实际上是一只鸡。过去打猎得野猪，现在没有野猪，也没有黄猄，以一只鸡来代替。这只鸡在跳弓场杀来念经后，大部分分给公威和公义，剩下的全寨家家户户每户一小颗生肉粒。这是打猎见者有份的遗风。

❷ 腊摩和萨喃：都是虎村的祭司，后面将详细介绍。

开始。特别是上一年的巡题和公威、公义就要做更多的准备：巡题要请宗族的两位侄儿把保管了一年的铜鼓抬到跳弓场挂好。公威则要扛一张桌子在寨神庙前，在桌面摆上 9 个碗（每碗里斟一些酒），9 双筷子，32 块小猪肉片（彝话叫"瓦卡"，每块约长 7 厘米、宽约 3 厘米、厚 1 厘米），5 块稍微大（每块约长 15 厘米、宽 3 厘米、厚 1 厘米）些的猪肉片及 1 碗花菜❶。2005 年正月初八公义也准备与公威一样的祭品，而 2006 年公义只准备一碗花菜和 1 瓶自己酿的酒❷。新旧两家巡题也要各准备 1 碗花菜和 1 瓶酒摆在桌子上。

邦郎总管打锣喊话后，大约下午 3 点，他就先到腊摩 LSH'AN 家"请师"，等腊摩准备出门时，邦郎总管又到萨喃 YSHC 家请他。到萨喃 YCHC 家时，他的妻子和女儿正在给他包头。由于萨喃刚刚上任不久，他的家属对于这种特殊身份头饰的包法还不是很熟练，邦郎总管看到这种情况，也上前协助。

腊摩和萨喃两位祭司出门前，要在自家的祖宗神台前的餐桌上摆一些酒菜，点三炷香插到神台上的香炉里，由姐妹或女儿帮助穿好"法服"，带上装有各种"法器"的"法袋"，坐着面向神台，念诵经词，向祖宗报告自己出门的目的。然后才与自己的妻子和姐妹到寨神庙前。晚辈，特别是孙女或外孙女要帮他们携带法袋和法凳。腊摩 LSH'AN 的妻子由于白内障导致失明，他只好请姐姐代替自己妻子的角色。

大约下午 4 点，腊摩、萨喃、五师和上一年的巡题、公威、公义及一些村民就集中到了跳弓场的寨神庙前。五师中的一位协助摆设祭品。祭品的摆法是有讲究的：靠近寨神庙的一边先摆碗筷，接着摆小块猪肉，32 块猪肉分成 4 排摆，每排 8 块，再摆 5 块大一些的猪肉，第一排摆 3 块，第二排摆 2 块。摆好祭品后，腊摩、萨喃入座于摆满祭品的桌子前，腊摩和萨喃都穿"法服"，并把"法袋"挂在左膝盖上，五师和其他男性的长者围绕桌子坐在腊摩和萨喃的两侧（图 2-3）。

---

❶ 花菜：白彝话叫"央泵"，是白彝的一种有特殊意义的菜肴，后面将详细介绍。

❷ 2005 年正月初八公义准备的祭品与公威一样，但没有摆小肉片，每家摆两个大糯米粽子，而 2006 年公义只准备一碗花菜。

图2-3　正月初八占卜座次及祭品摆设（中间两位祭司左为腊摩，右为萨喃）

　　过去，五师参加占卜仪式也要换上传统的服装，但现在很多人觉得换装麻烦，就着便装参加仪式。腊摩、萨喃和五师的女性家属或蹲或站在其亲人的后面。入座完毕，七师中最年轻的一位 LYH 在邦郎总管的安排下，拿着一把香点燃后先给寨神庙里的神台上的三个香炉里各插三炷香，再退出在寨神庙的两边门也各插上两炷香。笔者问这是不是拜祖宗，邦郎总管说是"点香拜神"。上香之后，看到村民来到跳弓场前的人并不多，邦郎总管又再次敲锣喊话，请众人到跳弓场来参加占卜。腊摩才开始主持占卜仪式。只见腊摩先从法袋中取出一把"神签"，用神签点装有酒的碗，检查邦郎所摆的酒碗数量是否准确，确认准确无误后才解开套在神签上面的小篾箍。腊摩 LSH'AN 的"神签"是由 29 根当地人称为僚竹❶的竹竿组成。腊摩先对神签吹三口气，接着用神签先拍

　　❶ 僚竹：当地人也称为山竹，彝话叫"厘顿"。请教广西大学的植物学专家后得知，这是一种禾本科的棕叶芦。关于腊摩的神签到底为多少根，有不同说法，王光荣在《通天人之际的彝巫"腊摩"》中说，是 36 根，但笔者亲自数并拍照确认 LSH'AN 的神签为 29 根。据腊摩 LSH'AN 说，古代的时候是 36 根，但不知什么时候开始减为 29 根，萨喃的神签为 24 根。

打自己的左肩三次，又拍打自己的右肩三次，就开始诵经。腊摩开始念经后，邦郎马上再倒两碗酒放到腊摩和萨喃的前面供他们在念经占卜的过程中"以酒代茶"润喉。这时，所有的人不能够从腊摩的前面走过，而只能从腊摩背后的金竹丛走过，否则会被认为是冒犯了寨神。萨喃这时虽然也带来法袋，但是却不用拿出神签，腊摩诵经，他也不需开口，他与其他人一样只是一个旁听者。腊摩首先念经为全寨的百姓祈祷幸福吉祥，他一边念经，一边用右手握住神签不断有节奏地拍打左手的虎口。他念经首先占卜看看此时是不是全寨人民的吉日良辰。腊摩念道：旧的一年过去了，迎来了新的一年。在新年开头的月份，不许"毛偏"（邪恶的鬼）在全寨百姓的头上作恶，全寨百姓的头上开了光，七师七婆头上开了光。如果不是吉日良辰就暂时停止占卜当年的巡题和麻公。不过，不吉利的情况还没有碰到过。当天占卜的时间也是吉日良辰。

巡题和麻公都是按照年龄大小来做，为了保证占卜能够顺利选出，都要安排年龄差不多的几对夫妇作为候选人。在占卜之前邦郎要去征求各人的意见，他们同意后才列为占卜的候选人。

在占卜新一年的巡题和公威、公义时，首先占出巡题，然后再占公威，最后占公义。腊摩一边念经，一边把他左手握住的那一把"神签"一根根地拨到右手里，待他念经完毕，就数一数右手里的神签到底是单数还是双数。每一个候选人，他连续念三次，如果有两次或三次他拨到右手的竹签都是双数的，就是吉利的，此人的"命合"，这个人就可以当选打铜鼓的或者麻公。如果只有一次或者没有双数的，则表明"命不合"，这个人就不能够当选，必须另外占卜其他人。

据虎村退休干部 LYI 介绍，腊摩念经的大致意思是：

旧的一年过去了，我们老一辈留下的传统节日年年都有过，新的一年我们要过跳弓节，没有人打鼓，没有人当麻公，怎么办呢？那就得问七老啦。这样就要在寨神庙这里用僚竹来猜（占卜），猜来猜去已经猜出来了。哦，巡题是××（人名），××家族在××（地名，虎村村子里还分为几个不同的小地方，都有不同的名称，如虎村寨子的上头叫"拉俩"，寨子的下头叫"拉绵"）。啊，这个地方的什么姓？啊，姓×，男的叫××，他的妻子叫××。啊，他们两个像最好的苗子，叶子不缺，嫩芽也不受伤，所以给他们两个做巡题和铜鼓妈。有人敲铜鼓了，那么麻公还没有怎么办呀？啊，也要请七老在寨神庙这里用山竹来猜。啊，猜出来了。是什么地方的哪一个呀？啊，是姓×，名字叫××的××，妻子是××。啊，他们也都是最好的苗子。啊，麻公哥找到了，麻公弟还没有找到，怎么办？啊，麻公弟也同样由七老在寨神庙这里用山竹来猜。啊，麻公弟也猜出来了，是××地方×姓，叫××。啊，都有了，给他们做七老的帮手，全屯的勤务员，办我们这里的传统节日。所以，现在他们就要杀肥猪，做好酒，请大家来吃，他们非常辛苦啦。啊，我们首先应该感谢××和××（如果麻公的父母还在世就先点老人的名字，然后再点麻公爸和麻公妈的名字），感谢×宗族的兄弟姐妹，感谢邦郎，感谢各位后勤人员，感谢各位老人。

几个腊摩的占卜词内容大体相同，只是点到的人名和讲话的角度有些不同而已。在腊摩念经占卜的同时，几个邦郎也同时在寨神庙前右侧垒石为灶，生火热水洗涮从各家各户收集上来的熏肉（图 2-4），然后炒熟，以便占卜结束后，七师和七婆能够及时享用。

图2-4　在寨神庙前煮烟熏肉

腊摩开始占卜巡题时，很顺利地按照原来的预想占卜出来的巡题为LGZH。在场的所有人都露出了欣慰的笑容，LGZH 夫妇更是笑得合不拢嘴。因

75

为按照年龄排下来，2006 年应该到 LGZH 做巡题，他们一家人也早早就养大猪、酿好酒做好当选的准备。接着占卜麻公，2006 年表示愿意做麻公的有 5 对夫妻，公威、公义就从他们中占卜产生。可是，占卜麻公就没有像占卜巡题这么顺利了。腊摩占卜了两次，都没有占卜出麻公来。接着又进行第三次占卜，才占卜出公威为 WYH，但在原来候选人中却占卜不出公义。按照规定，这一年占卜腊摩已经念过三次不中的候选人就不能做当年的麻公了，必须增加候选人。这种情况过去很少碰到，一时间，场面有些尴尬，气氛有些沉闷。于是，七师和邦郎紧急商量，决定增加 YLH 夫妇作为候选人。但是，LYH 夫妻当时去云南还没有回来，事先也没有征求过他们的意见。于是，他的姑妈、邦郎总管 LRZH（其叔叔）都表示，如果 LYH 选上，若有困难，他们愿意帮助。于是，就请腊摩占卜，结果如大家所愿，LYH 顺利当选。一场可能出现的危机终于化解。他的弟弟知道后，也表示愿意帮助哥哥做麻公。晚上，LYH 回到家后，邦郎去告诉他们夫妻，说他们当选公义，他们也愉快地接受了。

当巡题、麻公都占卜出来后，五师中的老央巴（彝话叫央巴）LGF 用芭芒草编了一个五笙，并在五师中最年轻的 LYH 敲锣伴奏下，面向寨神庙装作跳吹五笙三下，表示新的一年的跳弓节开始了，祈求全寨平安。接着，邦郎总管还要把这个用芭芒编的五笙放到寨神庙里的神台上。

占卜结束后，五师中最年轻的 LYH 负责把桌面的生肉分配给七师，5 块大的肉，腊摩 3 块，萨喃 2 块，腊摩和萨喃各得 8 块小的肉，五师里面按照年龄分别为标芒 5 块小的肉、别长 4 块小的肉，第三的为 3 块，最年轻的 2 人每人 2 块。分肉后，清理桌面，邦郎将煮熟的肉舀出，加上上一年巡题、公威、公义送来祭祀的花菜，七师七婆在寨神庙前吃一些酒、菜。七师坐在刚才占卜摆祭的桌子边喝酒，而七师的妻子们则只能蹲在祖庙前的屋檐下喝酒（图 2-5）。

在喝酒前，围坐在桌子前的七师起立，由萨喃念经，禀告祖宗，新的一年打铜鼓的、公威、公义已经产生，然后才能够坐下喝酒。这时候天已经开始泛黑了。七师和七婆们吃完那并不多的肉菜后就回家了。整个占卜仪式顺利结束，这时已经是过了下午 6 点。邦郎把铜鼓抬到新当选的巡题家中，摆在堂屋里。

76

图2-5　蹲着喝酒的"七婆"

大家吃过晚饭后，男女老少又集中到新的巡题家跳铜鼓舞，分享他家的快乐。铜鼓舞是虎村最主要的舞蹈之一，是白彝必不可少的娱乐活动。每逢重大节日、进新居和老人去世送丧时都要跳铜鼓舞。铜鼓舞最常见的跳法就是，一位鼓手演奏铜鼓，众人手拉手环绕着铜鼓跳舞。舞时，随着鼓点的节奏前后摆动手臂和变化舞步（铜鼓的演奏法和曲调后文再详述）。也可以排成长队，手持折扇跳，边跳边挥动手中的折扇。据老人说，铜鼓舞原来有 12 种步伐，现在一般只剩下二步、三步、四步、六步、八步六种。铜鼓舞的特点主要是：一是集体性，它是一种集体舞而不是单人舞，在跳舞过程中在场的男女老少都可参加，人数不限，人数越多越好，表现出白彝是一个富于集体意识的族群；二是舞步的节奏感很强，人们随着鼓点迈出坚实的舞步，每跳一步，双膝随之颤动，整齐而有力的舞步踏在干栏木楼上，楼板发出"嘭、嘭"的响声。

二、正月初九：村民打柴，麻公打猎

正月初九的节日活动主要是村民各家各户给新占卜出来的麻公送柴，麻公则要去打猎物来作为第二天敬神的祭品。

77

（一）众人打柴给麻公

从正月初九上午开始，每家每户就派人打柴给新当选公威和公义家，每家给公威和公义各一背篓的柴火，一般都是妇女背去，每背篓 20~25 千克，意思是大家帮助公威和公义准备酿酒所用的柴（图 2-6）。公威和公义的姐妹或婶婶、嫂子等还要抓紧时间帮助他们刺绣麻公的礼服。

图2-6　背柴给公威、公义的妇女

78

（二）麻公去打猎

正月初九日最重要的活动就是两位新上任的麻公要去"打猎"。据说古代的时候虎村周围是深山老林，是野兽出没之地。村民打猎既为了保护庄稼免遭损失，也为了增加肉食改善生活。直到 20 世纪 50 年代猎物还比较多。据调查，1958 年一年，虎村还打到老虎 1 只、野猪 2 头、黄猄六七十只❶。后来生态环境变化，特别是近 20 年来毁林开荒，老虎、黄猄、野猪都没了踪迹，只是还有一些松鼠等小的野生动物。虎村老人回忆说，以前的麻公在二月初九这

❶ 梁浩，等. 那坡县那坡人民公社隆平大队彝族社会历史调查//广西壮族自治区编辑组. 广西彝族仡佬族水族社会历史调查. 南宁：广西民族出版社，1987：106.

一天是真的要扛枪带猎狗去打猎的，大约从 20 世纪 40 年代开始因为猎物减少，正月初九的打猎就只是"做样子"而已。打猎已经变成了一个象征性的仪式，成为一种文化记忆。环境的变化迫使文化进行了调适。

下午 4 点多，公威、公义并没有穿专门的麻公服，而是穿着便服，各背一把刀、一个袋子，各装着 4 个酒杯和 4 双筷子，还要各带 1 瓶酒、1 包熟猪肉、2 个碗、2 个糯米粽子、3 炷香，公义另外带 1 卷鞭炮到村北边的路口"打猎"。公威、公义每人还要带上一个助手（宗族兄弟），公威的一个宗族哥哥替他牵一只小狗，他们一起先到寨神庙前。这时邦郎 WYG 等人已经在寨神庙前煮肉，五师中最年轻的 LYH 则扛来了桌子，准备给腊摩和五师喝酒用。公威的哥哥牵着小狗蹲在寨神庙台阶下，这只小狗算是寨子的七师送给麻公他们的猎狗。五师中最年轻的 LYH 用一截长约 10 厘米的竹子破出 9 条小竹签，然后用芭芒叶绑起来，为腊摩念经做准备。这天腊摩、萨喃也没有穿"法服"，且只是蹲在寨神庙的台阶前，拿着用芭芒叶绑起来的 9 条小竹签念经（图 2-7），祝愿麻公一行上山打猎顺利。

图2-7　五师陪腊摩在祖庙前念经祝麻公打猎顺利

念经完毕，五师中的 FWD 就接过腊摩刚才拿住的神签，靠在寨神庙的台阶下，再点燃一串鞭炮，表示驱邪。然后，去打猎的一行人出发，FWD 作为七师的代表跟麻公一行去打猎。LRZH、WYG 和 LYJ 两个邦郎也与他们一同前往，其余的老人则在寨神庙前喝酒吃肉。

打猎的地方在寨子的北面，距寨神庙并不远，大约 500 米。大家只走了几分钟就到达目的地。在目的地 FWD 带头砍竹搭建一个高约 30 厘米的祭台，摆设两位麻公带来的 4 个碗（倒入一点酒）、肉、粽子、筷子和刀，点上 6 炷香（图 2-8），并由 FWD 左手拿 9 根小竹片，右手牵小狗念经敬山神，祈求打猎顺利（图 2-9）。念经后，参与"打猎"的人就在那里把带去的粽子、酒、肉吃光，燃放 1 卷鞭炮后回家。小狗听到鞭炮声，惊慌得叫个不停不肯走，公威的哥哥只好硬把它拉回去。

图2-8　摆祭品敬山神

图2-9　念经敬山神

（三）正月初十：交"众人粮"

正月初十是开年节的最后一天，这一天最重要的活动就是每家每户要交"众人粮"（彝话叫做"挤哈"）。众人粮是众人交粮食，由邦郎收齐后分好转给公威、公义酿酒，因为二月初十、十月初十两天，全寨男子要到他们两家喝酒。

这一天天气与前两日的暖和和阳光灿烂完全不同，从夜里就开始一直阴雨连绵，村里的道路泥泞不堪，气温也下降了好几度，又湿又冷。中午 12 点 50 分，邦郎总管 LRZH 就开始到跳弓场敲铜锣喊话，而且到跳弓场行走的路线必须按照传统的路线行走，不能走近道。邦郎总管敲锣喊话的意思是："众人请听着，家家准备好众人酒粮，现在拿到跳弓场交，男女老少穿民族服装，交完酒粮，团圆跳三圈，给上级领导、专家、记者看。他们关心节日传统，大家尊重节日。"平时他的喊话是没有后面几句的，由于笔者和笔者在杂志社做总编的朋友来到了虎村，所以邦郎总管的喊话也临时加上了新的内容。

交众人粮是一个比较隆重的场面，因而腊摩、萨喃换上"法服"，邦郎总管、两位麻公都换上了传统的礼服。约下午 3 点，腊摩、萨喃和上一年的及新当选的公威、公义以及众人都陆续来到了跳弓场。七婆每人带来一个大粽子放入祖庙里。上一年的麻公妈要各捧着一大簸箕的糯米糍粑来放到寨神庙里，而新当选的 2 个麻公妈则各捧着一大簸箕的花菜来摆在寨神庙前摆祭。新当选 2 个麻公还要各装满一个长约 80 厘米、口径约 10 厘米大竹筒的糯米，由老人扛来靠在寨神庙的门前两边，并每人带 32 小块和 5 块稍大块的猪肉、9 个杯子、9 双筷，一起摆在寨神庙前给腊摩念经祭祀。摆肉祭祀时公威的摆在东边，公义的摆在西边。这些肉祭祀后分给七师。邦郎还用众人交来的钱买来一只项鸡，代表头一天麻公所打得的猎物。

摆好祭品后，五师中最年轻的 LYH 就点香插到寨神庙里的香炉和庙门，一如初八日。然后，五师都围坐在腊摩和萨喃的两边，腊摩开始挥动他的神签，进入念经时刻。此时，邦郎也开始烧水洗肉，然后炒熟。腊摩念经首先为全寨的平安祈祷，然后告诉寨神当日活动的主要内容，祈求寨神保佑活动顺利。念经完毕，五师中年纪最小的 LYH 就按照初八的规则分配祭品给腊摩、萨喃和五师，其中，腊摩 6 块大的 16 块小的，萨喃 2 块大的 16 块小的，五师里面按照年龄分别为标芒 10 块小的、别长 8 块小的，其他每人 5 块小的。两个簸箕的花菜也要分给七师，据七师之一的 LGF 说本来应该由萨喃的妻子分肉，但由于她的视力不好，当天是请标芒的妻子代替分配。

念经祭祖后，腊摩、萨喃、五师、巡题、麻公、央巴（本来应该有由两个，他们坐在背阳的一面，但这时央巴由七师之一和铜鼓手兼任）就围坐在寨神庙的桌子边喝酒。今日的座次与以往的不同，因为这一天的中心人物是公威、公义，所以他们俩面对寨神庙，腊摩和萨喃则背对寨神庙，其他人坐在两边（图2-10）。

图2-10　寨神庙前的座次（戴白头巾的两位为祭司，左为腊摩，右为萨喃）

但是，刚刚入席不久，由于已经是下午 4 点，邦郎总管就催促他们快些吃。他说，下面还有不少的程序，不抓紧时间，天黑也做不完。

于是，七师中的 FWD 就把"猎物"（邦郎买来的鸡）绑腿挂在子梨木树枝上[1]，递给公威，公威扛在肩上，由宗族的一位老人带队去喊麻公的魂到寨神

---

[1] 子梨木：当地的俗称，彝话叫做"孔卜麻"，学名为青冈木[壳斗科（Fagaceae）]。这种木头材质细腻，花纹淡雅，木质极其紧密，纹理细滑且直，是一种上等的好木。虎村在不同场合的招魂仪式中，都使用一枝刚刚砍下的带叶子青冈木树枝。

庙前来。出发前，腊摩面向祖庙念经禀告祖宗，一个个地点是谁去的，希望祖宗保佑他们去山上喊魂的途中不要碰到毒蛇等邪恶的东西，能够一路平安，顺利归来。然后，由公威宗族的一位长者领着公威、公义夫妇及其助手，带上头一天"打猎"的"猎物"，去坡上去喊公威、公义的魂，公威把象征头一天打得的猎物扛在肩上走在长者的后面，公义扛着一根象征猎枪的木棒和其他人随后。他们朝打猎地点方向走了约三四百米，就转回头（图 2-11）。回到跳弓场时，就由长者大声喊："七师七婆，我们打猎、喊魂的归来了！"（图 2-12）

就在公威、公义去喊魂的时候，邦郎已经把桌子挪入祖庙中，请七师们入庙内就座喝酒。当喊魂的人走到祖庙前，他们又退一步，萨喃就在祖庙的门口拦住，问："你们从哪里来？为什么不三不四的？为什么又扛又拉的？为什么想上来又不上来？"这时，公威就答到："我们不是坏人，我们是好人，我们代表全寨人去打猎，去喊魂，现在回来了，已经非常疲乏饥渴，请允许我们进祖庙里歇息。"分明是本寨子天天见面的熟人，为什么还故作不相识的样子，还有待深入调查。于是，萨喃就请他们进入祖庙与七师一起喝酒。七师的代表FWD 就把"猎物"转交给邦郎拿去宰杀。七师喝酒的时候，应该是由七师中最年轻的一位斟酒。

83

图2-11 喊魂回来途中

图2-12　喊魂回到寨神庙前

这时，邦郎总管 LRZH 敲锣并大声喊话："喔嘎❶，喔嘎，喔嘎，现在开始交为今年的节日做酒的粮食了，希望大家尽快来交粮。"凡是男子都要交，包括刚刚出生的男婴。不管女的怎样优秀，也没有资格交粮，将来也没有资格参加喝酒。用现代女权主义的观点来看，有点重男轻女的味道。这实际上反映的是当地族群对性别角色的认识特点，在许多族群中都有把女性排斥在社区公共事务之外的习俗。没有做过麻公的人在没有七师同意的情况下是不能进入祖庙的。当然，为了表示对客人和来宾的尊重，七师也可以邀请他们进入祖庙。腊摩就开始念经用猎物敬祖。

过了约 10 分钟，腊摩念经后，邦郎总管 LRZH 再次敲锣喊话叫众人迅速来跳弓场交粮。"喔嘎，喔嘎，喔嘎，为了我们的新年，为了我们的跳弓节，大家快快来交粮。我们精力有限，不能够家家户户去收了。希望大家抓紧时间把粮食拿到跳弓场来交。"由于当天下雨地面湿漉漉的，麻公的宗族兄弟就找来稻草铺于寨神庙的前面，再铺上一块竹篾编成的单层大垫子，以免大家交来的粮食受潮。

虎村交众人粮有严格的顺序。事先，邦郎总管告诉笔者交粮的次序为：七

❶ 喔嘎：白彝语，众人的意思，邦郎总管每次敲铜锣喊话开始都要连续喊三声"喔嘎"。

师先交，第一是腊摩，第二是萨喃，第三是五师（他们按照年龄排序），第四是邦郎（也按照年龄排序），第五是打铜鼓的，第六是吹五笙的，第七是公威、公义（自己先交然后又分给自己），然后才到众人。但实际执行的情况是：不是腊摩和萨喃先交，而是七师中最老的标芒先交，才到腊摩、萨喃、别长交，然后七师中按年龄大小交。因为当时腊摩说标芒年纪比他大，应该让标芒先交。交众人粮，可以交大米、玉米、糯米 3 种，但是不分老少、贫富，不管交哪一种，数量都是同样的。邦郎总管告诉笔者："谁交糯米，谁交大米，谁交玉米，就看你的人情了。"人情是中国人包括白彝在内一个比较沉重的负担，也是维系社会关系的一个重要手段。至于哪家交多少，传统的规矩是：只按男子的人数收，妇女不需要交。结婚了的男子交 4 斤，没有结婚的交 1 斤，满仔要交 2 斤（独生子也算满仔），因为老满要"还谷种"。像邦郎总管家他和他的 2 个未结婚的儿子就共交了 7 斤。

收粮时几个邦郎的分工为：邦郎总管 LRZH 喊话谁家收多少，LJB 掌秤，LWX 负责把称好的米倒入大的编织袋中（图 2-13）。村党支书 WYF 和腊摩的大儿子 LTSH 两个具有高中文化的负责登记。尽管下着小雨，众人交粮的时候，大约有三四十个男女老少围在垫子周围观看，并不时对邦郎总管 LRZH 纠正各家需要交粮食数量的错误，起到监督的作用，保证规则得到公平地执行。邦郎总管已经 50 多岁，从小在虎村长大，担任邦郎总管也有许多年头，但有的东西也时常记错，需要众人给他纠正，从而体现出民俗的集体传承的特点。

众人交酒、粮食接近尾声的时候，腊摩在寨神庙的祭台前念一段"乜祖肯"经（图 2-14），"乜祖"是大米粑的白彝语叫法。公威、公义各带一大簸箕到寨神庙，七婆每人带来一个大粽子放入寨神庙里，七婆代表妇女来祭祀寨神。腊摩向寨神念经，说明米粑是谁带来的，及其目的就是献给列祖列宗。据七师说，过去七婆也像公威、公义一样带米粑来。近年来她们认为，正月里用粽子代替米粑更好。祭祀以后，七婆带来的粽子各自带回家，公威、公义的米粑则由七婆用剪刀剪成小块后，分成 11 份，7 份给七师、2 份给 2 个央巴、1 份给巡题、1 份给邦郎，其中腊摩的那一份数量比较多一些。还留一些在簸箕里给两个麻公带回家。

图2-13　一对夫妇（左二左四）正高高兴兴地交众人粮给两位邦郎

图2-14　腊摩念诵"乜昶肯"经

念诵"乜袓肯"经后，腊摩手持一块用棍子穿起来的四方形猪肉（图2-15），这块肉表示头一天打猎所得到猎物的头，腊摩持这块肉念经就是要禀告列祖列宗所猎获的野兽已经献给他们了。同时，腊摩还念经告诉两位新任的麻公，在担任麻公的这一年中要注意的事项：不能随便吃野味，也不能够随便吃鸟兽吃剩的东西。

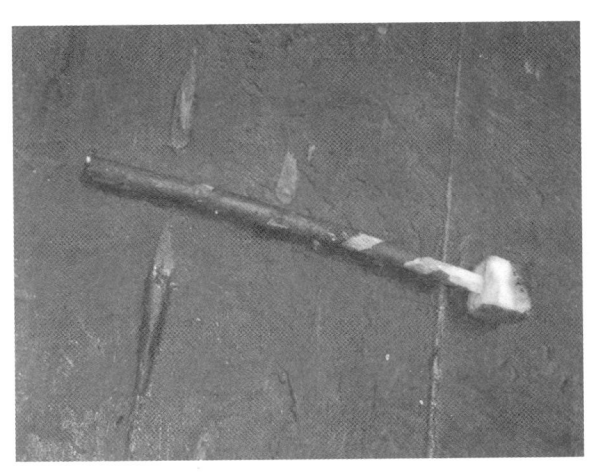

图2-15　表示猎物头的猪肉

2006年正月初十共收到众人粮：大米312斤，玉米57斤，原则上由邦郎平分给公威和公义。一般来说，只平分大数，剩下的尾数就给公威。因为四月初十和十月初十众人是先到公威家喝酒，然后才到公义家喝。至于尾数是多少并没有严格的规定。2006年公威、公义各分得大米150斤、玉米28斤后，所剩余的尾数则归公威。2005年正月初十共收到大米308斤，玉米48斤。分配如下：公威WYH大米158斤，玉米24斤；公义LPG大米150斤，玉米24斤。

分完众人粮，当日在寨神庙和跳弓场的仪式就结束了。2006年正月初十分好粮食后，天已经快黑了。因为公威是做摩托车营运生意的，所以他开来了三轮摩托一起把收到的粮食拉回家，免除了兄弟们背负上坡回家之苦。

晚上8点左右，公威、公义都设宴款待帮忙的亲戚朋友、七师和邦郎。七师和邦郎先到家吃饭。在吃饭前全体起立，先由腊摩说明酒席的来历。腊摩自问自答，他说：

经过占卜，占到×家阿×做公威，又占到了虎村上头×家的××为公义，这是非常荣幸的事情，因为往前占，往后占都没有占到，只是占到姓×的这一家。占卜出公威、公义，使跳弓节有了一个很好的开端。我们来到姓×的家，在姓×的祖宗神台下，有酒有肉，感谢大家。感谢了××（主人的小孩）的爸爸妈妈，想到了自己的亲戚，想到了七老七婆，感谢了所有姓×的人，感谢啦舅父派的亲戚，感谢啦姑爷姑丈，感谢各方面的亲戚朋友。

酒过三巡，腊摩在公威家喝酒时领唱酒歌，酒歌的大意分为四个方面的内容：一是交代当天为什么要举办这场宴席，是谁举办的。大意是说新的一年来到了，麻公换届了，经过占卜产生了新的麻公，现在大家所在的就是新的公威家里。男主人叫王××，女主人×××，是他们请大家来喝酒，热热闹闹，请来了舅父派亲戚，请来了姑丈派亲戚，请来了同宗族的亲戚。二是已经选出了当年承担麻公的最佳人选，现在由他×家的腊摩来告诉王××家的列祖列宗；三是告诫公威和公义，他们这一年担任麻公要遵守习俗，不能吃野味，不能吃鸟兽吃剩的东西，否则不仅对他个人不好，对全寨人也不利；四是要求全寨人积极配合公威、公义，做好全寨的风俗活动。这种场合的酒歌主要是叙事性的酒歌，同时，也有部分是抒情性的酒歌。七师酒歌的唱起，使筵席的气氛更热烈。

虎村叙事酒歌，彝语称为门仰[mvn^{55} ŋam^{55}]，即诵唱的歌曲。由腊摩一人领唱众人合唱的歌曲。这类酒歌有两种调❶，第一种由 g^1、a^1、$^b b^1$ 三个音构成以 g^1 为中心音的 G 宫调式（谱例1）：

谱例1

第二种是由 e^1、g^1、$^b a^1$、a^1 四音构成以 e^1 为中心音的 E 羽调式（谱例2）：

❶ 酒歌曲调由随笔者一起去调查的广西艺术研究院韦玺整理记谱，特表谢意。

谱例2

虎村抒情性的酒歌，彝语称为"己喇"[tsi³¹ la³¹]或"己喇喜"[tsi³¹ la³¹ si³¹]，即唱酒歌，歌曲以抒情为主，由 a、c¹、d¹ 三音构成以 a 为中心音的 A 羽调式（见谱例 3 ）：

谱例3

唱酒歌后，腊摩与大家从公威家转移到公义家继续喝酒、唱歌。

晚上，腊摩、萨喃和五师还要到巡题家念经，全寨男女老少集中到巡题家跳舞。腊摩在巡题念经的主要意思与在麻公家的基本一致。念完后五师和其他老人带头在巡题家的堂屋里跳舞 3 圈，然后入席，众人就接着跳。老人们稍坐片刻后就离开，青年人则尽情地跳至深夜。至此，为期 3 天的正月开年节圆满结束。

89

第二节　二月补年节：补度新春

补年节也是白彝语的意译，彝话原叫"盲訇"，时间原来是农历二月初十和十一两天。这个节日的主要内容就是二月初十由公威和公义宴请全寨男子，二月十一由巡题设宴招待全寨男子，连续两天的集中宴饮。从 1996 年开始又增加了二月十二"妇女节"，主要内容就是妇女按年龄分成老、中、青三组集中宴饮。

这个节日是怎么来的？王光荣在《通天人之际的彝巫"腊摩"》中列举了两种说法：一是白彝迁徙到现在的居住地时，周围其他民族都已经过完年，为了补度年首，父老们聚会饮酒，并第一次到跳弓场跳舞，相互安慰，沿袭而成补年节。二是二月初十是当年白彝的男子先到现在的居住地奠定基业，故每年二月初十这一天男人特别受到妇女的盛情款待，上午每家先吃一顿团圆饭，下午全寨男子集中到两位麻公家饮酒❶。但是，在虎村调查时，当地人告诉笔者的却是另外一种说法，如2006年二月初十，虎村的腊摩YSHC就说："过去我们傈族去打仗，到年底腊月三十不能回家，二月初十才得回家。后来这天家家户户加菜。这个节比春节还要隆重。"至于哪种说法反映的是历史真相，现在已经无法考证，但补度新春的意思都是一样的。因此，在这一天，虎村人如果春节期间还来不及去给舅舅等其他亲人拜年的，可以在这个时候去拜年。2006年笔者在虎村调查时，就遇到一位这一天杀狗去给自己的内弟拜年的。拜年礼节与春节完全相同。二月补年节分成两个阶段，每天的集体活动的内容不同。

一、二月初十：麻公宴请全寨男子

二月初十这一天一大早，公威、公义家就忙开了，兄弟亲戚都来帮忙上街买肉、菜，杀鸡，煮饭，等候全寨男子来赴宴。外地的亲戚朋友也尽量赶来庆贺。不过，大部分远方的亲戚一般是四月初十才来，那天公威、公义在跳弓场领舞，亲戚要跟在后面跳。二月初十是众人喝酒，没有时间的亲戚就不来了。2006年二月初十公义在云南龙洋的"若巴"（白彝语，舅舅的意思）家来了6人（5女1男）。亲戚朋友根据身份送不同的礼物：阿舅派的亲戚送鞋，姑爷派亲戚送衣服，宗族叔伯兄弟帮酒帮钱，朋友随便帮什么都可以。

随着生活水平的提高，凡是轮到谁家做巡题和麻公请客的，都尽可能多做一些花样、好酒好肉招待全寨男子和亲戚朋友，以获得众人的好评，因而一些条件比较好的家庭就尽量追求菜肴的色、香、味，烹饪花费的功夫也自然比较多（图2-16）。

下午2点左右，邦郎总管LRZH照例到跳弓场敲锣喊话，叫全寨男子到公威、公义家喝酒。邦郎总管敲锣喊话后，公威家还要派宗族兄弟去腊摩家请腊摩和自己的舅舅，公义则派宗族兄弟去萨喃家请萨喃和自己的舅舅，全寨的男

❶ 王光荣. 通天人之际的彝巫"腊摩". 昆明：云南人民出版社，1994：43.

子也先后陆续集中到公威家。在公威、公义家喝酒有许多规矩和程序。

图2-16　公威家的一种新式菜肴

（一）祭司念经祭祖

公威和公义要在家中堂屋神台下面摆上酒肉，请祭司来念经祭祖。摆设的祭品非常丰富，与在寨神庙前一样，共摆了三张桌子，一张上面摆 9 碗酒、9 双筷和 3 碗熟肉，另一张上面摆 37 块"瓦卡"，还有一张摆一大簸箕的花菜。在筵席开始之前，腊摩要在公威家，萨喃则要在公义家，同时主持念经祭祖仪式。祭祖时，舅舅或舅舅的代表❶要从自家带来一瓶酒，倒在酒碗里，然后坐在祭司的右边。除祭祀的 9 碗酒外，祭司和舅舅的座位前也各倒 1 碗酒。倒好酒后，祭司拿出神签从右到左，再从左向右数了数酒碗，然后用手指轻轻浸到酒碗里蘸一些酒，从肩上弹到身后，表示敬师，才端起酒碗与舅舅碰杯喝两口酒，开始念经。祭司念经的大意是告诉主人家的老祖当天举行什么活动，请祖宗保佑麻公，保佑全寨男子的平安。祭司念经，请舅舅坐在一旁听是表示对舅舅的尊重和请舅舅赐福。

（二）到公威家赴宴

祭祖仪式结束后，萨喃、公义夫妇与大伙一起从公义家先来到公威家赴

91

---

❶ 舅舅的代表可以是舅母，也可以是舅舅的儿子。2006 年二月节在 WYH 家，他舅舅因事不能到场，就是由舅母 FGY 代替。

宴。萨喃坐在腊摩的右边，众人入席。席位的安排也有讲究，神台下的桌子只能由七师和年长的老人坐，其中腊摩和萨喃坐在最中间背对神台，其余的按照年龄大小排坐在腊摩和萨喃的两边，年纪小的坐在腊摩和萨喃的对面。七师所坐桌子的右边是七婆、舅母和其他年长的老年妇女，左边火塘上头则是 4 个邦郎。据邦郎总管说，过去 4 个邦郎单独坐一桌，后来外出当干部的回来参加节日的和外面来采访、调查的人员就被安排与邦郎共桌。巡题、央巴和麻公的桌子安排在中堂火塘的旁边、七师桌子的下方。其他人的座位就都不再讲究，而一般的小青年往往坐在门外的位置，以便更自由谈笑。这种座位安排体现了白彝社会的一种内部秩序，以及对长者和外来人员的尊重。

众人入席后，还不能马上动筷，否则会遭到老人的指责。2006 年二月初十在公义家就有一位年轻人入席后马上邀请其他人碰杯喝酒，遭到邦郎总管 LRZH 的制止，邦郎总管说："三十晚、三月三在自己家乱吃得，不用摆桌就可以吃，今天七师还没有动筷，其他人不能乱吃，这叫做传统。公威、公义家的礼节都一样。七师要敬邦郎，因为传统活动要邦郎来组织。邦郎叫做'亚巴'，就是众人的爸爸的意思。"这位小青年很不服气，与邦郎总管争执起来，并扬言要把他出面请来的朋友叫走，气氛顿时紧张起来。众人急忙上前劝说，这位小青年才稍微平静下来。这说明年轻人对于这种仪式场合的严肃性认识不足，对于仪式中这种比较烦琐的程序感到厌烦。但是，传统民俗对于现代年轻人行为的规范功能有越来越弱化的趋势。正如列维·斯特劳斯说："我们的行动和思想都依照习惯，稍稍偏离风俗就会遇到非常大的困难，其原因更多在于惯性，而不是出于维持某种明确效用的有意识考虑或者需要。"❶在虎村，不仅二月初十在公威、公义家喝众人酒，所有的筵席客人在正式吃饭前一定要站起来敬主家的祖先，感谢主人的盛情款待。有七师在场的时候，七师要带头站起来致感谢词。腊摩和萨喃同时在，一般由萨喃代表，如果腊摩萨喃都不在，则由一位老人代表大家致感谢词。这一天在公威家就是萨喃代表大家致感谢词的。同时，萨喃还要代表七师敬邦郎，邦郎也要回敬七师。邦郎总管 LRZH 代

❶ [法]列维-斯持劳斯. 历史学和人类学——结构人类学序言. 哲学译丛, 1976（8）: 45.

表邦郎讲话，他说，冬去春来，辞旧迎新，今年新事新办，巡题、公威、公义都是新的，提到他们的名字给寨神庙的祖宗、家里的祖宗，今天他们请众人喝酒。

当众人酒过三巡后，邦郎总管 LRZH 敲锣后到每一桌讲话。他说："今天大家欢欢乐乐到公威、公义家喝酒，先敬七师，再敬七婆，接着敬巡题，四敬央巴，五敬麻公。酒不够，肉不够问公威、公义要，喝酒醉了不准骂人，不准打架，有什么大事、小事都不要讲。从今天起庄稼生长了，各人管好自己的牛马，不要乱放牧，践踏禾苗。"由此，我们可以认为：这个节日，通过大家聚会，有利于化解矛盾，增强村寨的凝聚力，促进村民之间的团结。

邦郎总管喊话结束重新入座后，五师中最年轻的 LYH 拿着两碗酒来到邦郎总管的跟前，意思是来请邦郎给一个姑娘。为什么七师要找姑娘？据邦郎总管说，他们没有人做家务，而邦郎有姑娘，他们就来找邦郎买姑娘。邦郎就对七师的代表说："我们的姑娘是笨一点，讲话也不清楚，耳朵聋，牙齿也不好，眼睛瞎一点，问你们要不要？"他们说："要，只要能够管家就行。"于是，就拿酒来请邦郎。让邦郎总管敲三声锣，意思是听姑娘的声音。他们听后说姑娘的声音好听得很，再次向邦郎敬酒，就把铜锣拿去了。邦郎总管说："他们是来订婚的，一下他还退回来。"LYH 拿着铜锣回到七师的桌子前，还要敲一下给七师听，大家都表示好，LYH 才能重新入席。在这里，七师并不是真正要来买姑娘，邦郎也没有真正的姑娘，而是以铜锣代替姑娘，实际上不过是酒席中的一段插曲，起到活跃气氛的作用。

这个节日是全寨男子参加的节日，一般妇女不参加，但公威、公义都会尽可能地把自己的亲戚朋友（包括女性的）邀请来赴宴或帮忙。参加活动的公威、公义的舅母们在筵席酒过三巡后，开始举行她们与众不同的仪式——打酒下钱，即每个舅母都要给两位麻公妈各敬两碗酒，在敬酒的时候要在每个酒碗里面放一张人民币，一般每碗放 1.2 元或 1 元，也有放 5 角的，意思是舅母祝贺她们运气好，能够担任麻公妈，舅母说话或唱山歌祝愿她们一切顺利，添财添福。旁边的人也随声附和，或说钱放少了，要舅母多给麻公妈一些钱；一些人则说酒倒少了，应该再添一些，气氛也十分热烈。弄得两位麻公妈也开怀大笑，她们接过酒碗后，用手指按住纸币，把酒喝干，再把纸币从酒碗里捞出（图2-17）。在当选麻公后宴请全寨男子的筵席上以及在入新宅等人生的大喜日子的庆典仪式上，都要请舅舅（舅母）"打酒下钱"，体现了舅舅在白彝人中的重要地位，他们坚信舅舅（舅母）可以为自己带来好运。

图2-17　麻公妈在高兴地喝着"添财酒"

94

　　在舅母们掏钱放入酒碗时，在一旁的其他人不断大声地嚷道："太少了，太少了"，气氛十分热烈。每个舅母要敬她们两碗酒，尽管不是满碗，但如果有七八个人敬，而且周围的人还会监督她，如果喝得不干净，就会有人拿起酒碗，旁边的人也会让她把酒喝完，当然，实在喝不了，也可以请人代喝，代喝的人就可以得到酒碗里的钱，但如果让别人代喝就会受到旁边人的嘲笑，舅母也会不断地唱歌劝她尽快喝下去，所以能够请人代喝的时候并不多。所以，麻公妈要喝的总量并不算少，不胜酒力者往往会喝得天旋地转。从现代卫生学的角度讲，人民币上带有大量的病菌。把纸币泡在酒中然后喝进肚子里，对健康不利，但的确是当地的一个具有自身文化逻辑的民俗。当然，通过现在科学知识的宣传和普及，可以找到一种方式来替代，如只把钱放在酒碗的外部，同时又不影响民俗的文化意义。

当舅母们完成了打酒下钱仪式，七师的代表 LYH 把借去的"姑娘"送还邦郎，邦郎试敲了一下，看看是否完好无损。经证实没有问题后，邦郎总管放好铜锣，与七师的代表碰杯就宣告公威家的饮酒仪式结束。邦郎总管敲锣，招呼大家立即转移赴公义家的筵席，继续喝酒。腊摩和萨喃收起法凳，交给年轻人帮忙带着去公义家，在公威家喝酒吃饭的人随后又全部到公义家。

（三）到公义家赴宴

在公义家的礼仪一如在公威家，稍有不同的是，因为在公威家大家已经吃喝得差不多了，特别是老人们已经不能再吃太多的东西，所以，七师所在的一桌，老人们基本上只是喝些酒而把肉都夹在自己前面的桌面上，筵席结束时把这些肉都打包回家，但其他人则不能把剩余的菜打包回家。

（四）向寨神汇报

当大家酒足饭饱，已经是下午 5 点左右。邦郎总管 LRZH 就到跳弓场敲锣喊话："公威、公义的众人酒喝完了，大家到跳弓场来做众人的礼节，不能一家一户去喊了。"众人的礼节怎么做？公威、公义在寨神庙前摆 4 张桌子，上面放着各自拿来的一簸箕花菜、瓦卡以及 18 个杯子 18 双筷子，一如正月初八的摆法。请腊摩念经，萨喃、五师陪坐在旁边，七婆、两对麻公夫妇身着盛装与他们的亲戚朋友围在后面听。腊摩念经的主要意思是向寨神汇报当天活动情况，感谢寨神保佑正月初十这一天两位麻公宴请众人已经顺利结束，并请寨神继续保佑大家平安。念经后，公威、公义家人要给七师喝虾米姜汤，感谢七师的厚爱。这时候，铜鼓手敲起铜鼓，七师、七婆、两对麻公夫妇以及在场的亲戚朋友手拉手，围绕跳弓场中央的金竹丛，随着雄浑的鼓声跳起铜鼓舞，但是只跳三圈就停下（图 2-18），白天的仪式结束。

95

图2-18　七师七婆、麻公与亲戚朋友围绕金竹丛跳舞

（五）夜宴

晚上，公威、公义再请七师七婆、邦郎、巡题、央巴和宗族、舅舅、姑爷等亲戚一起吃饭，其他村民就不再参加。七师七婆、邦郎、巡题、央巴分头到两家吃饭。吃饭到一半，七师开始带头"门仰"（唱酒歌），把气氛推向高潮。

（六）跳铜鼓舞

晚宴结束后，已经是大约晚上 8 点多。中青年人又一起到巡题家跳铜鼓舞。二月初十、十一、十二这三天，全寨人都可以到巡题家跳铜鼓舞。每当铜鼓声响起，全寨男女老少就会闻声而来，翩翩起舞，尽情欢乐。数十人在干栏房子尽情奔跳，发出节奏感很强的"腾腾"声，与铜鼓声、人们的欢笑声混合形成了彝乡山村交响乐。当然，白彝那种木架结构的干栏式房子也在人们有力的舞步的踏跳下，整座房子都振动起来。因此，一般巡题在二月初十以前都要仔细检查自己的房子的柱子和楼板，对于可能存在安全隐患的地方加固，保证在全寨人来跳舞的时候不发生安全事故而使喜事变成悲剧。

二、二月十一日：巡题宴请全寨男子

头一天两位麻公刚刚宴请全寨男子，第二天巡题家接着又宴请全寨男子。因此，每年农历二月十一日是巡题家最忙碌的一天，也是最热闹的一天，他的亲戚朋友也都赶来庆贺。这一天的宴请比麻公头一天的宴请更为隆重，各种活动也很多。

（一）剐猪杀狗，为宴请全寨男子准备肉食

2006 年农历二月十一日是 LGZH 宴请全寨男子的日子。这天一大早，巡题就请大舅、宗族几个兄弟来杀一头大肥猪、一只大肥狗，显示了巡题家对当天宴请的高度重视。

绝大部分彝族特别是凉山地区彝族是忌吃狗肉的。2005 年 8 月，中央民族大学民族学系凉山籍的彝族教师侯远高到南宁，笔者对他说虎村白彝不但吃狗肉，而且狗肉还是虎村姑爷的重要贺礼，他听后感到很惊讶。2007 年 4 月 15 日至 17 日，笔者到大凉山腹地的昭觉、布拖、美姑等县考察，进一步证实当地彝族忌吃狗肉的习俗。白彝吃狗肉是否是受嗜好狗肉的当地壮族、汉族的影响，还有待考证。不过，当地壮族、汉族做师公、道公的人是忌狗肉的，民间认为师公、道公如果吃狗肉，做法事就失灵，而虎村妇女原来是忌狗肉的。2005 年 11 月 10 日笔者在虎村与一位中年妇女 FGY 聊天时，笔者问她妇女能不能学习念经时，她告诉笔者，以前女人连狗肉都不能吃。哪个女人吃狗肉会被笑话。老人讲，女人吃狗肉后穿耳朵，耳朵会撕裂，还会招致蛇等不吉利的东西进家。现在妇女可以吃狗肉了，不过还没有结婚生小孩的也不乱吃狗肉。可见，虎村人吃狗肉还是有一定禁忌的。

这一天，邦郎也代表众人杀一只狗并做"龙棒"（灌血肠）到跳弓场"祖庙"前摆祭。这项工作由邦郎总管 LRZH 和邦郎 WYG 承担。邦郎杀的狗，就是在一位邦郎 WYG 家买的，这只狗比较小，15 斤 2 两，他只算 15 斤的钱，每斤 5 元，共计 75 元，从全寨的公共资金中支出。

（二）在寨神庙前展示贺礼

下午 2 点左右，邦郎总管到跳弓场敲锣喊话："乡亲们，大家听清，现在大家个个来敬铜鼓，个个来尊重铜鼓。"听到铜锣声和邦郎总管的喊声，全寨的人特别是巡题的亲戚朋友都纷纷拿着礼物前往跳弓场。从外村赶来的亲戚朋友也一起把自己的礼物一起带到寨神庙前。巡题的亲戚还要把铜鼓抬到跳弓场前挂好。每个姑爷则送一只劏好且整理干净的狗、一盆花菜和一瓶酒，舅舅派的亲戚、宗族的兄弟和朋友送钱和酒，所送的礼金不像城市和汉族地区那样用一个信封装起来交给主办者（即"打封包"），前往祝贺的人互不知道其他人的礼金是多少，而在虎村则是把纸币直接用细绳子绑在酒瓶上，使人一目了然（图2-19）。农历二月十一日这一天贺礼摆满了 4 张桌子。巡题家杀的狗和邦郎代表众人杀的狗也一起展示在寨神庙前。大量各种各样的贺礼集中摆在寨神庙前，好像在展示战争缴获的战利品。

图2-19　宗族和舅舅的贺礼（现金和酒）

在寨神庙前，当前来贺礼的亲戚朋友都到场以后，腊摩、萨喃带领巡题、麻公、五师以及巡题的亲戚朋友在铜鼓声的伴奏下围绕金竹丛跳舞，这一天围绕金竹丛跳舞与以往不一致的地方就是，每人右手里都拿着一把粉红色的扇子，一边脚上跳，一边手上里外挥舞着扇子。跳了三圈后，腊摩、萨喃把法袋挂在肘子上，领着巡题、麻公爸、五师在寨神庙前一字排开，除巡题只拿酒杯正对着寨神庙门外，其余每人右手拿扇，左手拿着一大杯酒，跟随腊摩念经，向寨神禀告 2006 年是谁做巡题、谁做麻公，一边念经，一边挥动手中的扇子。谁家的家人、亲戚就跟在谁的后面一起站着"守魂"，其他不是亲戚的人只在一边看，不站到队伍中。向祖宗禀告后每人把杯子的酒一饮而尽。然后，巡题 LGZH 放一大卷冲天炮。放炮后，就当众报告和展示贺礼。这项工作由三个人来承担：一个宗族兄弟念名字，一个姑爷高高举起礼物大声说出礼物的名称和数量，另一个宗族兄弟记账，这个账目作为今后还礼的依据。

这一天，担任这项工作的三个人是：报告礼物的是巡题的堂弟 LJB，展示礼物的是姑爷代表 LRZH，登记礼物的是巡题的胞弟 LWX。由于报告贺礼的时候，需要讲一些"彩头话"，宗族代表 LJB 没有信心讲，所以他与姑爷代表邦郎总管 LRZH 换位，由 LRZH 报告，他来举起礼物，开始当众宣布谁送来什么礼物来祝贺 2006 年 LGZH 做巡题。报告贺礼的顺序是，先报告和展示舅舅这边亲戚的贺礼，接着到姑爷那边亲戚的贺礼，再到宗族的贺礼。每报一个礼物时，要说这个礼物是送谁的并把他的礼物高高举起向众人展示。这个时候是巡题和送大礼者最长"脸面"的时候。与虎村人乔迁新居也要向众客展示和报告亲戚朋友的礼物不同，进新居展示和报告礼物是在新居内进行，而贺巡题的礼物展示与报告是在寨神庙前举行，体现了贺巡题的神圣性与集体性。

（三）在寨神庙前吃狗肉、献花菜

在报告舅舅、姑爷、宗族的礼物的时候，邦郎 WYG 已经在一边把巡题和邦郎带来狗肉切成小块。邦郎要将一块狗脖子上的皮挂到铜鼓上，以示敬铜鼓。巡题和邦郎杀的那两只狗拿到寨神庙前摆祭后，除留下一大碗带回到巡题家晚上食用外，就在跳弓场给前来祝贺的人摆桌吃光。当所有的贺礼都报告和展示完毕后，就装入背篓里，等仪式结束后由巡题的亲人帮他背回去。邦郎和巡题的亲戚朋友就寨神庙前的跳弓场上摆 6 张桌子，并在桌子上垫上粽子叶，每张桌子摆上 10 个碗和 10 双筷，邦郎把切好的狗肉放在粽子叶上，在场的七师、巡题、央巴、麻公以及巡题的亲戚朋友一起入席以狗肉佐酒。这时候巡题家已经出嫁的妇女把自己做来祝贺巡题的花菜用塑料袋装好放在自己的祖辈、父辈和同辈兄弟的面前（图 2-20），谁的前面花菜多，说明他出嫁的孙女（侄孙女）、女儿（侄女）多，谁就觉得越有面子，得到花菜少的人则觉得很不是滋味。当人们把桌面的酒和狗肉吃完，已经是黄昏时刻。邦郎总管铜锣喊话，请大家收拾东西回家。巡题的家人把铜鼓悬挂于堂屋中间。

图2-20　座前桌面的花菜

（四）到巡题家赴宴

晚上，全寨男子和巡题的亲戚朋友都集中到铜鼓家吃饭饮酒。吃饭的礼仪、程序与头一天在麻公家的基本一致。酒过三巡，七师开始"门仰"（唱酒歌），筵席进入高潮。

（五）挂铜鼓

唱罢酒歌，腊摩主持"五把道"仪式，即参加庆贺的巡题的舅舅一边和姑爷一边的亲戚用自己织的土布绑在吊铜鼓的绳子上，表示对主人当选巡题的祝贺和期望铜鼓保佑主人的平安吉祥。但是，两边亲戚挂的土布的类型和挂的铜鼓是不一样的：舅舅一边亲戚用头帕挂在公铜鼓上，巡题的姑爷一边亲戚用白布挂在母铜鼓上，体现了虎村人对不同亲戚性别属性的观念。众多的庆贺者用头帕和白布把铜鼓都遮挡得严严实实（图 2-21）。

图2-21　巡题的一位姑姑正在母铜鼓上挂自织的白布

（六）跳铜鼓舞

"五把道"仪式结束后，收拾场地，腾出空间，主人家打来米酒，铜鼓手接过酒碗，大喝一口含在嘴里然后喷到铜鼓的鼓面上，据说这样可以保护铜鼓并使铜鼓的声音更加动听。接着，铜鼓手敲击铜鼓，七师就带头跳舞，众人跟上围成一大圈，男女老少手拉手在翩翩起舞，一齐欢乐。三圈过后，七师重新入席喝酒，其他人继续跳。铜鼓手不断变换鼓点和节奏，大家也及时调整舞姿，直到全身冒汗发热才停下休息。主人家马上热菜斟酒请大家继续喝酒。大约晚上10点，七老告辞，其他人则继续跳舞，尽情欢乐至凌晨才散回去休息。据虎村老人说，到家里跳舞的人越多，跳舞时间越长，对主人家越好，主人就越高兴。

101

三、二月十二：虎村的妇女节

这一天是妇女的活动日，主要是妇女按老、中、青三组傍晚集中谈天、喝酒，晚上集中到巡题家跳铜鼓舞。除承办家的男子帮助下厨干活外，其他男子一般不参与，所以这一天又被称为虎村的"妇女节"。1996年以前虎村是没有这个节的，因而这个节在虎村产生的时间不过十年而已。由此，我们也可以看出，新的传统可能正在被当代虎村人创造出来。为什么要创造这样一个节日活动？虎村的一位中年妇女FGY对笔者说："以前都是光男人喝酒，女人在旁边陪，男人喝醉了女人背回家。在木腊，如果家公喝醉，儿媳妇也要背回去。现在男女平等了，女人也要喝，喝醉了男人来背回家。"这说明虎村的这个妇女活动日与改革开放后妇女地位的大幅度提高、妇女性别平等意识的提高有很大的关系。而更直接的关系是由于在云南的木腊和那坡本县的其他白彝寨子很早就有这个节日，那些从其他村嫁到虎村的妇女从小就习惯了过"妇女节"，他们嫁到虎村后，由于虎村没有"妇女节"，再回娘家过节毕竟不太方便，于是她们中有一位提议在虎村也办"妇女节"，果然得到越来越多的虎村妇女的响应（图 2-22）。为此，笔者专门与虎村妇女节发起人之一的 KXX❶作了一次访谈，以下是 2006 年 5 月 8 日笔者与她及其丈夫的一段对话。

图2-22　青年组的妇女在集中喝酒

罗：虎村妇女节是怎么办起来的？

KXX：虎村妇女节从 1996 年开始办，分老、中、青三帮，自由参加，开始人不是很多，后来越来越多。我们在 NB 村时参加，后来嫁到虎村，NB 的姐妹还叫我们回老家参加。后来我就说我们在虎村也组织活动算了。1996 年只

❶ KXX：女，1964 年生，彝族，初中文化。KXX 的丈夫 LRY，彝族，1957 年生，初中文化。

是我们青年办，首先在我家办，才 8 个人参加。第二年 10 多人，第三年差不多 20 多人，现在光我们这个年纪的有 20 多人了。这个节日得到了虎村妇女的认同。妇女节已经成为虎村妇女共同的欢乐节日，大部分妇女都参加了。今年（2006 年）我们这一组的承办人，各人应该交的猪肉还没有收齐给她，她已经叫几个兄弟来杀鸡、先用自己家里的腊肉煮来招待大家了。老年组轮到的这位老人，她受伤不能与大家共桌吃饭，但她很高兴，交代儿媳妇、儿子招待好她的伙伴。

罗：你现在还是青年组的吧？

KXX：是的，我差不多是带队的了。（笑）

罗：是不是随时可以参加？

KXX：是的，有人今年不想参加，第二年再参加也可以。

罗：你们具体怎么组织？

KXX：每年由一个人承办。每一组中年纪最小的 3~4 个人去收酒、肉，轮流到各家各户去聚会。每人收 2 两肉 1 斤酒，承办的家庭煮米饭和做豆腐之类的菜，有些家庭条件好的还杀鸡招待大家。这一天承办人的家里的男性，包括宗族的兄弟负责帮下厨烧菜，而且不能入桌吃饭，只能在一旁吃。

罗：是不是像有的人讲的那样，妇女喝酒的时候男人在后面陪？

KXX：（笑）也没有那么要紧的。如果是我们真的喝多了，才来扶回去。

从这段对话里面，我们已经了解到了虎村妇女节的来源、举办方式。那么，男人们对妇女节是什么态度？KXX 的丈夫说："作为爱人，我们去关心并接她回来，她们喝酒以后去跳舞，我们也去观看，陪同她们跳一跳，也是应该的。（笑）"说明 KXX 的丈夫还是比较通融和开明的，没有那种盛气凌人的大男子主义思想。当然，也有个别人一下子还难以完全接受。2006 年 5 月 7 日笔者与几位虎村的中年男子一边喝酒一边聊他们对二月十二妇女节的感受时，WYZH 说："二月十二妇女暴动咯，妇女节我们男人跟她们并排坐不得了，要老老实实坐过旁边。要听老婆的话，醉了要扶她回家。"LYJ 则说："妇女节晚上妇女就无法无天了。"虽然，这些话带有调侃的口吻，但仍然可以透露出一

103

些他们对妇女不够尊重的态度。

第三节　四月跳弓节：虎村每年最隆重的节日

跳弓节也是白彝语的意译，当地彝话叫"孔稿"，意为快快乐乐，祈祷祝福，或叫"嘈契"，意为跳众人舞，或叫"卡契"，意为跳弓箭、带弓箭跳舞，汉文翻译时有跳弓节❶、跳公节❷、跳宫节❸等。笔者依据节日的文化意义，同意王光荣等人的译法。跳弓节是居住在那坡县桂滇交界地区白彝一年之中最隆重的节日。关于跳弓节的来历也有多种传说，概括起来大致可以分为：战争躲避，以竹为箭救命说；兄弟仇杀，被追杀的人躲进金竹林得以逃脱；孟获去世纪念日等❹。笔者2004—2006年在虎村调查，不管开座谈会，还是个别访谈，都只听到与第一种相似的说法：古代俫族的将军带领部队打仗，因寡不敌众，被迫逃跑，敌人穷追不舍，将军急中生智，率部队躲入金竹林中，得以喘息，并取竹为弓箭，奋起反击，击退围困之敌，取得战争胜利。他们凯旋的时间是农历四月初，各村寨男女老少盛宴欢迎。为什么滇桂交界的各个白彝村寨过跳弓节的日期有所不同？据虎村的老人解释是因为各个村寨打仗顺利凯旋的日期有先后差异引起的。为了纪念这次保卫家乡以少胜多反击战的胜利，感激金竹的救命之恩，人们就从获胜的战场上挖回金竹栽种在寨神庙前，并编篱笆围起来，视为神圣之竹，认真呵护。每年到顺利凯旋的纪念日都举行盛大活动，祭祀祖先、缅怀祖先业绩，欢庆胜利，祈求风调雨顺、五谷丰登、六畜兴旺。据

---

❶ 参阅 王光荣. 通天人之际的彝巫"腊摩". 昆明：云南人民出版社，1994：47；王光荣. 中国广西彝族文化撷论. 香港：香港天马图书有限公司，1996：95；广西那坡县志编纂委员会. 那坡县志. 南宁：广西人民出版社，2002：114；彭绍昌. 百色彝族民俗考察. 广西右江民族师专学报，2003（1）.

❷ 参阅 袁少芬，钟桂明. 那坡县者祥屯和达腊屯彝族社会历史调查；广西壮族自治区编辑组. 广西彝族仡佬族水族社会历史调查. 南宁：广西民族出版社，1987：73；姊妹彝学研究小组. 彝族风俗志. 北京：中央民族学院出版社，1992：114；左汝芬. 富宁彝族跳公节述略. 民俗研究，1998（1）.

❸ 彝族跳宫节的传说. 云南农业，2002（12）；韦明. 木香生态示范村彝族跳宫节剪影. 富宁政务网：http://www.ynfn.gov.cn/News/fnews/200607/News_5315.html.

❹ 参阅前面提到的王光荣、袁少芬、钟桂明、左汝芬等人的论著。

说，跳弓节分为大跳和小跳两种。大跳为 9 年或 27 年举行一次，每次活动为 9 个昼夜❶。笔者在虎村调查，老人们也认为有此说法，但谁也没有亲历过。1990 年云南省富宁县的龙洋寨，在政府有关部门的支持下，举行过一次"大跳"，也只有 6 昼夜❷。这已经不是严格意义上的民俗，看来"大跳"只能成为人们心中美好的记忆了。"小跳"每年举行一次，前后 4 天，每天都有不同的内容。在虎村，跳弓节从农历四月初八到十一日，每天的主要活动如下。

一、四月初八：敬山神

为什么要敬山神？腊摩 LSH'AN 对笔者说："敬山神的目的是送死鬼、瘟王鬼、神经鬼等不好的东西，不要让他们来干扰跳弓节活动。"因此，可以说敬山神是为跳弓节的顺利举行创造平安的环境。虎村白彝认为，战死的先烈不是在家里去世的，他们就成为山神而不是家神，所以只能上山祭祀他们。敬山神主要有几个步骤。

（一）报告寨神

2006 年 5 月 5 日四月初八下午 5 点左右，由邦郎把身着"法服"的腊摩、萨喃请到寨神庙前，腊摩和萨喃配偶及家里晚辈女性一同前往，这些晚辈女性要负责把腊摩和萨喃的法袋、法凳带到寨神庙前。腊摩和萨喃在寨神庙前的金竹丛下坐好，邦郎就把用众人集资款买来了的一只项鸡，绑脚后丢在寨神庙前的台阶下的右侧，当五师中的 FWD 用标芒绑好 9 根长约 10 厘米的细竹片给腊摩时，他一改往时坐在金竹丛下面对寨神庙、手持神签念经的做法，而是蹲在寨神庙的台阶上念经。所念的经文也不长，大意就是告诉寨神，今年的跳弓节要到来了，一会儿他们要到山上祭山神，请寨神保佑，不要碰到不吉利的事，一切顺利。据说，按照传统这段经词应该由五师中最年长的"标芒"来念，由于他已经瘫痪在床，所以由腊摩代替。报告寨神后，邦郎 WYG 就把寨神庙门锁上，并提着水桶，五师之一的 FWD 提着鸡（后交给一位 30 多岁萨喃的儿子 YZHF），两位麻公的助手还要负责提水和锅头，扛一张桌子到祭山的地方。腊

105

---

❶ 王光荣. 通天人之际的彝巫"腊摩". 昆明：云南人民出版社，1994：48-49.

❷ 王光荣. 通天人之际的彝巫"腊摩". 昆明：云南人民出版社，1994：49.

摩和萨喃及麻公的亲戚朋友也随后前往祭山的地点。祭山的地方在寨子的上方的一个坡顶上，距寨神庙约 600 米。

（二）搭建祭台

到达祭山的地方，腊摩和萨喃面向山坡下的寨子坐定，麻公的助手开始清理场地，割除过高的杂草，五师里的 LGF、FWD、LYH 和邦郎 WYG 则动手砍竹子，后来 2005 年的巡题 HYJ 也来协助，搭建一个分为三层与人等高的简易祭台，以祭祀历史上战死的白彝先烈。祭台的上面摆放 4 个小竹筒和 4 双筷子，表示摆上了祭品请山神享用。

（三）用未拔毛的死鸡及其血祭祀

在五师搭祭台的同时，麻公的两位助手则开始杀鸡作为祭品。笔者问邦郎总管，跳弓节时为什么要在祭祀的地方当场杀猪杀鸡而不在家里杀好再拿去。他说，因为在祭山神的地方，许多先辈祖师在那里流血牺牲了，要当场劏鸡劏猪连血一起敬他们，给他们吃。在家拿熟肉去也不行，必须带活的去那里劏。

把鸡杀死后，麻公的助手就倒四碗酒、死了的鸡（鸡头朝腊摩）以及装着鸡血碗放在腊摩和萨喃的前面，腊摩就解开法袋，取出神签，在酒碗上从左向右划了三下，开始念经。据王光荣现场翻译，这一段经词的大意是欢乐和大祭的日子来到了，全寨老少忘不了各路山神的恩泽，今天特地在此设祭犒劳诸神，请诸神继续保佑全寨的平安。腊摩念这一段经词时，萨喃虽然拿出神签握在手中，但只是陪坐，不需要跟着念经。

（四）用拔光毛除去内脏的鸡祭祀

念过经以后，麻公的助手和萨喃的儿子开始用开水烫鸡拔毛，除去鸡的内脏，重新摆回原来的位置，腊摩再次念经。这时，五师和邦郎已经把祭台搭好，到场的五师和老人 HYJ 就席地而坐列在腊摩和萨喃的两旁。腊摩开始念经后，萨喃起身把鸡的摆法作了调整，原来是杀鸡者把鸡侧身放不符合传统的摆法，萨喃调整为把鸡的胸向下、鸡头向上，尽量让鸡如活着时的站立姿势。

（五）用鸡块和糯米饭祭祀

腊摩再次念经后，麻公的一个助手就把鸡拿去砍成块状。如何砍鸡肉也是有讲究的。第一刀从胸部把鸡切成基本一样大小的两边，其中一边带头，一边不带。第二刀他把那边有鸡头、鸡脖子的连翅膀砍下来，这一块差不多去了半边鸡的 1/3，待仪式结束后是分给腊摩的。第三刀是砍下另一边带翅膀的部分，是分给萨喃的，大小与给腊摩的差不多，就是没有鸡头和鸡脖子。第四、第五刀是砍下两边翅膀以下的一大块，分别给五师中年级最长的标芒和次长的别长。第六、第七刀是砍下两个鸡大腿，分给两位吹五笙的师傅，第八刀是要砍一块给巡题，第九、第十刀就鸡尾部分的两块就分给两位麻公。余下的部分就切成比筷头般大的肉粒 16 粒，用竹子串成 4 个肉串，每串 4 粒。邦郎把这些鸡块摆在桌子上，还要在桌子上用麻公带来的糯米饭经五师中最年轻的一位 LYH 捏成饭团后摆成两排，其中一排是 9 团比较小的，有 3 团比较大的。每一团糯米饭上用竹签穿一小块鸡肉插在糯米团上，由腊摩念经请各路山神来吃饭吃肉。这一回念经除继续需要五师坐在腊摩和萨喃的两边外，必须要有女性给腊摩和萨喃撑伞，腊摩由他 85 岁的姐姐替她撑伞，萨喃由他的外孙女替他撑伞。

（六）送神归

祭祀完毕，天已经黑了下来。这时，坐着念经腊摩、

图2-23 祭司在黑夜中送四方山神

萨喃和五师站起来，腊摩和萨喃都举着长长的"法剑"，萨喃的另外一只手还持着小肉串，面向东南西北，每一个方向都要念经，意思是把四方的山神送走，使他们不要再来捣乱，影响跳弓节的顺利举行（图 2-23）。

当天，等腊摩念完这一段送山神的经词，天已经黑了好长时间，大家只能打着手电筒，借着朦胧的月光返回村中。

二、四月初九：采良种、祭金竹

四月初九的活动主要是什么？2006 年 5 月 6 日（农历四月初九），虎村的邦郎总管 LRZH 告诉笔者："今天是敬祖神。昨天先敬山神，是害怕山神来弄❶，所以先敬山神。"但是，这一天敬祖神不是在各自的家里，而是在寨神庙敬集体的祖神。在正式敬祖神之前，还要做一系列的准备工作。

（一）修整金竹丛

因为金竹曾挽救了白彝先民的性命，因此白彝崇拜金竹，寨神庙前的金竹丛更是被视为神圣之物，平时要用坚硬而厚实的棉竹片围成一人多高的护围，以避免孩童因不懂事闯入或牲畜的破坏。如果发现护围损坏，当年的麻公要及时修补，每年四月初九麻公则要派自己的亲人去把旧的护围拆除，砍来新的棉竹做成新的护围保护金竹丛，以确保神圣之物的安全，也就是守护着村寨的安全。

早上 8 点多钟，两位麻公就派了 6 位小伙子，砍了 10 多根大的棉竹扛到寨神庙前。他们放下棉竹后，首先拆除旧的护围，铲除金竹丛周边和跳弓场上的杂草，砍掉金竹丛里的枯竹。这时，家就住在金竹丛边的五师之一 LGF 也过来观看。一位公威的堂兄、同时又是邦郎之一的 WYG 一边看着枯竹，一边对笔者说，这个金竹丛是很神圣的，哪一年寨神庙前金竹丛里的枯竹死多，那一年七师就出问题多。2005 年枯竹多，所以七老里面死一个，瘫痪一个。竹子枯死多，有气候、病虫害等多种原因，与寨子七师的生命健康是不是有这么密切的关系，恐怕难以找到确凿的科学依据，但是，千百年来虎村就是这样把它与寨子的兴衰、寨人的生死紧密联系起来，因此对待这丛金竹格外敬畏。而且，这种传统还会延续下去。

当清除枯竹、铲除杂草完成后，就重新把金竹丛维护起来，并在金竹丛的

108

---

❶ 弄：桂柳方言，意思是捉弄、捣乱。

前方约 3 米的地方再围一个与金竹丛护围一样高却稍小的圈，还用棉竹在金竹丛和寨神庙之间搭一个高约 20 厘米和一个高约 15 厘米的台，然后在跳弓场上用许多竹片两端插入地上形成半月状连接起来把金竹丛和那个竹围都围在里边，在下午腊摩和萨喃来主持仪式前禁止人畜入内。（图 2-24，图 2-25）

图2-24　麻公的兄弟修整寨神庙前的金竹丛和跳弓场

图2-25　修整好的金竹丛和跳弓场

（二）请师

请师，即请腊摩到跳弓场主持仪式。中午时分，邦郎 WYG 捧着一大碗刚刚炒熟的猪肉（约 1 千克），用芭蕉叶盖好送到腊摩家，邦郎还送去 5 千克酒给腊摩。

与此同时，萨喃穿着法服与夫人一起，五师及其夫人、央巴、邦郎、麻公及其助手穿着礼服、盛装，到腊摩家请师。腊摩用邦郎送来猪肉加上腊摩的儿子 LTSH 自己炒一些菜，摆了两张桌子，让来请师的人一起入座喝几口酒。然后腊摩才开始穿法服。这一天腊摩在他姐姐的帮助下完整地穿法服。腊摩穿第一道的长袍，据说是三国时期孟获穿的款式。第二道是短衣，当地人彝族话称呼的意思是"鸟的衣服"，衣服的边沿都镶有鸡毛，因为虎村这里有一个姓氏的图腾是鸟。是什么鸟图腾呢？彝族话叫"神靓"，就是一种叫"岩鹰"的老鹰。换好服装后，腊摩的舅父派亲戚（其妻子与儿子妻子的兄弟姐妹及其亲属）要给他一些"利市"❶钱，放到酒碗里 1.2 元或它的倍数，让他象征性地喝一两口酒。腊摩的姑丈派亲戚（其姐妹与其女儿及其亲属）则不能在这时给他利市钱。先是腊摩妻子的亲属 L 姓家敬酒。一个亲戚给腊摩和他的妻子各敬 2 杯（用碗装），先端东边的 2 杯敬腊摩，再端西边的 2 杯敬他妻子。腊摩端起酒碗，先用小指头蘸酒从肩膀上往后弹 3 次，表示先敬 3 代以前的祖宗，让他们先享受今天的欢乐，然后才自己喝。虽然礼轻但是表达一种对腊摩的良好祝

110

---

❶ "利市"亦有写作"利是"或"利事"。"利市"一词早在《易经》中便有记载，带有本少利多的意思。《易杂注》所载："营商利市，营达利事"，生意人派的叫利市，取其有利于做任何事情的意思。元代《俗谚考》亦提及"为了吉兆，要向主家讨个利市"的说法。由此可见，利市亦有好运的意义。由于"事"和"是"两个字其实都是相通的，所以很多人都把"利事"写成"利是"。一些老人称利是作"红纸"。现在常见的利是封其实只有数十年的历史，清朝时仍未有利是封，每逢佳节，要用一大张红纸裁成小方块，然后把铜钱包在红纸里，封成利是，所以到了今天还是有很多老人以"红纸"作为利是的代名词。第一代的利是封在光绪末年，印刷技术普及后才开始面世。当时的利是封是用红纸印上黄色油墨，趁油墨未干时再糁上金粉，看起来就像红纸上印上金字一样。除吉利的字句外，有的也配以简单图案。20 世纪 30 年代初期七彩印制的利是封首次推出，上面印有帆船、福禄寿等吉祥年画。烫金字体的利是封在 60 年代才出现。而烫金的"百家姓利是封"在 70 年代始盛行。此外，各大公司在六七十年代亦开始印制利是封送给客户，以广收宣传的效果。春节期间，乖巧的小朋友看见长辈，都会讲些吉利的贺年说话，而长辈都会报以"利是"一封，表示对小孩子祝福的心意。参阅 徐志林. "利市"源流演变探究. 广东教育学院学报，2006（2）.

愿。接下来是萨喃 YSHC 给腊摩 LSH'AN 敬酒，因为萨喃的女儿嫁给腊摩的二儿子，所以也属于舅舅派的亲戚。

　　敬过酒后，腊摩开始在家里念经。这一次念经与以往腊摩外出主持活动念经有几个重要的不同：一是腊摩念经时，不是萨喃陪同一起念，而是七师中的一位陪同一起念，萨喃则一个人坐在腊摩家的神台之下。这一天本来应该由七师当中的 LGF 陪同一起念，但是，由于 LGF 另有吹五笙的任务，所以委托他小孩的小舅 FWD 代替。FWD 是村里的医生，也懂得念许多经词，也是未来腊摩或萨喃的候选人之一。二是以往是手持神签坐着念经，而这一次则是手持法铃站着念经。陪同的人右手持纸扇，左手握着一把长柄钢叉，钢叉上绑着一把无柄的宽口小锄头，表示驱邪的武器。钢叉和锄头已经是锈迹斑斑，看来已经是很长时间没有使用了。腊摩念一句经词，FWD 就跟着重复一句，类似老师教学生念课文。腊摩一边念经一边有节奏地晃动铜铃，每念一句摇铃一次，FWD 则每跟念一句，用力自上而下晃动一次扇子。(图 2-26)他们两人念经的时候，虽然是在室内，也需要有他们的姐妹或女儿或孙女为他们撑伞。这一天为腊摩撑伞的是他的姐姐，为 FWD 撑伞的是他的孙女。

图2-26　腊摩（中）领着五师中的一位念经

　　这一次腊摩念经首先是说他为什么要念"嘱祖经"。他向神台列祖列宗报告说，当天寨里要举行祭神活动，众人来请他去主持仪式，请祖宗恩准他携带法具前去。

念完这段经词后，两位央巴就吹起五笙，腊摩与前来迎接他的人在他家里围绕中堂里手拉手跳起欢快的舞蹈。三圈过后，大家收拾东西，离开腊摩家向跳弓场进发。两位央巴吹着五笙走在队伍的前面开路，腊摩、萨喃、五师、七婆随后，其他人在后面跟着。老央巴 LGZH、腊摩和萨喃都有人撑伞，而年轻一点的央巴同时也是 2006 年的巡题却没有穿礼服，也没有人替他撑伞（图2-27）。

图2-27　请师到跳弓场的途中

（三）采良种

种子的优劣是能否获得农牧业好收成的基础，千百年的生产实践经验使虎村人已经意识到了这一点。因此，他们把祈求获得优良种子作为在节日期间的一项重要活动。

当腊摩一行来到寨神庙的侧面就止步，还不能进入跳弓场。这时，萨喃拔出长剑，口中念念有词地把当天上午麻公助手们围在跳弓场周围的弓形竹片一一砍倒，表示清除障碍和一切邪恶势力，以保证当天的活动一切顺利，众人才能进入跳弓场。接着，腊摩领着萨喃、五师、央巴、巡题和麻公及众人列队站在寨神庙前，由他念诵经词，向寨神行礼，祈求寨神保佑。然后，在腊摩的带领下，两位央巴吹着五笙，全寨男女老少在五笙的伴奏下在跳弓场上跳起五笙舞。围绕金竹丛跳了三圈过后，腊摩就带领大家，伴着五笙的音乐，浩浩荡荡去采良种。他们要去采杉树良种祈求当年取得好的收成。传统采种的地方就在到村边北面不远的地方，距跳弓场约400米。据说虎村的老人说，原来采种的地方是一处森林茂密的地方，而且那里有几棵粗大的杉木，采种的时候由腊摩派一个年轻力壮的邦郎爬上一棵又高又大的杉树上砍下一根枝桠。但是，于今这里已经只剩下稀疏的一些树木而且没有杉树，但是采种的地点却没有因此而变化，只得由别处砍来杉树枝。砍树本来应该是邦郎的工作，但2006年从那坡县县城退休回老家居住的一位职工LZHSH却主动承担这项工作，因为采种的地方距他家比较近。

腊摩带领全寨男女老少列队面向传统采种地，第一排为七师、巡题、央巴、邦郎、麻公及其助手、其他年长的男子，其他人站在后面，邦郎给前排的人每人倒一杯酒，七师每人手里还拿着一把扇子，央巴则手持五笙，腊摩、萨喃和两位麻公都需要有人为他们撑伞。

腊摩首先把杉树枝上的嫩芽摘下分给在场的每一位成年男女，寓意在今后的日子里每一个人都借助这一优良品种的福气好运连连，五谷丰登，六畜兴旺（图2-28）。大家接到这杉树嫩芽后，就高高兴兴地把它插到头巾、帽子或者衣服上，就连带来的五笙也要插上一份嫩芽（图2-29）。

为什么要以采杉树的嫩芽来寓意良种祈求人丁兴旺，粮食丰收？笔者以为，这与杉树的品质及其在虎村人生活中的重要地位有着密切的关系。杉树是中国南方最重要的特产用材树种之一，它的纹理顺直、结构细致、材质轻柔、耐腐防虫，广泛用于建筑、桥梁、造船、家具、工艺制作等方面，可谓万能之木。虎村人世代种植杉树，他们建房、制作家具及其制作打谷桶等农具都少不了杉木。杉树生命力极强，春天只要从大的杉树上剪下一枝约20厘米的嫩枝

113

插入土中，枝条就可以长出根而迅速成长，十多年就可以成材，因而造林成本低，而且杉树造型优美，大面积的覆盖在山岭之上，气势磅礴，像绿色的海洋。因此，以杉树嫩芽代表良种，实际上就是白彝长期生产生活的经验总结。分发杉树嫩芽后，腊摩领众人念诵"采种经"，大意是他们今天来到山上采到了良种，回去跳弓场祭祀欢乐神，祈求良种给全寨带来好运，给庄稼带来好的收成。然后，又吹着五笙浩浩荡荡返回跳弓场。

图2-28　腊摩领着大家面对杉树枝诵唱"采种经"

114

　　回到跳弓场，邦郎把带回来的杉树枝中的一小枝放在寨神庙的神台上供奉，另外一大枝则交给腊摩转交给萨喃。众人又按照采种的队形排列在寨神庙前，由腊摩诵经向寨神汇报说已经采到了优良品种。汇报完毕，腊摩和萨喃坐在金竹丛下面对寨神庙休息，两位央巴则吹起五笙起头，两位麻公身着礼服手持纸扇各跟在一个央巴后面，3 位男性老人（其中 2 位是五师中年纪最小的 2 个）也手持纸扇随后，麻公和男性老人都边舞边不断地向持扇子的右手一侧的上方挥动手里的扇子，麻公的助手和亲戚朋友空手各自跟着自己亲人，形成了 2 列队伍，围绕金竹丛跳 9 圈五笙舞，庆祝采种成功。在跳舞过程中，五笙手不断变换五笙曲调，跳舞的人也随着调子不断变化舞步（图 2-30）。经笔者录音请广西艺术研究院的韦玺整理，五笙调曲调主要有二步、三步、四步、五步、六步、七步、八步几种❶：

图2-29 插在头帕上的"良种"

图2-30 两位央巴吹着五笙带头跳舞

115

❶ 虽然《中国民族民间舞蹈集成·广西卷》和王光荣的《中国广西彝族文化撷论》中都收录有部分五笙曲调的谱，却与韦玺整理出来的差异很大，孰是孰非非笔者能力所能评论。难道这也体现了民俗的表演性特点？仍有待深入探究。但是，笔者更愿意相信韦玺作为音乐专业本科毕业的专业水平。

八步

中速稍慢

演奏者：梁国芬（彝族）
记　谱：韦　玺（壮族）

（四）追忆本民族的历史

　　虎村人不像汉族人那样用族谱记载他们宗族的历史，他们没有成文的族谱，祖先的历史只能依靠口耳相传。每年跳弓节时则由腊摩念经讲述本村的历史。

　　采种归来后，腊摩稍息片刻，喝了几口酒，然后与中午在家里的搭档 FWD 在寨神庙门前面对寨神庙念经。腊摩和 FWD 的装束、所持法具以及念经的方式与中午在腊摩家的完全一样。这一阶段念的经词非常长，因为涉及许多内容。据王光荣现场讲解，经词的主要内容是讲述虎村白彝的迁徙和定居虎村的历史，包含有许多具有神秘色彩的神话、故事和传说。这段经词提到最早念诵的是大凉山的阿盏，后来到昆明的某人，广南的某人，富宁的某人念诵……然后讲到虎村念经的人。在虎村的几个姓氏中，姓 LIANG 最早念诵的是谁，姓 KE 最早念诵的是谁，姓 LI 最早念诵的是谁，姓 WANG 最早念诵的是谁，姓 YAN 最早念诵的是谁……到现在的腊摩他本人已经是在虎村念经的第 46 代人。这段经词透露出了虎村彝族的迁徙路线和在虎村定居的历史的重要信息。腊摩和 FWD 先在地上念经，然后腊摩又登上上午麻公的助手专门为他们搭建的竹子小台中比较高的一个念经。在登台之前，腊摩从法袋里抓出一把米撒在寨神庙前。按照传统做法，FWD 也应该登上稍矮的那个台跟腊摩念经。但是，可能是考虑到安全因素，FWD 却始终站在地面上，当然包括腊摩在内的所有人都没有劝他登台。就在腊摩和FWD念经的时候，众人围在周围听着，实际上也受到了一次族群传统的教育。

（五）祭金竹

白彝视金竹为神物，不仅要保护金竹不受伤害，初九这一天还要祭金竹魂。腊摩在台上念经下来后，两位麻公的助手抬着一只鸡（据说以前用猪），两位央巴吹着五笙起步，萨喃、五师和两个麻公的亲戚朋友随后围绕金竹丛转3圈，表示打得猎物回来敬寨神和金竹魂。在转圈过程中，两位央巴只持五笙在队伍中行走，而铜鼓手则敲起了铜鼓。三圈过后，邦郎LJB把刚才抬着转圈的鸡抓去杀给邦郎的助手，两位央巴重新吹起五笙，萨喃、五师、麻公及其亲戚朋友重新跟在后面再围绕金竹丛跳九圈五笙舞。跳了五笙舞，铜鼓手再次敲击铜鼓，大家又手拉手跳铜鼓舞9圈，围观的人们和外来者也不断地加入跳舞的队伍之中，气氛十分热烈。

邦郎的助手在金竹丛的向阳面割颈杀鸡滴血入碗，接着以芭蕉叶垫着把鸡与装鸡血的碗、两位麻公每人带来的1瓶酒、各2个酒杯、2双筷子摆在地上，由邦郎总管LRZH从公威和公义的酒瓶中都倒一些酒到4个杯子里，腊摩和萨喃手握神签、背对寨神庙念经祭金竹。在念经之前，腊摩也从法袋中抓一些大米撒到鸡的身上后才开始念经。与初八祭山神类似，先是连毛祭一次（图2-31），用开水烫鸡拔毛后整鸡与两位麻公带来的糯米饭（由五师中最年轻的LYH捏成12团插上细竹签）摆在桌面上，再祭一次（图2-32）。

接着，还要以初八的方式，把鸡切成块摆在桌面上进行第三次祭祀。鸡肉砍为7份，并且摆上12团糯米饭来祭祀，糯米饭分2排摆，前面3团大一些，后面9团小一些。为什么要12团呢？因为彝族地区以12为大。为什么鸡肉只煮半熟就拿来祭？虎村人认为人是吃熟的，神是吃半熟的（实际上也是生的，只是用开水烫过以便拔毛，没有达到半熟）。第三次祭祀，腊摩念经时还要把他的法铃也掏出来，左手拿神签，右手拿法铃。腊摩一边念经，一边上下摇晃两种法器。

119

图2-31　夕阳西下时杀鸡祭金竹（连毛祭）

图2-32　黄昏时杀鸡祭金竹（拔毛祭）

腊摩所念的三段经词，据王光荣现场翻译，第一段彝族话叫"毛虽"，第二段叫"毛赖"，第三段叫做"毛背"。"毛虽""毛赖""毛背"都是祭祀的意思，但"毛虽"是以活鸡祭祀、"毛赖"是杀了以后与它的血一起祭祀。这两段经词比较长，要把寨神一个个点出来。"毛背"是煮成半熟后祭祀。第三段经词比较短，因为不用一个个点寨神，只是笼统概括提到。腊摩念经告诉寨神说："我们腊摩、萨喃、央巴、巡题、邦郎都来祭祀你们，刚才是生祭，现在是熟祭，不仅摆肉，换摆上煮熟了的糯米饭，摆上稻谷的根或玉米根，意思是表示诚心诚意地祭祀你们，希望能够保佑全村的平安。"

祭祀完毕，把鸡肉和糯米团分给腊摩、萨喃、巡题、央巴、打锣的和上香的。腊摩、萨喃、铜鼓手、两位吹五笙的打包回家，而打锣的和上香的则在跳弓场煮给大家一起吃。

（六）送神归

与头一天一样，祭祀完毕天已经黑了。腊摩和萨喃开始主持进行送神归的仪式。这个仪式与初八晚上的送神仪式类似。不同的是，在腊摩和萨喃手持法剑和神签站在跳弓场远离寨神庙的另外一段送神时，邦郎总管敲打铜锣，并不断地高喊"喔嘎""喔嘎"，两位央巴吹着五笙，在朦胧的夜色中带领五师、两位麻公及其亲戚朋友围绕着金竹丛按逆时针方向跳舞，直到腊摩念经完毕，跳舞的男子则一边舞一边不时地高喊"哟唷"，体现着欢乐的心情。

送神归后，天早就黑了，但人们并不点火把或者点灯，只是依靠天上的半圆月那淡淡的月光和邦郎炒菜的灶火来辨别方向。笔者拍照也无法调焦和取景，完全靠经验估计操作。邦郎摆桌，每桌端上一碗肉，每人倒一碗酒，劳累了一天的腊摩、萨喃坐在法凳上，五师、邦郎、麻公等则蹲在朦胧的月光下小酌几口，稍微休息（图2-33，图2-34）。

吃过酒肉，邦郎打铜锣，众人集中列队于寨神庙前，在腊摩的带领下向寨神庙三鞠躬，初九的仪式全部结束。但是，在跳弓场分不同方向回家时，还要在邦郎总管的指挥下互相三鞠躬，才能转身各自回家。

这一天下午，公威、公义家都来了许多庆贺的客人，其中公义妻子家的亲戚就有40多人从云南省富宁县的龙洋村赶过来庆贺。

121

图2-33　腊摩、萨喃、央巴、麻公等蹲在朦胧月光下吃肉喝酒

图2-34　蹲在朦胧月光下吃肉喝酒的七婆

三、四月初十：节日高潮

四月初十是虎村跳弓节的高潮，是最隆重、最热闹的一天。这一天不仅是本村人，特别是其他村的许多亲朋好友都来庆贺，麻公的亲戚朋友都尽可能赶来参加，外出参加工作和打工的村民也尽量回家参与活动，与亲人团聚。附近的村寨的壮族、汉族、瑶族的群众也观看彝族的节日表演，经营买卖。

2006年上半年气候比较反常，往年广西在4月已经进入雨季，而从2005年秋冬季节一直到2006年5月7日（农历四月初十）这一天，整个广西都没有下过一场透雨，旱情十分严重，以致虎村几处大的水源都基本干枯，村民吃水都比较困难，洗澡简直是奢望。5月7日这一天又是一个大晴天，虽然这个季节在北方还是春天，但在广西早已经进入夏季，即使在云贵高原边沿的虎村这里，一大早火辣辣的太阳就已经烤得大地直冒热气，然而却挡不住来参加虎村跳弓节的人流和车流。上午8点多钟，附近村寨的壮族、汉族或用摩托车，或用汽车拉来各种商品到虎村的小学旁的道路两侧，寻找有利位置摆摊。那隆乡的几个壮族商户还共同请了一辆大的货车把他们的货物运到虎村。笔者问他们是不是每年都来，他们做出了肯定的回答。

汉族来摆摊的主要是附近的村民，他们拿来自产的李果、黄瓜、西红柿等农产品出售，李果为每千克售价2元。其他摆摊的主要是德隆乡的壮族，他们除卖日常生活用品、小食品、啤酒、饮料、音像制品外，还有许多是出售花生糖、糯米沙糕等本地特产，花生糖价格为每千克8元，糯米沙糕为每元3块。一个壮族屠户杀了一头猪来卖。每千克猪肉售价10元，邦郎总管LRZH还向他买了72.5元的猪肉，说是用来招待前来庆贺的有关单位的人员。到中午12点，笔者计数总共有42个摊位，各摊位的销售情况都不错。

据说，往年还有摆米粉摊的，因为2006年虎村干旱缺水，无法摆米粉摊，就没有人来卖米粉了。但是，在数十个摊中却没有一个是虎村人摆的。这说明虎村人到目前为止还缺乏商业意识，只是给别人创造了商机。

除了来摆摊做生意的外，还有本县许多单位和个人的车子也陆续开来，那坡县县长也赶来参加虎村的活动。数十位靖西的民俗摄影爱好者也乘坐两台大车来到虎村，正值五一长假，虎村小学不上课，学校的操场变成了临时的停车场，学校的教室也变成了临时的接待室。还有不少游客源源不断地从四面八方自己开着摩托车来，或者乘坐营运的三轮来到虎村，上千人涌向虎村，不太宽阔的道路行人如织，摩肩接踵，昔日宁静的小山村顿时变成了一个热闹的集市（图2-35，图2-36）。来虎村参加节日活动的外村人，除了中老年人外，更多的

123

是年轻人，当然也不乏趁机会朋友、寻找意中人者。

图2-35　临时集市一角

图2-36　彝族姑娘在壮族摊贩前选购小食品

在四面八方的游人涌入的同时，虎村的有关人员也在有条不紊地准备和举行着他们的节日活动。

（一）请师

初十与头一天一样也要请师，而且更加隆重，不但要到腊摩家请，还要到萨喃家请。上午 10 点多钟，两位邦郎分别把煮熟的一大碗猪肉送到腊摩和萨喃家。同时，腊摩和萨喃的家人也要备好酒菜，等待来请师的人们。大约 10 点半，邦郎总管 LRZH 敲着铜锣，提着 5 千克酒来到腊摩家，请腊摩到萨喃家。初九日是在腊摩家喝酒后去跳弓场，初十则是在萨喃家吃饭喝酒后去跳弓场。在酒席上，萨喃的舅父派亲戚也要放钱到酒碗里敬给萨喃。一如头一天在腊摩家里其舅父派亲戚敬给腊摩的一样。敬过酒后，萨喃也像头一天腊摩一样站起来，手持法铃领着 FWD 念经。经词的大意与头一天腊摩在他家里念的基本相同，只是角色由腊摩换成了萨喃。不过，这一天 FWD 左手只挂着一根木棍，而不是像头一天那样挂着钢叉。腊摩则坐在神台下面，由于萨喃刚刚上任时间不长，对这一段经词不是很熟悉，念经时出现一些卡壳。腊摩还不时地提醒他。念完这段经后，邦郎敲锣示意两位央巴吹起五笙，带领麻公、五师和参加请师的人在萨喃的中堂里跳 3 圈五笙舞，然后才浩浩荡荡地向跳弓场进发。今天年轻一点的央巴 LGZH 也穿上了央巴的礼服。

（二）拜寨神

来到跳弓场，腊摩领着大家列队站在寨神庙前。邦郎总管点香进入寨神庙上香后，两位央巴吹着五笙，大家向寨神庙三鞠躬，并围绕金竹丛在跳弓场上再跳三圈五笙舞。接着，萨喃和 FWD 就像头一天那样在寨神庙前念经，念诵本寨历史，祈求寨神保佑节日活动的顺利进行。这时已经是晌午时间。

（三）到新的跳弓场表演

这不是传统的项目，而是从 2002 年开始，广西师范学院民间文化研究所的王光荣所长为了抢救、发掘、整理和弘扬少数民族传统文化，而那坡县政府也想借此机会打出文化品牌，发展民俗旅游，就联合筹划举办搞了"2002 年艺

125

术跳弓节"。为此，县里投资新建立了一个比较开阔的新跳弓场作为接待游客的表演场地，开通了从公路到跳弓场的简易公路。虎村村民则在王教授的指导下，对传统的节目进行挖掘整理、改编，添置一些大二胡、木鼓、彩扇、五笙等道具，恢复了一些已经多年没有表演的节目，并组织一些年轻人，对他们进行传统乐器、舞蹈的学习、培训。把虎村白彝的各种舞蹈、竞技活动浓缩为十多个节目，集中展示虎村传统各种舞蹈、竞技（图 2-37），大约 1 个半到 2 个小时，免去了那些冗长、对一般人来说十分乏味的念经诵词，使节日活动更加丰富和具有观赏性。而且，大约下午三四点钟表演就结束，便于外地游客早一些离开虎村回家。同时，在每年农历四月初十这一天请师出来后，也到新的跳弓场表演一场，再回到传统的跳弓场按照传统的程序举行各种仪式，把娱乐性、表演性的与传统的祭祀性的活动放在不同的空间里进行。

图2-37　新跳弓场的表演

（四）祈求有酒有肉的富足生活

酒、猪在虎村人生活中占有重要位置，在待客、送礼中少不了酒，猪是虎村人肉食的主要来源，有酒有肉是生活富足的标志。千百年来，他们为了追求这种富足的生活付出了艰辛的劳动，但是以往频仍的战乱、恶劣的自然环境和处于弱势的族群地位使他们的愿望不可能得到实现，他们只能把这种美好的愿望留在节日活动中祈求神灵恩赐。

在新的跳弓场表演结束后重新回到寨神庙，已经是快下午 4 点了，不少游人已经开始赶路返回。只有少量游客和本寨子的人继续留在寨神庙前的跳弓场观看传统的仪式。这时，刚刚从新跳弓场返回的邦郎总管 LRZH 和邦郎 WYG，抬来了一头约 15 千克的装在竹笼里的活猪，放在跳弓场的金竹丛边。萨喃拿来初九采来的代表良种的大的杉树枝，树枝的根部挂着萨喃的法袋，尾部挂一个空的小竹笼，这个竹笼代表酒坛子，萨喃把这一挑担在肩上，他的侄女撑伞紧随其后，其姐妹、孙女等也列队跟在后面游转跳弓场 9 圈（图 2-38）。转了一圈之后，萨喃的一个侄儿接过萨喃的挑子，进入转圈队伍，排在撑伞者的后面。萨喃一边游转，右手一边不断地扇着彩扇，口中还一边念唱着"酿酒歌"，与此同时，腊摩 LSH'AN 与五师的代表 FWD 也按照初九的方式在寨神庙前念经，祈求神灵保佑全寨平安，粮食丰收，人民生活幸福，有饭吃有酒喝（图 2-39）。

就在萨喃转到最后一圈时，邦郎总管指挥两位央巴、五师、麻公及其亲戚朋友排成两列队伍紧随后面。当转到寨神庙前时，两位央巴吹起五笙，两位麻公则抬起生猪，其他人跟在后面在五笙的伴奏卜跳五笙舞，游转跳弓场 9 圈。腊摩和 FWD 则继续在那里念经祈祷。抬猪转了 3 圈后，两位麻公已经冒

图2-38　萨喃挑着竹笼转跳弓场

汗,邦郎LJB就把猪提到一边,其他人则继续跳舞,直到腊摩和FWD念经停止。

图2-39　腊摩念经时众人在邦郎总管指挥下跳五笙舞

（五）杀猪祭金竹

初十这一天是节日的高潮,所以敬神也得用大礼,是一年中唯一一次抬猪转跳弓场和杀猪祭祀的一天。腊摩和FWD念经停止,邦郎总管LRZH和公威的哥哥就在头一天杀鸡祭金竹的地方,摆上一张桌子,将刚才那只被抬游跳弓场的小猪抬到桌面上宰杀。他们把宰杀后的猪放在头一天用鸡祭金竹的地方,倒上4碗酒,摆上4双筷和杀猪放出来的血,腊摩和萨喃就坐下背朝寨神庙,腊摩挥动着神签念经祭祀（图 2-40）,其他人则在一旁或坐或站听着腊摩念经。

经过腊摩念经后,邦郎就把猪拿去寨神庙的一侧用开水烫毛刮毛、除去内脏。萨喃则站在寨神庙前摇法铃禀告寨神。

与杀鸡祭祀基本相同,就是把猪毛刮净之后,把猪摆在桌子上再祭一次,然后把猪头割下留给五师第二天享用,并割一些肉分给腊摩、萨喃、央巴,其余的就由邦郎煮熟给在跳弓场参加活动的人下酒。同样,当天祭祀完毕也已经是月亮当空照。从县城专门回家参加活动的虎村籍干部LGJ就点了几个火堆把跳弓场照得通亮，使大家在喝酒吃肉的时候可以看得更加清楚，改变了虎村人历来在跳弓节时仅借月光饮酒吃肉的状况。

图2-40　腊摩以死猪念经祭祀

大家把肉吃光，也就停止饮酒。这时邦郎点燃2卷各36头的冲天炮以表示节日的欢乐和当日活动的顺利。2006年节日这天这冲天炮是邦郎总管特地交代笔者提前到县城购买的。

四、四月十一：求雨、求吉和庆祝胜利

四月十一是跳弓节的最后一天。吃过午饭，已经来了几天的公威、公义的远方客人就离开虎村回家了。按照传统，客人是要到四月十二才走的。但是，他们说不能待这么久了，要赶紧回去给玉米除草、培第二道土，主人也就不强行挽留。的确，现在青壮年大部分都出去外面打工了，在家搞农业生产的人已经不多，白彝地区的农业生产只是以牛耕地，播种、中耕松土、除草、收获等环节基本还是手工操作，需要投入大量的时间。所以，这些远方的客人急于赶回去是可以理解的，这也体现了随着时代的发展白彝人的时间观念在不断地

129

变化。

这天上午，几位五师就开始为下午的节日活动做准备。他们去砍几根竹子、木头，制作"马""高射炮"和"武器"。其中，"马"是用一根长约 2 米的竹子制作，不过制作很简单，只是把其中一头分成四份破开即可，而"高射炮"则是由砍一根长约 4 米的竹子，把尾部的尾部节结除掉形成一个竹筒即可。此外，还要砍直径 4~5 厘米、长约 1.5 米的几根木头，并把一段削尖，表示枪和矛。五师制作这些道具，得到的报酬是可以煮头一天晚上在跳弓场所杀小猪的头来下酒。不过，五师中的 LGF 对笔者说，他们白天没有时间煮，所以留到了晚上给邦郎在跳弓场煮来大家一起享用。

当天下午 5 点，邦郎总管 LRZH 敲锣喊话，通知全寨有关人员到跳弓场集中。邦郎 LWX 也开门进入寨神庙点香，然后在寨神庙外生火烧水。当天要杀来祭祀的鸡也拿来摆在寨神庙的屋檐下。但是，这一天到场的村民比前两天少得多，除了七师七婆、央巴、麻公外，主要就是他们的亲属和陪同人员，而他们远方的亲戚朋友一般都已经离开，所以场面显得比较冷清一些。然而，当天的活动依然是比较丰富的，节日活动主题是纪念祖先打仗胜利凯旋和求雨、求吉。

这一天不需要再去腊摩和萨喃家请师，邦郎总管一喊话后不久，82 岁的腊摩 LSH'AN 身穿法服、提着法袋，他那 85 岁的姐姐扛着花伞、提着腊摩的法凳，最早来到了跳弓场。看到没有年轻人替腊摩提法凳，邦郎总管急忙迎上前接过腊摩姐姐手中的法凳，拿到寨神庙前的金竹丛下摆好请腊摩坐下。虽然已经是 82 岁高龄，又连续几天主持仪式，可是腊摩精神状态依然很好，毫无倦意，而且见到笔者总是满脸笑容，非常慈祥。一会儿，萨喃和其他人也陆续来到跳弓场。由于天气比较热，加上这一天是节日的最后一天，除腊摩、萨喃、两位麻公以及一些老年妇女外，包括五师和邦郎总管都不再穿民族服装。两位麻公妈还捧来了两大簸箕的花菜摆在寨神庙前腊摩头两天登台表演的竹台上。

（一）求雨

风调雨顺是农业获得好收成的基本保障，对于耕种"望天田"的虎村人来说就更为重要。因此，求雨也成为节日活动的一些重要内容。

在求雨之前，首先举行萨喃骑马去看田水的仪式。腊摩坐在金竹丛下面对寨神庙，在邦郎总管的指挥下，萨喃跨骑在上午五师制作的"马"上，开裂的一头用细绳绑好朝前并用左手提起，让另一头着地，右手则握着彩扇边走边扇。萨喃围绕着跳弓场转圈，随着萨喃的走动，竹子刮着地面发出"咽咽"的响声。萨喃的外孙女替他撑花伞紧随他转，他的妻子、姐妹、女儿也空手跟在后面转（图2-41）。其他人只是在一旁围观。

图2-41　萨喃骑"马"看田水

萨喃转了3圈，然后在跳弓场远离寨神庙的一端停下，面向寨神庙向坐在寨神庙前的腊摩和五师代表LGF、FWD报告说："天不下雨，田已经龟裂，禾苗快要枯死了，怎么办？"五师代表FWD回答说："你们看清楚了没有？没有看清楚不要轻易下结论。请你们再去仔细看清楚。"萨喃只好骑着"马"带着他的姐妹、女儿再去转跳弓场。又转了3圈，萨喃再次停下来向腊摩和五师汇报说："我们认真看清楚了，确实是天大旱，而且还打听到天神要求我们，要用金竹和一种长穗鱼尾葵的葵叶挑牲去献给他，才会下雨。"

听到萨喃的汇报后，腊摩和五师确实感到事态严重，急忙准备了金竹枝和鱼尾葵枝绑在一起，在金竹的根部挂上一只活鸡扛在肩上，再去转跳弓场 3 圈，表示去献牲求雨，祈求风调雨顺，表达了人们对天神敬畏之情（图 2-42）。

图2-42　萨喃挑着鸡去求雨

（二）表演打仗胜利归来

跳弓节本来就是源于庆祝先辈打胜仗凯旋，因此在节日活动接近尾声的时候，他们要举行一个表现他们先辈打仗胜利归来的仪式，以缅怀先辈的丰功伟绩，激励后辈的奋发向上精神。

求雨完毕，邦郎总管敲锣指挥全体出动，形成两列队伍，队伍的前面顺序为：由两位央巴拿着五笙开路，腊摩、萨喃和他们的姐妹领头，接下来分别是：两位麻公、两位抬鸡的小伙子（象征战利品），扛着武器的五师，最后是腊摩、萨喃的同辈姐妹和晚辈女子（图 2.43）。队伍浩浩荡荡围绕跳弓场转了 3 圈后，表示已经回到了大本营。于是，大家放下武器和缴获的战利品，两位央巴吹起五师，大家跳起五笙舞，庆祝战争的胜利。这种场面即是对祖先功绩的一种缅怀，同时也是对下一代进行族群历史教育的一种方式。

图2-43　表演打仗凯旋

（三）驱除邪恶

在虎村人看来，各种邪恶之鬼神是导致灾难的根源，要获得吉祥富足的生活必须时时刻刻注意防范邪恶之鬼神。所以，每次节日活动都少不了要祭司驱邪。

在腊摩等人在跳五笙舞的时候，邦郎 LWX 就把那只刚才游过跳弓场的鸡宰杀了。这一天杀鸡祭祀，是祭那些每家传说那些生前因为不安分守己而死于非命者变成的邪恶之鬼，把他们送到远方，所以除了杀鸡请腊摩念经外，还用"高射炮"驱赶。等腊摩他们跳了 3 圈五笙舞后，两位邦郎 WYG 和 LJB 每人倒了碗酒给他们喝，以示慰劳。这时，邦郎把杀死的鸡连毛和麻公带来 4 碗酒、4 双筷子、2 包糯米饭摆放在金竹丛根部的地上，请腊摩和萨喃念经祭祀。而喝了酒的两位央巴则继续吹五笙带领刚才的队伍跳 3 圈五笙舞。就在腊摩用未拔毛的死鸡祭祀念经完毕时，铜鼓手敲击铜鼓，五师和麻公又与刚才跳舞的人改为手拉手地围着跳弓场跳铜鼓舞，直到腊摩和萨喃用拔过毛的鸡再次祭祀念经完毕。这时候，邦郎拿来上午五师做的"高射炮"，在跳弓场远离寨神庙的

133

一端，萨喃的儿子 YZHF 把炮装入竹子尾端的竹筒中，然后点火，由一位做过巡题的老人 LZHSH 举起射向远方。随着"嘭"的一声巨响，竹筒竹子的尾部被炸裂，象征着把邪恶的、不吉利的东西赶走，不再来寨子行凶作祟，使得全寨平安兴旺。接着，腊摩又在邦郎摆有糯米饭团和鸡块的祭台前，再次念经祭祀，确保邪恶之鬼神成功送走。

（四）总结跳弓节活动

杀鸡祭祀完毕，邦郎摆桌、上酒，把煮熟猪头肉、鸡肉、麻公的花菜分到各桌子上。在喝酒之前全体起立，萨喃和五师代表 FWD 分别致词，感谢寨神保佑，感谢两位麻公及其亲戚朋友大力支持顺利完成了这一年的跳弓节活动，也感谢邦郎的精心组织。然后，大家才在月光下喝酒。

（五）萨喃喊魂

喊魂，实际上就是招魂。招魂这种习俗并非白彝所特有，在许多族群都存在。招魂习俗在中国古代汉文典籍中就有记载。在清代臧庸的《韩诗遗说》就说："郑国之俗，三月上巳之辰，于溱洧两水之上，招魂续魂，秉执兰草，被除不祥，故诗人愿与所说者俱往观之"。❶由此推测，先秦时期不但平民有招魂习俗，在官方举行的祭祀活动中也有招魂活动。屈原作《招魂》就是奉命为楚怀王招魂而创作的。虎村人也相信灵魂的存在，而且人的灵魂如果游离身体就会产生灾祸或使人生病。通过招魂把人的游离出去的灵魂招引回来，才能获得平安。

喝过酒，萨喃摇法铃为七师、央巴、邦郎、麻公和做过巡题的人喊魂，祝愿他们在未来的日子里平安无事。虎村人认为，经过跳弓节几天的"蹦蹦跳跳"，灵魂可能会因为受到惊吓而游离出身体，所以在节日活动结束前一定要将魂喊回身体，这样才会健康。在萨喃为他们喊魂的时候，他们每人一手拿彩扇，一手拿一碗酒，他们的妻子则站在他们的身后，左手把一只小鸡夹在腋窝下，右手抓住丈夫的衣服，防止丈夫的魂乱窜（图 2-44）。

---

❶ [清]臧庸. 韩诗遗说卷上·郑缁衣第七（丛书集成初编第 1746 册）. 北京：中华书局，1985：18.

图2-44　妻子抓住丈夫以防止其"魂"乱跑

晚上 8 点半喊魂结束，也标志着历时 4 天的整个跳弓节活动全部结束。大家就转移到公威、公义家吃饭喝酒。晚上 10 点左右村民又集中到巡题家跳铜鼓舞，尽情欢乐。

第四节　从祭禾苗节到庆丰节：从禁忌娱乐到载歌载舞

从农历五月中旬到九月初是虎村主要农作物特别是水稻的生长的季节，这个季节里对于虎村人一年的生活状况有着特别的意义。因此，虎村人在这个时期内要禁止一切娱乐活动，甚至把铜鼓、五笙等乐器都收藏起来，以免惊动粮食之魂，导致粮食歉收。当丰收的粮食在九月初颗粒归仓，而且经过村里的祭司首先用新米打粑粑尝新后，娱乐活动被解禁而得以重新恢复，体现了虎村人对粮食生产的重视和唯恐得罪神灵而招致粮食歉收的观念。

一、祭禾苗节：开始禁止娱乐活动

农历五月十六日这个节日彝语叫做"麻依窝"，意思是要禁忌娱乐活动。因此，有人把它译成"忌欢节"[1]。而笔者在虎村调查，邦朗总管告诉笔者汉语应该叫做祭禾苗节。据虎村的七师讲，过去在这一天，邦郎还要到各家各户去

---

❶ 王光荣. 通天人之际的彝巫"腊摩". 昆明：云南人民出版社，1994：56.

筹集资金购买一头牛,用于五月十六日下午四点以后宰杀祭祀,祭祀后分给各家各户。20世纪80年代恢复民族传统习俗后,牛贵了买不起,过节也就删繁从简,改为邦郎去买一只鸡来宰杀祭祀,七师七婆、邦郎、巡题、央巴拿一只鸡到跳弓场杀,由腊摩在寨神庙前念经,煮吃。为了使村民有思想准备,使村民的正常生活不至于因为祭禾苗的魂要实行各种禁忌而被打乱,需要节日的组织者邦郎提前通知村民,做好准备工作。

节日的头一天五月十五一大早,邦郎总管 LRZH 就到跳弓场敲锣喊话说:"乡亲们,大家听清,家家户户为了祭禾苗节,今天五月十五要准备打好柴火,备好猪菜,割好马草,舂好米,磨好面,有婴儿的家庭要哄好他们,不要让他们哭闹。"听到邦郎总管的喊声,各家各户根据自己的情况,该打柴的打柴,该照看田水的照看田水,该打马草、猪菜的就去打,这一天整个村子的人都显得格外的忙碌。

五月十六日早上,邦郎总管再次到跳弓场敲锣喊话说:"喔嘎,喔嘎,喔嘎,大家听清,凡是男女老少到山上、田里、地里干活的,提前在杀众人牛前回到家。如果不按照规定办,回来碰到杀众人牛的,要赔偿购买众人牛的钱。"对违禁者要处以如此严重的处罚,村民们谁也不敢违禁。为了避免惊动禾苗的魂,除了本寨子的人要遵守禁忌外,还避免其他寨子的人在这一天从寨子中间通过。在虎村人看来,凡是外来者以及本寨的人从外面回来都有可能带来邪气,从而威胁村寨的安全。因此,如果外人通过村子要挂红(给一两块钱),消除邪气才能够通过。过去,五月十六日这天还要举行埋铜鼓仪式❶,现在虎村也没有这样的仪式了。因为铜鼓现在已经属于是珍贵的文物,保管不好,就会被盗窃,即使有钱也没有地方买,所以现在都由当年的巡题收藏在家中隐秘之处,以确保安全。这也是时空变化带来的传统形式的变迁。但是,从这一天起不准敲铜鼓、不准吹五笙,禁止娱乐活动,这个传统精神实质没有变化。一直到农历九月初一,腊摩和萨喃两家用新米过打粑节以后才解除禁忌。

136

---

❶ 王光荣. 通天人之际的彝巫"腊摩". 昆明:云南人民出版社,1994:57.

二、九月打粑节：解除对娱乐的禁忌

每年农历九月打粑节，彝族话叫"麻坦窝"。这个节日与其他节日有一个显著的不同就是全寨过节的时间不一。身份不同，过节的日子也不同，即"腊摩、萨喃过头节，众人过尾节"，意思就是这个节日一定是腊摩九月初一早上过，萨喃下午过，五师初二到初五过，众人要到初八、初九才开始过节，九月底过完即可。虎村人多次对笔者说，一般人不管你发多大的财，也不能提前过，体现了虎村人的等级和角色观念。

这个节日与以往节日的第二个不同就是不举行集体活动，而由各家各户在家里自己过。过节时，各家各户用新的糯米做糍粑，在神台上点香，摆上酒、鸡、猪肉、糍粑、芋头、马蜂窝敬祖神，表示在祖神的保佑下，经过大半年的辛勤劳动，五谷丰登，六畜兴旺。然后请腊摩或萨喃来念经告诉祖神，继续保佑。同时，在神台上还摆一碗清水，水中放一小片芭蕉叶。由腊摩或萨喃念经，告诉祖神本年度家里每个成员到过什么地方劳动、打工、做生意、上学、走亲访友，一一要把他们的魂喊回家，以免他们的魂在外漂泊不得安宁。

从农历五月十六日禁忌娱乐活动开始，大家专心从事劳动生产，到了九月粮食有了好的收成，渡过了一个"阈限"，通过举行仪式，又进入了常态。从此，无论是订婚、结婚、送礼、起房、入宅、吹五笙、打铜鼓、唱山歌、唱酒歌、猜码都不受限制。

137

三、十月庆丰节：欢庆一年的好收成

农历十月初十日又是两位麻公宴请全寨男子的日子，彝话叫十月节作"虽打咯"，意思就是请众人喝酒。十月初十与二月初十过节的程序从表面上看完全一致，但从腊摩所念的经词来看是不一致的，也只有听懂了腊摩所念的经词，才了解节日的真正的文化意义。因为它是秋收后举行的，也表示当年的麻公一年所承担的工作到这一天就全部完成了。根据这个意思，王光荣也把这个节日翻译为"庆丰节"❶。但是，虎村的许多人都不知道这个节日的来历，只

❶王光荣，等.圣竹·神鼓·虎龙山·招魂礼——广西那坡彝族非物质文化载体之探究.广西师范学院学报（哲学社会科学版），2006（2）.

知道当日是到麻公家喝酒。甚至出现口口声声把自己说成是虎村传统的权威的邦郎总管 LRZH，在笔者向他了解十月节的来历时，也有些答非所问，令笔者实在感到无奈。他说："这是倮王、七师引起。七师是将军。过去倮王二月带兵去打仗，四月初六来收兵。打胜仗回来，就修建跳弓场，举行庆功大会，从此有了众人酒。所以，先头家家户户交粮食、打柴给公威、公义，定在二月初十、十月初十办众人酒给全村男人喝。大家轮流承办，每个人一辈子都要吃一次麻公，打一次铜鼓，没有老婆的除外。我们倮族过去是受苦受难，多次面临生死存亡的关头，所以必须要两公婆来发展人口。"但是 2006 年 11 月 25 日笔者在虎村调查时，再次问到这个问题，邦郎总管 LRZH 就说："二月节和十月节是一码事。"

2005 年 11 月在虎村调查，笔者参加了十月节活动。2005 年的公威是 WYH，公义是 LPG。WYH，1961 年生，他的妻子 1968 年生，都是年轻力壮，他们的 1984 年生的儿子和 1987 年生的女儿小学毕业后都已经外出打工，所以家庭经济条件稍微好一些。而且，WYH 已经是第三年作为麻公候选人来占卜才当选，如果他这一年占卜再不中他，就会被认为十分不幸。因此，2005 年终于当选，他和妻子都非常高兴，也愿意花大本钱办自己作为麻公的最后一次众人酒。他以 3.5 元/斤的价格买来一头 190 斤的活猪，11 月 10 日下午，就叫宗族兄弟来提前宰杀，自己的和妻子的姐妹有的在家磨黄豆来做豆腐，有的去地里拔萝卜回来洗干净，为第二天招待全寨的男子喝酒做准备。1964 年出生的 LPG 和他 1965 年出生的妻子，虽然年纪也不大，但是他们的两个女孩，一个是 1987 年出生的小学毕业后在本县的一个乡帮亲戚照管孩子，收入不多，另外一个 1988 年出生的女孩还在上学，所以家庭经济条件不如 WYH，但他的妻子也于 11 月 9 日墟日到县城买了一背篓的牛肠、牛肺和猪肉等荤菜为第 3 天做准备。

11 月 11 日（农历十月初十）上午 8 点多，邦郎总管 LRZH 到腊摩家告之今天的安排，并到公威、公义家去检查节日的准备情况。笔者随同他去公义家检查。到公义家时，看到他们一家已经忙碌起来：小女儿正在生火蒸糯米饭，准备还礼的糯米饭和糯米包。当天是麻公最后一次请全寨男子喝酒了，送礼来祝贺的亲戚朋友这一天也全部都送来了（舅舅送白鞋和姑爷送衣服，一年中二月初十、十月初十送均可）。因此，这次过节，麻公家要统一还礼给送贺礼的亲戚朋友。还礼物品是：4包糯米饭和约四五两猪肉。糯米饭是蒸熟后用芭蕉叶包起来，每包约1斤糯米。由于要还的人比较多，蒸糯米饭比较麻烦，有的就直接把4斤糯米装在塑料袋里作为还礼的礼物。接近上午10点，我们到公威家，他们一家已经在忙着煮菜，每一种菜肴煮一大锅，然后先装到塑料盆里，再煮另外一种。公威一家当天做的菜肴品种还是比较丰富的，一共10个品种：水煮瘦猪肉、炒肥猪肉、炖猪排骨、炒猪肠、煮熟的灌猪血肠、煮水豆腐、炸红薯片、炒黄豆芽、青菜和粉丝汤、酸萝卜。

上午十一点四十左右，公威派自己的堂叔代表自己带一碗肉和一瓶酒随邦郎去腊摩家请师。在腊摩家，腊摩儿子给自家的神台上的香炉上香、给神台上的酒杯斟酒，并与来请师的邦郎和公威家的代表一起入桌喝一些酒，再由他的姐姐和大女儿给腊摩换法服，然后他坐在法凳上面向神台，念经向祖神，他先大声喊三声"喔嘎"，每敲一次铜锣后喊一声，然后大声喊"今天十月初十，全寨男子全部去公威、公义家喝众人酒。"

腊摩到达公威家后，面向神台坐在已经摆好祭品的桌子前，念经祭祖。同一时间，公义家请标芒，礼仪相同。本来应该请萨喃，由于当时萨喃缺位，由七师中年纪最长的标芒顶替。据王光荣介绍，腊摩念经的内容，首先感谢祖神保佑，然后以"新"为主题，咏主人一年来的辛勤劳动，获得了好的收成。下午1点50分，公威的10个女亲戚和7个男亲戚从云南富宁板伦乡赶到，麻公妈听说后急忙从家里跑到路口迎接，这些亲人放了一封鞭炮就随主人爬上山坡回家。

下午2点，没有外出的寨上男子已经有一大半集中到了公威家，就开始摆桌就座喝酒吃饭。4点10分转移到公义LPG家喝酒吃饭。在公威、公义家吃饭的礼节一如二月初十。

下午6点，邦郎总管敲锣，宣布宴饮结束。央巴吹起五笙，大家从公义家转移到跳弓场。巡题家把铜鼓也抬到了跳弓场边悬挂敲锣。公威、公义家扛来

139

4 张桌子，分两排摆在寨神庙前，靠近寨神庙的两张分别摆每位麻公带来的各9 碗酒和 37 块生猪肉片，靠近金竹的两张桌子，每张桌上面摆放一位麻公的花菜。腊摩、萨喃坐在金竹丛下，面对寨神庙，七师围着桌子坐在腊摩和萨喃的两边。腊摩念"竹魂经""祭神经""惦祖经"，请竹魂、祖神与阳间的人们共同享受丰收的喜悦，追忆族群的历史功绩，感谢寨神的保佑。念经完毕已经是月亮当空照。央巴吹起五笙，大家围绕金竹丛跳 3 圈，铜鼓手又敲起铜鼓，大家再跳 3 圈。全年节日活动全部结束。

当天晚上，大部分人到当年的巡题 HYJ 家跳铜鼓舞，也有一部分喜欢唱山歌的中年人到公威家与云南来的客人对山歌，直到凌晨 4 点，尽情欢乐，把几个月娱乐禁忌的压抑释放出来。

第五节　自成一体的虎村传统节日

通过以上比较详细地描述虎村白彝传统节日的状态，笔者以为虎村白彝的传统节日有自己的体系。之所以说虎村白彝的传统节日是一个体系，是因为虎村白彝的传统节日与其他地区的节日并不相同，而且虎村白彝各个传统节日之间存在一个内在的逻辑关系，都是以"寨神庙"为中心的，节日活动都由腊摩和萨喃主持，围绕着"纪念白彝祖先打仗胜利，祈求祖宗保佑粮食丰收、人畜平安"这样一个主题来进行，节日活动以集体活动为主。

一、节日是人们适应所处环境的一种产物

民俗学强调传统。万建中教授指出："民俗是一种民众中传承的文化传统，其核心就是传统，其传播又是在复制、更新和强化文化传统。""民俗作为一种传统的力量，总是作用于一定的民众群体，或者说，一定的民众群体总是建构、流行自己特色的民俗惯习，或行为模式。"❶

那么，什么是传统？人们又是依据什么来不断复制、更新自己的文化传统？对于这些问题，目前学术界众说纷纭。正如张立文先生指出："传统不像文化那样，说不明理不清，形形色色的界说，使人如坠五里雾中。然而，传统

---

❶ 万建中. 民俗的力量与政府权力. 北京行政学院学报，2003（5）.

是什么？亦似乎不言而喻，细究其义，恐又混沌。"**❶**美国学者希尔斯认为："传统意味着许多事务。就其最明显、最基本的意义来看，它的含义仅只是世代相传的东西，即任何从过去延传至今或相传至今的东西。"**❷**而中国学者郑家栋先生则把传统进一步具体化为一种生活方式。他说："应该说对于一个民族来说，传统都是一个自然而然的东西，是在长期的历史过程中，潜移默化积累起来的生活方式。"**❸**

然而，"从过去"的时间起点怎么算？"长期的"又如何界定？希尔斯提出了他的看法："信仰或行动范型要成为传统，至少需要三代人的两次延传"。**❹**因此，传统不是时尚，但时尚可以成为传统。正是因为这样，伦敦大学伯克贝克学院历史学家 E.霍布斯鲍姆提出了"传统的发明"的观点**❺**。笔者以为这种观点无疑具有很强解释力，因此本书借用他的观点。中外历史上哪些传统不是后人"发明"而是与世俱来的？包括一些曾经在历史上产生重大影响而后来被废弃的传统莫不如此。例如，中国始于西周实行的王位世袭制到中华民国被废除、始于隋朝的科举制度到 1905 年为西式学校教育体制所代替、始于南唐的缠足传统到孙中山下令革除；土耳其马赫默德二世在 19 世纪 30 年代作为一项取代穆斯林头巾的改革措施发明的圆柱形礼拜帽，20 世纪 20 年代又被"现代土耳其之父"基马尔厥激烈地禁止；2002 年 1 月 1 日欧元正式取代长期流行的马克、法郎等多种货币，等等。可见，不管是政治制度，还是经济制度，或是生活习俗，无一不是发明出来的传统，同时传统也可能被发明者的后裔所抛弃或改变。因此，所谓传统不过是人们适应不断变化的时空条件的产物。

美国人类学家罗伯特·雷德菲尔德（Robert Redfield）1956 年在《农民社会与文化》（*Peasant Society and Its Culture*）一书中提出的"大传统"和"小传统"这一对概念，对学术界产生了重要的影响。雷德菲尔德指出，非西方的文

141

---

❶ 张立文. 传统学引论正. 北京：中国人民大学出版社，1989：5.

❷ [美]E.希尔斯. 论传统. 傅铿，吕乐，译. 上海：上海人民出版社，1991：15.

❸ 郑家栋. 传统对于我们意味着什么. 2006-12-25，中国中央电视台，百家讲坛：http：// www.cctv.com/lm/131/61 /74177. html.

❹ [美]E.希尔斯. 论传统. 傅铿，吕乐 译. 上海：上海人民出版社，1991：20.

❺ [英]E.霍布斯鲍姆. T.兰格，等. 传统的发明. 顾杭，庞冠群，译. 南京：译林出版社，2004.

明社会既不同于西方社会，也不同于非洲等地的部落社会，非西方的文明社会可以称为"乡民社会"（peasant societies），他将"乡民社会"的文化分为以都市为中心的上层"大传统"（great tradition）和散布在城乡之外的乡间的"小传统"（little tradition）❶。之所以又大小传统之分就是因为有不同的时空环境和条件。本书研究的虎村节日就属于这种"小传统"。

　　虎村白彝从凉山地区辗转迁徙到桂西，在辗转迁徙的过程中，他们遭受了各种威胁和磨难，经受了各种考验，最后定居在那坡。自然环境和社会环境都已经发生了很大的变化，但他们仍然声称他们的传统是他们民族的英雄在开天辟地时就创造出来了，例如，虎村邦郎总管 LRZH 就多次对笔者说："传统从哪里来？不是我们创造的，铜鼓、五笙、木鼓都是我们倮王开天辟地创造发明的。"这说明虎村白彝认识到传统不是从来就有的，而是发明出来的。当然，他们一再强调他们只是依古而行，以为只有古代的"倮王"才创造传统，而没有认识到自己也在创造传统。王光荣也认为，四川凉山和广西那坡彝族虽然相隔千里，衣着、习俗、信仰和方言等都有较大差别，但在老祖观念、祖宗立位法、以猪头敬客、跳同心舞、女儿歌、衣服上佩戴龙凤银牌等方面存在相同之处❷。然而，我们从凉山彝族地区的现存风俗和有关的文献记载、民间传说都找不到凉山彝族有打铜鼓、木鼓和吹五笙的痕迹。这说明虎村彝族的这些传统是在离开凉山后在新的环境下发明的。因此，时空的转换造成了凉山彝族与虎村彝族在许多习俗上存在重大差异。

　　先辈发明传统的原因是复杂的。在 E.霍布斯鲍姆、T.兰格等著的《传统的发明》一书中列举了发明传统的种种原因：或许是商业目的（如苏格兰褶裙传统的发明）；或许是为了重建民族自信心（如威尔士的文化生活的发明）；或许是为建立统治者权威（如英国王室礼仪传统的发明）；或许是殖民统治的需要（如维多利亚时期英国殖民者在印度确立权威表象、殖民统治时期非洲传统的发明）等。但是，笔者赞同，作为一个族群生活层面传统，它们更多的是长期适

142

---

❶ 参阅 夏建中. 文化人类学理论学派. 北京：中国人民大学出版社，1997：156.

❷ 王光荣. 中国广西彝族文化撷论. 香港：香港天马图书有限公司，1996：233-243.

应所处的自然环境和社会环境的结果。俗话说的"一方水土养一方人"，一个族群的文化在一定意义上可以说是这个族群长期与所处的自然环境、社会环境互动的产物。正因为这样使人类文化呈现出"十里不同风，百里不同俗"的景象，而且，每当一个族群所处的自然环境和社会环境发生变化，其文化就会发生变化，旧的传统被废弃，新的传统就可能被发明出来。因此，传统是发明出来的，而不是自古就有的，传统也不可能是永恒不变。有的传统已经被发明了，有些传统正在被发明着，还会有更多的传统将被发明出来。传统节日也同样如此。

二、虎村传统节日的独特性

传统节日文化既是传统文化的重要内容，又是传统文化的重要载体，有人甚至认为它还是一个民族历史的多彩画卷、多民族融合的纽带、民族精神的形象写照❶。但是，"传统并不是或缺的；同时它们也很少是完美的。传统的存在本身就决定了人们要改变它们……当一项传统处于一种新的境况时，人们便可以感受到原先隐藏着的新的可能性。"❷希尔斯的这一观点，深刻地指出了传统变迁的内部力量，因此，没有永恒不变的传统。如果时空变换，传统的创造者和拥有者必定会对自己的传统做出相应的调整，乃至将之废弃。特别是身处强势族群和强势文化的包围之中的弱势族群，随着与强势族群交流的增加其传统往往会发生更加快速的变迁。这就是为什么散居的少数民族的文化变迁速度比一般都要快于聚居区的原因。从这个角度来说，从凉山地区迁出的彝族可能要比一直居住在聚居区的彝族保留古老传统要少。

143

那么，这些节日是不是他们离开祖居地后的发明？让我们首先将虎村的传统节日与其祖居地等彝族地区节日做一个比较。四川凉山和广西那坡彝族的传统存在异同❸。但是，从节日来看，似乎从表面上很难看出凉山彝族与那坡的白彝之间有着密切的关系。

彝族的节日名目繁多，但是"火把节是滇、川、黔、桂四省区彝族人民家

---

❶ 纪宝成. 中国传统节日的价值在哪里//中国民俗学会，北京民俗博物馆编. 节日文化论文集. 北京：学苑出版社，2006：136-140.

❷ [美]E.希尔斯. 论传统. 傅铿，吕乐，译. 上海：上海人民出版社，1991：285.

❸ 王光荣. 中国广西彝族文化摭论. 香港：香港天马图书有限公司，1996：233-243.

喻户晓而又极为隆重的节日"❶。火把节的重要的民俗内容是祭神祭田、祈年丰收、送崇除邪❷。然而，在云南、贵州交界地区的白彝中却找不到一点痕迹。首先，没有过节的痕迹。火把节在各地的时间虽然不尽相同，四川、云南的彝族（白彝除外）和广西隆林彝族的火把节时间是每年在农历六月二十四日前后几天，贵州的彝族则是每年农历六月初六日左右，而包括虎村在内的滇桂交界的白彝不仅整个六月都没有节日，也不准打鼓吹笙搞娱乐活动。其次，没有明显的崇拜火的习俗。当然，火在虎村白彝生活当中具有重要地位，这是人类进化的结果，并非彝族所独有。在笔者的调查中，除在火塘周围的座位是有主客、长幼、男女的秩序讲究之外，虎村并没有潘蛟教授所列举的彝族种种崇火习俗：火塘的火不能熄灭；待客在火塘边；洗过的东西未必干净，但烧烤过的东西则总是洁净的；祭祖时必须把祭品在火塘上绕一圈，才把祭品放在祭台上；毕摩在做法时，必须在火塘里烧红几块石头后放入清水中，使升腾的蒸汽净化空气；人一出生就被抱到火塘上绕一圈；人死后则需要火化❸，等等。最后，没有火把节的传说。在四川、云南彝族中广泛流传着人类用火与天神抗争取得胜利，从那时起就形成火把节的一个传说❹，在滇桂交界的白彝中却没有。

其实，不仅滇桂交界的白彝没有火把节，川滇一带的不少彝族原来也是没有火把节的。四川凉山依诺支系地区包括峨边、马边、雷波、美姑、屏山，贵州六盘水以北的毕节、大方、赫章、织金等县市以及云南少数彝族杂居和散居

144

---

❶ 云南省民族事务委员会. 彝族文化大观. 昆明：云南民族出版社，1999：235.

❷ 姊妹彝学研究小组. 彝族风俗志. 北京：中央民族学院出版社，1992：112.

❸ 潘蛟. 火把节纪事：当地人的观点. 民族艺术. 2004（3）；另见 中国民俗学会，北京民俗博物馆. 节日文化论文集. 北京：学苑出版社，2006：477-478.

❹ 这个传说有许多异文，此处依据潘蛟在《火把节纪事：当地人的观点》所述。其大体内容是：远古的天神恩梯古惹派天上的摔跤能手斯惹阿比来人间收税。斯惹阿比来到地上，遇见了人间大力士火体拉巴。火体拉巴质问他："你们住在天上，我们住在地上，为什么要我们纳税？今天我们俩来摔跤，如果你赢了我，我们就缴税，如果我赢了你，我们就不缴税。"结果斯惹阿比被火体拉巴摔死了，天神恩梯古惹闻之勃然大怒，便派出无数害虫来地上吃人们的庄稼。在火体拉巴的带领下，人们砍来许多蒿杆，扎成火把，点燃后，冲向田间地头，烧死了害虫，最终获得了丰收，战胜了天神。此后，人们每年都要在六月二十四日傍晚点燃火把，去自己庄稼地里，呼喊"烧害虫合合，烧鹰眼合合，烧狼眼合合，烧害根合合，烧苦根合合，烧饿根合合"，以祈丰年。

地区历史上都不过火把节。此外，滇、川、黔彝族居民也是部分过火把节，部分则不过。例如，四川凉山的金阳和甘洛是"圣乍""所地""依诺"三大支系汇聚杂居之地，支系之间有些仅以一条河或一座山为界，火把节之夜在河（山）对面是一片热闹景象，而河（山）这一面的"依诺"支系村寨仅是静静的观望而已。贵州威宁县也是不同彝族支系杂居之地，同样存在金阳和甘洛的情况。云南一些彝汉杂居或彝族不同支系杂居地区，也有同一现象。朱文旭、李智雄认为，之所以出现一些彝族地区过火把节另一些地区不过火把节，是由于彝族族群内部文化差异造成的。一部分彝族自称"诺"（黑彝），源于汉文史志中记载的"乌蛮"，分布于包括今贵州、滇东北以及四川凉山等地区，其文化特征是尚黑尚水。另一部分彝族自称"曲"（白彝），源于汉文史志中记载的"白蛮"，分布于包括滇西北、四川凉山西北部以及西北一部分地区，其文化特征是尚白尚火。从某种意义上说，火把节是白彝地区的主要文化事象，而黑彝地区是以泼水节为主要文化事象的❶。此说不能说没有一定道理，但还很难令人深信不疑。滇桂交界的白彝虽然尚白被称为"白彝"，却自称"芒佐"，"诺"和"佐"音比较接近，是不是同源而都没有过火把节的习俗，值得进一步探讨。因为如果说黑彝地区是以泼水节为主要文化事象，近代以来这些彝族地区并没有多少关于泼水节的文化的传承和记录。而滇桂交界地区的白彝更是没有这方面的习俗和文化印记。

彝族的另一个大的节日是彝年。彝年"是大小凉山彝族的传统节日，每年农历十月至十一月内择吉日举行"❷。彝年是怎么来的？学者普遍认为，彝族历法以十月为岁首，十月初一是彝族最大的节日年节❸。关于十月彝年的习俗，在滇桂交界的白彝中，不仅没有相关的传说，也没有流行。

虎村白彝不仅没有彝族最普遍、最有影响的两个大节日，其他彝族地区流行的节日似乎也与包括虎村在内的白彝节日的日期、名称和过节方式上都没有

145

---

❶ 朱文旭，李智雄. 关于彝族火把节若干问题的探讨. 中南民族学院学报（哲学社会科学版），1999（1）.

❷ 姊妹彝学研究小组. 彝族风俗志. 北京：中央民族学院出版社，1992：110.

❸ 易谋远. 彝族史要. 北京：社会科学出版社，2000：831-834.

丝毫雷同。例如,《彝族风俗志》所列举的各种彝族节日:凉山地区的剪羊毛节、采药节,云南牟定县的黑井灯会、羊年、三月会,云南鹤庆县一带的巴乌节,云南鹤庆、剑川两县的拉麻节,云南西部山区的颂牛节,云南元江县的赛歌会,云南金平的姑娘节,云南永仁的赛装节,云南峨山的开新节、拜姑爷节,云南峨山、新平、双柏交界的赶花节,云南漾濞县的串会节,云南曲靖的搭清节,云南楚雄的插花节,云南大姚的服装节,云南巍山的老年节、新米节、沙户比节,云南祥云的尝新节,云南弥勒的密枝节,贵州威宁的赛马节,广西隆林的护山节、祭公节,等等❶。

我们再来看看虎村人认为他们主要迁出地的小凉山(楚雄一带)的独特节日:正月初二祭龙节、初三祭山神节、初六(有的初八,有的十六)土主节(有的叫姑奶奶会)、十五开歌节,二月初八马樱花节(有的叫牲口节、耕牛节)、十五三尖山歌会、十六白土会、十九锁水阁歌会,三月三朝山会、十五三尖山歌会,六月初一虫王节、六月初一和十六杨梅街歌会,七月十五九台山会。此外,还有秋街节、火把节、新米节(又称尝新节)等。❷很明显,这些节日与虎村白彝传统节日也毫无相同之处。

从上面的比较中我们不难看出,其他地区彝族的节日的确与虎村彝族的节日没有什么相连、相似之处,如果单看节日,我们很难看出两者为什么都是同一个民族。虽然目前的资料很难使我们弄清虎村传统节日发明的详细年代和过程,但是可以肯定的是这些传统节日传统是一种在离开祖居地后的发明。虎村传统节日的发明也证明了"文化生态的适应才是变迁的动力"。

本章小结

尽管虎村人声称他们的传统是"倮王"发明的,他们只是"依古而行",但通过考察,笔者认为虎村目前的传统节日体系的形成,与他们的先辈的历史经历密切相关,也是虎村人适应新环境以及与周边族群互动的结果。补年节是由

146

---

❶ 姊妹彝学研究小组. 彝族风俗志. 北京:中央民族学院出版社,1992:95-115.
❷ 余立梁. 论彝族节日文化. 楚雄师范学院学报,2001(4).

犒劳出征将士耽误过年活动演变而来；跳弓节是由纪念先辈打胜仗演变而来；而从禁忌禾苗节到打粑节以水稻生长的季节为基准来看，也反映了这一节日是一种适应新环境的产物。因为虎村人迁出的凉山地区后，只有极个别地方种植水稻，马铃薯、燕麦、荞麦、玉米才是主要的粮食作物。这些粮食作物与虎村水稻的生长期是不一致的。农历二月十二"妇女节"在近年的兴起就是一种族群互动与女性平等意识增强的产物。因此，虎村的传统节日的变迁再次表明，传统是发明出来的，而不是自古就有的，传统也不可能是永恒不变的。有的传统已经被发明了，有些传统正在被发明着，还会将有更多的传统被发明出来。

因此，一个族群的传统节日是这个族群的民众在特定的环境中创造并世代传承、享用的一种文化，每个族群的传统节日是这个族群文化的一个重要组成部分。钟敬文先生主编的《民俗学概论》认为，中国"丰富多彩的节日文化不仅记载着我们祖先对自然运动规律的认识与把握；也显示了各个不同历史阶段的社会、经济、科技发展的水平；同时，也反映了我国民众那种张弛有度、应时而作的自然生活节律"❶。这种认识无疑是正确的，但是笔者以为是不够全面的。该书同时把纪念性的节日完全归结为"现代节日"❷也是值得商榷的。因为许多传统节日文化更重要的是反映一个族群或国家对其历史进程中重大事件的缅怀，而不是"对自然运动规律的认识与把握"。从中国的情况来看，彝族的纪念性节日则有插花节、服装节、二月八、三月会等❸。"圣纪节""升霄节""法图麦节""阿舒拉节"等以纪念为主要内容的节日在回族节日中占有相当大的部分❹。而对世界产生重大影响的基督徒的节日——圣诞节就是为了纪念耶稣诞生的。这些纪念性的节日虽然难以考证它们起源于何时，或者关于其起源还有争议，但绝不是"为了适应现代生活的需要"才产生的"新节日"。当

---

❶ 钟敬文. 民俗学概论. 上海：上海文艺出版社，1998：131.

❷ 钟敬文. 民俗学概论. 上海：上海文艺出版社，1998：154.

❸ 姊妹彝学研究小组. 彝族风俗志. 北京：中央民族学院出版社，1992：108-109.

❹ 伊斯兰教历 3 月 12 日圣纪节目的是纪念伊斯兰教先知穆罕默德的诞辰和逝世，伊斯兰教历 7 月 27 日升霄节是伊斯兰教先知穆罕默德夜行升霄纪念日，伊斯兰教历 6 月 15 日法图麦节是纪念穆罕默德女儿逝世纪念日，伊斯兰教历 1 月 10 日阿舒拉节是伊斯兰教纪念真主于该日创造天园、火狱和人类这个神圣的日子。

然，随着历史的发展，这样的节日还会源源不断地被制造出来，如三八妇女节、五一劳动节等，这还不包括各地以"文化搭台，经济唱戏"为名制造出来那些名目繁多、形形色色的"节日"，从而使一个族群或国家的节日传统不断发生变化。当然这绝不是我们完全把纪念性节日当作现代节日的理由。本书研究虎村白彝的传统节日中最隆重的节日跳弓节就是一种纪念性的节日，当然也不是"为了适应现代生活的需要"产生的，它与白彝对时间认知方式有关，但笔者以为它主要不是"起源于民族成员对年度时间的感受与时间经验"❶，而是源于族群的历史遭遇和对新时空的适应的创造发明，是一个族群凭借着现实的各种条件，发挥着众人的智慧、能力和想象，为这个族群的生存、安宁、健康等要求服务。当适应一个族群生活、生产等方面需要的节日被创造出来后，在传承过程中也还不断随着环境的变化以及人们能力的提高、智力的发达而不断调整使传统越来越显得丰富多彩，从而更好地满足人们一定的生活要求，并推进和巩固了社会秩序。

---

❶ 萧放. 传统节日文化遗产与民族精神. 政工研究动态，2006（18）. 萧放博士从民众时间意识角度探讨岁时民俗的起源与流变取得了重要成果，集中表现在他的两本著作中，即《荆楚岁时记研究——兼论传统中国民众生活中的时间观念》（北京师范大学出版社，2000）和《岁时——传统中国民众的时间生活》（中华书局，2002）。

第三章　文化观念的表达：
虎村传统节日产生与传承的思想基础

一个族群的传统节日是这个族群的民众在长期的生产生活中创造并世代传承、庆祝的节日，每个族群的传统节日是这个族群文化的一个重要组成部分。萧放教授认为，岁时是人们为适应自然时序而进行的主动的文化创造，通过岁时流转可以寻绎中国民众对时间的体验❶。一个族群的传统节日同时也是其文化观念的表达。文化观念是一个族群精神层面的文化，包括生产和生活观念、价值观念、宗教观念、审美观念、伦理道德观念、心理观念等。文化观念是一个族群文化的核心内容，是族群自我标志的表达。因此，只要族群的边界还存在，族群的文化观念就会通过各种方式表达出来，使族群传统得以不断地传承。传统节日正是一个族群为了集中表达文化观念而催生出来的一种传统，通过节日活动，传统也得到不断的再现与传承。

第一节　崇敬和缅怀先辈

注重缅怀英雄人物和祖先开创基业的艰辛，是许多民族或族群共同的文化观念。数典忘祖往往会被嗤之以鼻。每个民族或族群对英雄人物和祖先缅怀的方式不尽相同，如汉族每年的清明、重阳举行隆重的祭祀炎黄大典，清明节上坟祭祖，许多民族在重大的祭祀活动都要演唱英雄诗史，使英雄诗史成为民间文学的重要形式之一，也成为研究民族早期历史的重要材料。每年祭奠英雄人

---

❶ 参阅 萧放. 天时与人时//周星. 民俗学的历史、理论与方法（上册）. 北京：商务印书馆，2006：141-145.

物和祖先，追思先祖功德，成为发扬民族的传统美德、抒发民族情感、振奋民族精神、增强民族凝聚力的重要手段。虎村传统节日的来源以及每个传统节日活动中的敬祖、祭祖、追忆祖先的历史等充分体现了虎村人对先辈的崇敬和缅怀，寄托着他们对远古祖先的拓荒业绩与优秀品质的尊崇和怀念，同时也反映出虎村人智慧、勤劳的品质和艰苦创业的坚韧精神。

一、对先祖孟获的缅怀

孟获因为明朝罗贯中的小说《三国演义》而变得妇孺皆知，但关于孟获是彝族祖先的传说恐怕知道的人不多。四川凉山地区的《勒格诗惹》❶，以及云南宣威地区流传的孟获的传说❷，是关于孟获是彝族祖先比较有代表性的传说。

"我们是纪念孟获、孟里、孟达的。"这是笔者 2005 年 2 月 18 日在虎村组织召开"七师"和"邦郎"的座谈会时，1925 年 2 月出生的"标芒"❸LTF 一再强调的。虎村人把孟获说成是彝族的祖先，每年举行跳弓节时腊摩念经要提到孟获。这与西南彝族地区广泛流传的传说是基本相同的，不同的是在虎村的传说中还有孟里、孟达这两位名不见经传和其他地区传说中所没有的人物。

历史上是真有孟获其人还是传说中的人物？学术界的争议一直没有停止。有的学者认为历史上根本没有孟获其人，如民国时云南地方史志专家张华烂曾在《南强杂志》上刊《孟获辩》认为："陈寿志（指陈著《三国志》）于南中叛党雍高定之徒，大书特书，果有汉夷共服之孟获，安得略而不载？其人身被七擒，而其名即为'获'，天下安有如此凑巧之事？"四川凉山彝族奴隶社会博物馆黄承宗撰文指出，历史上孟获确有其人，而且是当地的彝族人，不过七

---

❶ 佳日古哈等讲述翻译、李鉴踪收集整理的《勒格诗惹》汉文版，收入四川省民间文艺家协会、四川省民间文学集成办编《民间文艺资料》第二集，1987 年 4 月内部刊印。2007 年 4 月 15~17 日笔者专程到四川省凉山彝族自治州的西昌市、昭觉县、布拖县和美姑县考察，访问了一些彝族人士，他们对笔者讲述了这方面的传说。

❷ 高理发口述，尼苏拖巴收集. 孟获的故事//湖北省群众艺术馆编，江云，韩致中主编. 三国外传. 上海文艺出版社，1986：228-238.

❸ "七师"和"邦郎"都是虎村的民间组织，本书后面将详细说明。"标芒"是七师中最年长的一位。

擒七纵的故事实际上是不存在的❶。虽然目前的材料无法考证孟获的生卒年代，但却证明历史上的确存在孟获其人。其一，汉代"孟孝琚碑"❷记载汉代孟姓在历史上是南中的最著名的两个大姓之一。其二，有关祭祀孟获的历史非常久远。据目前发现的实物资料，早在唐宋代开始到中华人民共和国建立前，在西南诸省，或专祠，或附祀孟获的祠庙相当普遍。如四川省西昌市石柱子土主庙、青龙寺、五显庙均设孟获像祭祀。民间供奉五显填神时，在其画轴左侧第三层排列中就有孟获像，被称为"扫坛蛮王"。在雷波县马湖海龙寺有孟获殿，殿内有三个塑像：中为孟获，左为孟优，右为摩铁❸。其三，彝族和汉族民间都有大量关于孟获的故事。其四，彝族人把孟获说成是他们的祖先，虽然并没有充足的文献资料和实物来证明，但笔者以为绝不是要"趋炎附势"，因为千百年来经过《三国演义》的描述而广泛流传的孟获，并不是一种在一般人看来觉得非常光辉和值得自豪的形象。

传说虽然不是历史，但传说并非凭空捏造。日本民俗学家柳田国男曾经说过："传说是架通历史与文学的桥梁……随着时间的推进，传说的两极，总的趋势是越来越拉开了，联系的纽带也越来越细了。"❹也就是说，传说一头连着历史，一头连着文学。随着时间的推移，传说越来越远离历史，相信的人也就越来越少。所以，笔者以为历史上应该是有孟获其人的。

关于孟获的族属问题，在学术界也有分歧。主要存在两种不同的意见：一是认为孟获是少数民族或古叟族的首领。著名民族史学家江应梁认为，孟获应

151

---

❶ 黄承宗. 蜀汉孟获史实琐谈. 四川彝学研究. 转引自 诸葛亮"七擒孟获"是否真有其事? 北京科技报，2005-6-8.

❷ 汉孟孝琚碑是迄今为止云南所发现的唯一一块汉碑。孟孝琚碑出土于清光绪二十七年（1901年），出土在今昭通城东南白泥井杨家冲马家湾。当年移置昭通城内凤池书院（今昭通市实验中学），残碑高1.40米，宽0.96米，厚约0.24米。碑文直式，右起左行，隶书，遗文14行，中间空脱一行，计存260字。此碑是研究云南古代文化史及其与中原文化关系的重要实证，同时对了解汉朝的书法、文风的演变方面有着极其重要的价值。1961年云南省人民政府公布为省第一批重点文物保护单位。2006年被国务院公布为第六批全国重点文物保护单位。

❸ 江泽明. 雷波人解码三国：七擒孟获，一段被误读的历史. 雷波溪洛渡：http://lbxld.lsz.gov.cn/show.aspx?id =1369.

❹ [日]柳田国男. 传说论. 连湘，译. 北京：中国民间文艺出版社，1988：31.

是建宁郡❶境内一个叟族的部落酋长❷，而历史学家和民族学家普遍认为叟族东汉邛都和滇池地区的叟人是彝族的先民，彝族是古叟人的后裔❸。二是方国瑜、邵献书等则认为：孟获是"南中大姓"之一，而南中大姓是祖籍在南中的汉族移民，是汉族移民中拥有武装的地方当权派❹。

以上两种观点都有一定道理，但都有失偏颇。实际上，中国各民族在长期杂居相处中，互相协作，互相学习，互相影响，互相通婚，形成经济上互通有无、文化上互相吸收、血缘上互相渗透的你中有我、我中有你、彼此依存、密不可分的状态，这正是中华民族具有强大的凝聚力的根本原因，因此，要确切地在各民族之间划分界线是不可能的。

南中自古称为"夷越之地"。东汉末年，今云南中部和东北部平坝地区居住着叟人，山区居住着青羌，滇东南、滇西南、黔西一带居住着僚（越人）和濮人。过去，许多学者都认为，汉族移民自庄蹻开滇后，陆续来到云南，主要居住于滇东、滇中的平坝地区。实际上，从原始社会开始，云南土著就与周边族群发生互动，只是到战国以后这种互动的规模、范围更加大了❺，自从战国时楚顷襄王派庄蹻开滇，就有大量中原人留驻云南。秦修"五尺道"（今四川通往曲靖的道路），西汉"移民屯田"修筑"南夷道"，东汉设"永昌郡"开通西域"丝绸之路"后，大量汉族人来到云南，其中一部分与当地土著融合，逐渐形成了"白蛮""乌蛮""乌蛮别种"，这些族群就是今天云南多种少数民族之前身了，比如"唐蒙、司马相如始开西南夷，凿山通道千余里，以广巴蜀"，又

152

---

❶ 建宁郡为蜀国改益州郡而立，约当今东到曲靖，北抵武定金沙江岸，西至禄丰，南达杞麓一带地区。

❷ 江应梁. 诸葛亮与孟获. 云南日报, 1957-4-26.

❸ 方国瑜. 彝族史稿（第一章第二节"三、古代叟人与彝族的关系"）. 成都：四川民族出版社, 1984：18-21. 郭沫若主编《中国史稿》、翦伯赞主编《中国史纲要》、吕振羽著《简明中国通史》、王仲荦著《魏晋南北朝史》、刘泽华等编著《中国古代史》等都持此观点，1979年版《辞海》也采用了这种说法。

❹ 方国瑜. 试论汉、晋时期的"南中大姓"、南中地方势力与蜀统治之争夺及相互利用、诸葛亮南征的路线考说 //滇史论丛（第一辑）. 上海人民出版社, 1982；邵献书. 试论孟获的身份和族属. 中央民族学院学报, 1987（6）.

❺ 郝正治. 汉族移民入滇史话. 昆明：云南大学出版社, 1998：4-7.

"募豪民田西南夷，入粟县官"❶。这些汉族人来到西南定居后，很快成了"大姓"。据考证，孟获祖籍四川、本人籍贯朱提。族属必为汉族，只不过是少数民族化了的汉族❷。这种看法是比较符合实际的，考虑到了彝族与其他民族的交融与互相认同。也就是说，孟获是多元民族文化培育出来的，很难说他就单纯只是某一个民族的。

虎村人把孟获说成是他们的祖先，是他们对祖先的一种集体记忆，也是他们缅怀先祖的一种表达，也为我们研究虎村传统的来源与变迁提供了历史线索。

二、对虎村开山始祖的敬仰

白彝源于何处，何时迁徙到滇桂交界的地区，史书包括那坡县的旧地方志都没有明确的记载，但是腊摩演唱的英雄诗史《铜鼓王》却提供了线索。《铜鼓王》讲述彝族彝家先辈，最早居住在今天的昆仑山脉一带，过着游牧的生活，后来由于战乱，逐步南迁："彝家老祖辈，起始居昆仑。那时名罗罗，又称昆明人……起初人烟少，草场也不分。不管你和我，各自不相侵。后来人烟稠……畜多草坪少，开始争草坪……部落相残杀，一春又一春，尸骨堆成山，血水染昆……彝家从此起，就把支系分。我支老始祖，名字叫波奔……逃难到雪山，就此来扎根。"❸他们迁到四川凉山，后继续南下云南滇池："饮过凉山水，吃过苦荞粑，翻山又过河，来会孟获公，石林风光好，滇池水清清，百代不厌居，可恨又变天。背着铜鼓行，吹着五笙来，泪水湿透衣，回头不成人；普毛才歇脚，兵祸又临头，十日一步路，难为我祖先……"❹经过多次艰苦的迁徙，约宋代后有的进入交趾（今越南），有的到达滇桂交界的地方："到了宋灭唐，变了一重天，彝家遭排挤，重又受热煎……官府和土司，共同来策划，彝家在普梅，又

153

---

❶ 汉书·食货志下（标点本）. 北京：中华书局，2006：1157，1158.

❷ 羊枣. 孟获籍贯、族属考. 曲靖师专学报（社会科学版），1994（1）.

❸ 李贵恩，刘德荣，等搜集整理. 铜鼓王：彝族英雄诗史. 黄汉国，等译. 昆明：云南人民出版社，1991.

❹ 黎克明演唱的铜鼓歌. 转引自 王光荣. 《铜鼓歌》的启示. 民族艺术，1987（1）.

分为几路，远的去交趾，近的来广西，各寻各的山，各走各的路。"❶因此，王光荣认为白彝的迁徙路线可以归纳为：昆仑－大凉山－大理－滇池－巍山－红河哈尼族彝族自治州－文山壮族苗族自治州的普厅、普梅等地－云南富宁县、广西那坡县❷。

据王光荣说，在广西那坡县感驮岩一带，原来县里至少有三四块反映彝族活动的碑文，"文化大革命"的时候毁掉了2块，后那坡县人民公园重新装修，又毁掉了1块，现在还有1块能隐隐约约地看得出一点，说倮民（彝族）在县里的情景，是清朝时写的，上面有一句"倮民历来吹笙、打鼓到官府贺岁"❸。因此，今人只能从白彝族每年举行节日活动时腊摩所念的经词中去寻找白彝族群迁徙的一些线索。

据李贵恩、王光荣20世纪90年代初的考察，云南省富宁县龙洋寨的腊摩（彝族祭司）李阿他（当时82岁）介绍说，他们是"罗罗"，祖先是"昆明族"，因诸葛亮打败孟获时他们的先人才逃奔出来的。他们供奉的始祖是孟获，逢年节日祭祀祖先时，都要喃唱孟获始祖及他们的身世。他们迁到龙洋居住已有18代❹。如果以每一代20年计算，至少也有360年。以此推测，也就是大约在明末清初时定居于龙洋。

2006年跳弓节期间笔者与王光荣教授在虎村调查时，1924年出生的虎村腊摩LSH'AN在"祖庙"前的念经中，有一段提到虎村祖先迁徙的历史和路线。据王光荣在现场翻译，腊摩唱到虎村的祖先在小凉山（云南的楚雄、大理一带）是××念经，在昆明是××念经，到路南（今云南省石林彝族自治县）是××念经，到广南是××念经，到虎村最早是××念经，依次下来又是××念经，在虎村LSH'AN已经是第46位登台念经者。由此，可以推算虎村彝族的迁徙路线和在虎村定居的时间。如果根据每个腊摩大约在位20年计算，就可

---

❶ 黎克明演唱的铜鼓歌. 转引自 王光荣. 《铜鼓歌》的启示. 民族艺术，1987（1）.

❷ 参阅 王光荣.《铜鼓歌》的启示. 民族艺术，1987（1）.

❸ 笔者查阅新版那坡县县志没有收录这些碑文，又到那坡县博物馆询问当时该馆馆长章焕然先生是否有感驮岩的碑文拓片，得到的回答是还没有做过这样的工作。而感驮岩的碑文或在悬崖上，或字迹已经模糊不清，要认真研究尚需花费相当的功夫。

❹ 李贵恩，王光荣. 滇桂边彝族源流考. 广西民族研究，1994（1）.

以得出大约在公元 1100 年，也就是大概北宋时期就在虎村建寨定居。

龙洋是白彝最大的聚落，虎村是广西最大的白彝聚落，二者相距不远，约10 千米，定居现在的地点年代相差这么大，恐怕不太可能。相对而言，虎村腊摩所唱的内容比较具体，推测出来的年代更为可靠一些。

王光荣认为，诸葛亮攻打南中地区，孟获战败而臣服于蜀国，诸葛亮非常重用孟获，把今天楚雄一带划了一块地方给他管理。而一部分不愿意臣服于蜀国的彝族先民就从华阳国的南中地区即今天云南楚雄的小凉山往西、东、东南逃窜迁徙。虎村白彝的祖先就是往东南走的，他们首先到今天的昆明一带住了一段时间，由于这个地方是好山好水，又被其他民族赶走，就到今广南❶。在广南住了好多代人。其中有一部分从这里迁徙到今云南省富宁县的田蓬镇，从那里进入今越南北部与中国毗邻的河江省和高平省。住了若干代后，明清时候从越南进入那坡县的平孟口岸北上往今那坡县城方向迁徙，落脚在今那坡县城厢镇百大村❷，至今还有部分定居在那里。现在当地的王姓、梁姓，还想来与虎村的人认亲。1985 年他们还向那坡县民族事务委员会提出想改为彝族，没有获得批准。有关人员就对他们说，在 1982 年以前可能可以改，后来就不能改了。迁到虎村的彝族有两支：一支从今富宁县迁徙到今那坡县感驮岩❸，后来壮汉民族来到，彝族在感驮岩就住不下了，他们 6 个兄弟才分散到 6 处住，后来又慢慢集中到 3 个村子住，即今天的虎村、念毕和那隆乡的坡报屯。坡报是一个白彝与其他民族杂居的寨子，吸收汉族、壮族文化比较多，白彝传统保留

155

---

❶ 广南县：云南东南部的一个县，虎村彝语 "忒祷" 是指广南人，"忒" 意思是其他民族人，尤其是指汉族。

❷ 百大村：距离那坡县城约 6 千米的一个壮族村子，"百大"，壮语为 "河边" 的意思。

❸ 感驮岩：位于那坡县城北人民公园内后龙山脚下的一个洞穴，洞内南侧有一泉水流出，注入洞前人工围造的团结湖。据那坡县博物馆馆长章焕然介绍，遗址所在洞穴洞口向西，洞口高出湖面约 5 米，洞高 1~20 米、宽 20~70 米、进深 30~50 米。洞室南部近洞口处为清代土司衙署遗迹。洞内和洞外现存遗址面积约 1200 平方米，保存较好的文化堆积约 400 平方米。1997年 8 月到 2000 年 9 月，广西壮族自治区文物工作队和那坡县博物馆对感驮岩遗址进行了抢救性发掘及整理，获得了大量地层关系明确的重要的文化和自然遗物，出土的遗物不仅数量多，而且风格独特。牙璋、炭化粟等在广西史前考古中还是首次发现。牙璋的发现，证明感驮岩遗址与中原地区古代文化有比较密切的联系，也为越南北部冯原文化牙璋的来源提供了极为重要的线索。2006 年 5 月感驮岩遗址被国务院批准为全国重点文物保护单位。

得很少了。另外的一些彝族小寨子已经荒芜了，那里的人已经集中到虎村或者念毕居住。这个在彝族的经词中是点到的。当然，它点到的时候是很策略的❶。由于笔者听不懂彝语，腊摩念诵的经词还没有翻译出来，所以经词中是如何"策略"地点到彝族迁徙和再聚合的具体情况还有待进一步研究。还有一支从云南经过者祥走小路过来，汇合到虎村。在虎村住的人多了，出现一些争议，于是有一部分人就迁到念毕，一部分迁到今那隆乡的坡报、坡康、马拨，这些都是小寨，每个寨子只有几户，后来他们有的又返回虎村或者念毕，现在坡康、马拨已经没有人住了。坡报还有 5 户彝族，但是他们基本"汉化"了，只有从虎村嫁过去的妇女还会讲彝语，其余的都已经改讲汉语❷。而虎村的一位退休干部 2006 年正月初十对笔者所说的与这种说法略有出入，他说，城厢镇的念因、马拨，德隆乡的坡姑，百都乡的坡报、坡甘、坡孟，这些村过去都是白彝的居住地，现在除坡报还有几户彝族人外，其他在 20 世纪 50 年代后就陆续迁徙到达腊或念毕了。过去，达腊每个姓都有自己的铜鼓，跳弓节的时候，人太少不热闹，就招其他村的同姓人来，分田地给他们。之所以两人说法不同，一些是由于乡镇行政区划的变动造成的，后面一说法也更为具体，也许是这位退休干部长期居住在当地，对当地的情况更了解的缘故。

　　由于没有更多的证据，光凭口传资料很难说清白彝迁徙的详细情况。但不管如何，由此可以认为，居住在虎村的白彝不是一次迁徙完成的，而是经过多

156

次迁入迁出才最终形成今天的姓氏和宗族结构。虎村人都一直认为，最初到达虎村的是 4 姓，这 4 个姓头人的排名是：第一梁布登，第二科布梦，第三黎布贡，第四王布达。据说原来感驮岩有一块乾隆六十四年（1799 年）刻下的碑文也是这么写的。但是，据王光荣说这块碑已经找不到了，1968 年当时任虎村小学教师的 LKM 就曾去找过，没有找到。据虎村村民说，最初 4 姓人也只有 18 户人，后来其他姓氏或是迁徙而来，或是入赘而来，姓氏才多起来，到 2004 年虎村共有 10 个姓氏。其中方姓是从马拨迁到虎村，黄姓则是从木腊迁徙到

---

❶ 2005 年 8 月 24 日，笔者和同事李美在南宁对王光荣的访谈。
❷ 2006 年 2 月 5 日（正月初八）笔者在虎村对王光荣的访谈。

虎村的。

对于带领族人经过千辛万苦的辗转定居虎村的开山始祖，虎村人是非常敬重的。二月补年节到时是为了犒劳外出征战而不能在家过年的将士而举行的活动，后来却演变成为后辈纪念先祖的一个节日。而农历四月的跳弓节则是庆祝虎村先辈打胜仗凯旋而设立的节日。在跳弓节的第二天，腊摩在念"嘱祖经"，他向神台列祖列宗报告说，当天寨上要举行祭神活动，众人来请他去主持仪式，请祖宗恩准他携带法具前去。

在汉族地区，对宗族祖先崇拜的重要表现就是建立宗族祠堂、联宗祭祖、修族谱。这种风俗也影响到了少数民族。贵州纳雍县、织金县、威宁县、巍山彝族回族自治县等地的彝族，也建立了宗族祠堂来祭祀宗族祖先❶。在虎村，虽然没有称为祠堂的建筑，但却有类似于宗族祠堂的寨神庙。寨神庙，彝语叫做"廊"，其意就是庙的意思，所以，汉语翻译也有"始祖宫""寨神庙""族祭屋"等译法，王光荣最后又把它改为"竹枝宫"。但是，里面供奉的却是虎村十个姓氏的祖宗牌位，其中四个最早在虎村居住的姓氏的牌位被放在最显著的中央（图3-1）。因此，笔者以为把虎村的"廊"译为"始祖宫""寨神庙""族祭屋"是恰当的。据虎村的老人说，最早在虎村居住的四个姓氏原来都有自己的"廊"，后来才合在一起。现在的"廊"原来是梁姓的，后来梁姓的宗族庙演变成了全寨各个姓氏共同的祖庙。为此，笔者以为用"寨神庙"来翻译虎村的"廊"可能更符合虎村目前的实际。虎村人不但在寨神庙中供奉着他们各姓氏祖先的牌位，每举行节日活动、占卜当年的节日活动承办人、在禁忌娱乐期间要启用铜鼓和五笙为去世的老人送丧等都必须先念经祭祀开山建寨的始祖。

寨神庙是虎村的神圣空间，寨神是全寨的守护者。正如前面所述，每当虎村的传统节日都要首先祭祀寨神庙。没有七师的许可一般人特别是未婚者和妇女不能进入寨神庙，否则便被认为是对祖先不敬，可能会招致祸患。村寨要举行重要活动，首先要念经祭祀寨神庙，在禁忌敲击铜鼓、吹五笙等娱乐活动期间，要启用铜鼓、五笙必须杀鸡敬寨神庙，这些都体现了寨神的神圣性。

---

❶ 王丽珠. 彝族祖先崇拜研究. 昆明：云南人民出版社，1995：17-19.

图3-1　寨神庙里供奉的祖宗牌位

三、对家族祖先的崇拜

与汉族人类似，虎村人不但敬仰人文始祖，祭祀家族祖先，还在家中设立神台祭祖。虎村人认为，只有崇敬祖先，祖先才会保佑家人，因此虎村人常说"神悦人乐""祖安孙旺"。

在堂屋中设神龛是中国许多民族民间古老的一种祭祀祖先的风俗。虎村虽然没有用木头单独做成神龛钉在墙壁上，但也按照神龛的书写格式用红纸写上敬祖牌贴在堂屋中间正对大门的墙壁上。虎村白彝受汉族文化影响都采用汉族姓氏，在书写祭祖文书时他们与当地壮族一样，似乎已经完全不管其祖宗是否与汉族同姓的先祖有无关联，完全按照汉族姓氏的书写格式来"照样画葫芦"。因此，其书写格式与周边汉族、壮族的写法完全一致，甚至有些家庭就直接到街上购买壮族、汉族商铺里出售的敬祖牌。敬祖牌，顶端用红纸条按照姓氏横写"××堂"，梁家就写"安定堂"，黎家就写"京兆堂"，王家就写"太原堂"，李家就写"和仁堂"等❶。"××堂"下面用一张大红纸书写，最中间竖写"×门堂上历代一脉始高曾祖考妣宗亲之神位"，左侧从外到内还竖书写"左昭""神悦人乐"，右侧则与之相对写上"右穆"和"祖安孙旺"，有的还加写"定福灶王之神位"和"花王圣母之神位"。在大红纸两旁往往还贴有一副歌颂、缅怀祖宗与期望后代兴旺发达的对联，如"凌云怀祖德；大树溯宗功""大树家声远；凌云世泽长""安居静听先人泽，定世

---

❶ 笔者曾问一位梁姓的退休干部："你们梁家为什么在神台上写安定堂？"他说："可能我们的祖宗是从长江下游迁过来的。"这种解释显然与虎村关于他们祖先从云南来的传说是矛盾的。当然，每个少数民族是如何套用汉族姓氏的，是一个长期形成的复杂历史问题，需要进行深入的研究才能弄清。笔者请教王光荣教授为什么王家写"太原堂"，他说可能是受汉族的影响，因为彝族的传统是父子联名制，与汉族的姓氏、宗族文化不同。

常怀后代兴"，完全是按照汉族民间流行的《百中经》的规定来写。多数人并不明白其中的含义，甚至写错了也不知道。2005 年 11 月 15 日准备进新居的一位虎村村民请村里的"师傅"的人来写敬祖神的牌，就把"一脉"写成了"一派"。笔者看到这种情况，就与他讨论，建议他们改为"一脉"，他们果然接受了笔者的建议。敬祖牌的下面做一个高约 1.5 米、宽约 0.3 米的柜台，用于放置香炉和祭祖时摆放祭品。所以，虎村人把它叫做"神台"（图 3-2）。祭司的法凳平时就放在这个台子的左侧，祭司去世后也必须一直放在上面。神台的设置体现了虎村人对逝去先人的缅怀。

图3-2　虎村一位梁姓家的神台

第二节　对神灵的敬畏与祈求

虎村传统节日活动中大量的对祖神、寨神、山神、金竹魂等超自然力量的祭祀与祈求，表达了虎村人对各种神灵的无限敬畏和祈求福祉的强烈愿望。

159

一、虎村人的灵魂观念

灵魂观念被认为是"在一切宗教观念中最重要、最基本的观念之一"❶。如《左传·昭公七年》说："附形之灵为魄，附气之神为魂。"把灵魂看作不是独立存在的一种"附气之神"。《大戴礼·曾子天园》则直接把灵魂说成是一种精气："阳之精气曰神，阴之精气曰灵。"灵魂不灭，于是就产生了神和鬼。《礼记·祭法》云："山林川谷丘陵，能出云，为风雨，见怪物，皆曰神。"又云："大凡生于天地之间者皆曰命。万物死皆曰折，人死曰鬼。"有的还把那些害人的灵魂称为"魑魅"，如《左传·文公十八年·注》就有"山林异气所生，为人害者也"之说。

近代西方宗教人类学的奠基人之一爱德华·泰勒（Edward Burnet Tylor）关于灵魂的认识，与中国古代的这些认识可以说是不谋而合。泰勒说：

> 灵魂是不可捉摸的虚幻的人的影像，按其本质来说，虚无得像蒸汽、薄雾或阴影；它是那赋予个体以生气的生命和思想之源，它独立地支配着肉体所有者过去和现在的个人意识和意志，它能够离开肉体并从一个地方迅速地转移到另一个地方，它大部分是摸不着看不到的，它同样也显示物质力量，尤其看起来好像醒着的或睡着的人，一个离开肉体但跟肉体相似的幽灵；它继续存在和生活在死后的人的肉体上；它能进入另一个人的肉体中去，能够进入动物体内甚至物体内，支配它们，影响它们。❷

现代虎村人的灵魂、鬼神观念与古今中外的情况依然十分相似。据王光荣介绍："彝族认为万物有灵，石头有石头的灵，竹木有竹木的灵，瓦片有瓦片的灵，不杀这些灵，到时它们灵气一盛，主人就受不了，所以必须要杀这些各种各样的灵气。比如起房子的时候，要杀狗用血祭祀，把各种邪气压下去，这样才住得平安。从山上回来，如果认为有山魂、水魂跟着回来，就要杀狗把这些灵魂挡在家门外。这些讲起来好像是带有迷信的观念，但是它的确是一种心

---

❶ 吕大吉. 宗教学通论新编. 北京：中国社会科学出版社，2004：54.

❷ [英]爱德华·泰勒. 原始文化. 连树声，译. 上海：上海文艺出版社，1992：416.

理安慰。"❶2005 年 2 月 15 日，在虎村邦郎总管 LRZH 就曾经对笔者说："我认为没有鬼就没有人，鬼是人，活的人叫人，死了的人叫鬼。"

正是因为虎村人认为有灵魂，有害人的鬼魂，所以，如果遇到不顺，特别是遇到灾难时就要招魂、赶鬼，前面已经述及，在传统节日活动中和新的祭司上任时，招魂、祭神也是重要的内容。平时如果家里遇到不吉利的事情都认为是被"鬼弄"，需要请祭司或懂得念经的祭司后代来"赶鬼"驱邪、"扫屋"。

当然，并不是所有祭司都能够赶鬼的。邦郎总管 LRZH 说："赶鬼要有魄力，如果鬼比你厉害，你赶不动，你就会发病。"比如，巫婆就不能赶鬼。虎村人认为，巫婆只能帮人算家里有什么难，是否需要"打扫"房屋，如需要，必须请祭司来打扫。"赶鬼"仪式要在下午 4 点以后，这样赶出去的鬼才与太阳一同落去。祭司扫屋时要先敬准备打扫家庭的祖宗。敬祖宗时用一碗玉米粒，并放 1.2 元钱在玉米上"挂红"给祭司。祭司点三支香，拿三根芭芒念道："××家有灾有难，养牲不成，生意不好，被伤亡鬼、瘟王鬼弄着了，今天请我来打扫家里面，让他家里人畜兴旺。"念毕，祭司就用玉米粒撒神台，舞动芭芒到各个房间赶鬼。赶到大门口，就以"地法"即阴间法，心中默念（有的也不念）张天师的"雷勒令"符，接着在左边门上用刀画一个符，口中念道："千兵万马护我村，我的师傅在身边，我夫用刀、水、火送你一切瘟王鬼上坤方与太阳一起落去。一隔千里路，二隔五雷山，三隔三往海，四隔鬼蛇路，五隔鬼灭亡，六隔鬼回避，一切瘟王鬼送你向坤方，急急如勒令。"然后在家门口的门梁上贴一张符"封门"（图 3-3），不让"鬼"再进家，并继续念经送"鬼"到村外路口，让"鬼"上路离开。以上是邦郎总管 LRZH 2005 年 8 月 25 日向笔者介绍的情况。

在"万物有灵"的观念支配下，虎村有着各种各样的宗教形式，产生出沟通人与神的祭司——腊摩、萨喃、巫婆——"麻刀妈"以及为了祭神、取悦神的一系列仪式与舞蹈，构成了虎村传统的重要内容。

161

---

❶ 笔者与同事李美 2005 年 8 月 24 日在南宁对王光荣的访谈资料。

图3-3　赶鬼驱邪后封门的符

二、对自然界神灵的崇拜

自然崇拜至今在虎村人的信仰中占有重要的位置。虎村人的自然崇拜又以对金竹和山神的崇拜最为突出。

（一）金竹崇拜

金竹崇拜是白彝族群最具地方特色的崇拜形式，是白彝族群的标志性民俗文化之一。每个白彝寨子只要有跳弓场，就必然在跳弓场中央种植一丛金竹作为圣物来崇拜。关于金竹崇拜的来历，在第二章中已经提到，是因为金竹拯救了白彝的祖先。因此，白彝把金竹奉为神竹、圣竹、灵竹加以崇拜。在祭司腊摩和萨喃所念的经词中，也有许多崇竹、赞竹的经词。正月开年节、二月补年节、四月跳弓节、五月十六祭禾苗节和十月节都要到跳弓场祭金竹，男女老少围绕金竹丛跳五笙舞和铜鼓舞。虎村人甚至认为自己祖先的灵魂就在金竹的根与节之中，是神姑寄身金竹才孕育了彝族和人类。在传统节日祭祀金竹时，腊摩念经开头首先就念道："多罗啊朗嗲，我祭金竹根，我祭金竹节，金竹根上有我祖，金竹节里有我魂……"[1]虎村白彝还把金竹当作彝族乃至人类的孕育

---

[1] 王光荣. 中国广西少数彝族文化撷论. 香港：香港天马图书有限公司，1996：92. 多罗啊朗嗲，是腊摩念经的开头语，含有"我当众开腔"之意。

神。腊摩在祭金竹的时还念道：

　　当初的时候，天和地相连，

　　多少个岁月，多少个年代，

　　天上没有仙，地上没有人；

　　密密的云雾，把天地分开；

　　天宫离地面，升得高又高；

　　天宫先有仙，神仙在天上；

　　那年大冷天，金竹往上长，

　　竹梢通天庭，竹节进天室。

　　神姑看见了，萌发金竹缘。

　　请来了天猴，又请来青蛙，

　　再请来蝴蝶，众客一群群，

　　只因不穿衣，个个光身子。

　　众客自害羞，不敢下地来。

　　神姑托蝴蝶，又去托乌鸦，

　　张翅往下飞，禀告金竹爷：

　　我要会金竹，我要寻竹根，

　　我在竹节里寄身，我随金竹下凡尘。

　　托得金竹福，托得金竹身，

　　从此有人群，最先是彝族。

　　……

　　这显然就是一则关于人类起源的神话。正因为虎村人把金竹当作能够沟通天地之圣物而孕育了人类，金竹也被认为是人类灵魂栖身、依附之物。因而虎村就有求生于金竹、死后要魂归金竹之俗。昔日不生育的妇女常常前往竹山向金竹求子，妇女生了孩子，将胎盘放入竹筒，塞以稻草，绑缚在村头一根大金竹竿上或悬挂于金竹枝上，表示初生者为金竹的血裔。老人死后，其家眷亲属又专程拿酒肉、饭菜到本寨跳弓场上祭金竹，表示死者魂归竹丛。另外，在灵枢出葬前，亲属们用金竹节做成一个框架，作为死者的灵屋。待灵枢出葬后，将灵屋火化，表示死者归仙❶。金竹，在虎村人的心目中占据十分重要的位置，它是虎村人缅怀祖先的业绩、祈求人丁兴旺和福祉的重要精神依托。

（二）山神崇拜

世代生活在大山里的虎村人，他们的生活来源靠的就是山，并以为这些生活来源就是山神所赐，因而他们对山神十分敬畏。上山打猎、伐木都要敬山神。上山打猎前要点香以酒肉祭祀山神。新的祭司上任要到神山打山竹，打到山竹也要点香以酒肉敬山神。这两点在第二章、第三章中已经分别作了介绍。此外，虎村人上山伐木盖房，特别是砍伐用作房子中柱的木头时更是要择吉日良辰请大舅到场主持祭山神仪式。2005 年邦郎总管 RLZH 大姐的儿子盖新房，他作为大舅主持了祭祀山神的伐木仪式。他向笔者介绍了仪式的具体做法：在选定的吉日辰时（上午 7 点至 9 点），因为过了辰时太阳升得太高会顶到家，不吉利，辰时才有贵人。准备盖房的人带上 2 调羹大米、2 角钱、1 斤酒、1 碗肉到林中，请自己的大舅到山林里砍中柱。大舅先把大米撒向树根的东南西北四角，最后撒到树根。然后，就把酒倒入杯子里，和肉一起摆在准备砍伐的大树根前，开始念经："××夫妻和他们的孩子××、××……今年好运气，准备起新房，请大舅来砍中柱，木气大不得，山气大不得，山神弄不得，伤鬼、瘟神弄不了我们的木，给他起房成房，发家致富，牛马满栏……"念后，大舅先砍 3 斧，其他人接着将树木砍倒。树的倒向也有讲究，必须使它倒向东方，寓意好运像太阳升起越来越好，以后才能够兴旺发达，如果倒向西方以后就会败家财。砍倒木头后，人不能跨过。砍倒修整好，就在那里吃带去的酒肉，然后将木头抬回家。

虎村人还认为，有时在夜间或者大雾天气在山上会被山神追而迷失方向。如果遇到这种情况，有三种解决的办法：一是点一支香烟，吸几口后就丢；二是把身上背的刀取下来猛砍地上，口里不断地骂鬼；三是用茅草用力拍打身

❶ 王光荣. 桂西彝的金竹崇拜与民俗民风//云南省社会科学院楚雄彝族文化研究所. 彝族文化，1995（年刊）：142-153；王光荣. 中国广西少数彝族文化摭论. 香港：香港天马图书有限公司，1996：104-106.

后，即可以清醒而找到方向，因为火、刀和茅草都是山鬼害怕的东西❶。

　　泰山崇拜近年来经过壮族传到了虎村。泰山石敢当本来是中国北方以泰山所在地山东泰山地区为中心的一种古老的灵石崇拜习俗，后来逐渐传播到包括台湾地区和少数民族地区在内的中国各地和东亚的日本、韩国，东南亚及世界各地的华侨居住区。泰山石敢当崇拜的主要表现形式是以刻（或书）有"泰山石敢当"字样小石碑（或小石人），立于桥梁、道路要冲或房屋大门，以抵挡邪气的入侵。那坡县一带壮族受此俗影响颇深，在那坡县城的大街上许多私人的铺面大门均立着刻有"泰山石敢当"的石碑。这些石碑上面还刻有八卦图、"灭掉妖魔""雷公阴府直顶年月日时煞""准吾太上老君急急律令敕"等字样，带有了道教的色彩。这种风俗就是企图通过泰山石这种有形的器物来表达一种无形的观念，以缓解人们实际可能面临各种灾祸危险和虚妄的神怪鬼祟带来的心理压力，克服各种莫名的困惑与恐惧。因此，随着虎村对外交往的增加，这种习俗也就传入了虎村。虎村最早竖立泰山石敢当石碑的 LYI 家就是壮族人告诉他的。2005 年 8 月 21 日，LYI 告诉笔者他家"泰山石敢当"石碑（图 3-4）的来历。

图3-4　LYI房前的"泰山石敢当"碑

---

❶ 2005 年 8 月 21 日笔者对邦郎总管 LRZH 的访谈。

后来，笔者从其他村民那里了解到，LYI家2003年确实有大灾难降临。2003年正月初八那天早上，他的女婿开拖拉机出门拉石头发生车祸，酿成车毁人亡的惨剧，抛下年轻漂亮的妻子和一对年幼的女儿（大的1992年生，小的1998年生），使全家人受到了巨大的精神打击和心理创伤。他后来才请人来立了这块石碑。可见，面对这种现实中无法抗拒的巨大灾难，又事先有人给他作了预测，这虽然不能说是"科学预见"，但确实是不幸言中。在这种情况下，即使他原来不信那位先生的预测，后来他却请人来安这块石碑当然也就不难理解了，至少可以排解一下巨大的心理压力和恐惧。

2005年11月，LYI家族的一位侄儿盖新房子也在新房门口安了一块"泰山石敢当"的石碑。"泰山石敢当"崇拜在虎村就开始流行了。

此外，虎村人做事强调选择良辰吉日，十分重视房屋地基和坟地的选择，盖房、葬坟都要请风水先生选择"好地方"。这些实际上都是自然崇拜的表现。邦郎总管LRZH就对笔者说："发财靠地基，聪明靠坟基。选择坟地的原则是'青龙'不怕万丈高，'白虎'高代代穷。"2006年正月初十，笔者还与已经在那坡县城买了地基准备盖新房的一位虎村村民LWX聊他择日盖房的问题，下面是我们的对话。

罗：你请哪里的师傅帮你看日子？

LWX：人家看我们也乱看。请了好几个，听多方面的意见。原来请那边的
一个师傅他说今年可以起了。后来又在街上找另外一个去看，他又说这个方向今年起不太吉利。

罗：你请的师傅是什么民族的？

LWX：壮族的。彝族师傅我已经请他看了，他说可以起。所以，我再找壮族的师傅看他怎么讲。然后，再找汉族师傅来看，看看他怎么讲。讲法都不一样。

罗：你到底信谁的？

LWX：准备再请一个。如果还是不一样的讲法，就是乱吹牛皮。我爱怎么起就怎么起。

罗：请一个师傅看要花多少钱？

LWX：少的。我们民族就是一碗米和 1.2 元钱。请壮族、汉族的要一碗米加 12 元钱。

罗：一般你们彝族的都是请本民族的看吧？

LWX：一般都是请本民族的。我等于学习，所以多请一些来作对比。

三、对图腾的崇拜

图腾崇拜是人类社会中起源最早的宗教信仰形式之一。氏族部落的图腾标志在原始社会中起着重要的作用，它是最早的社会组织标志和象征。图腾对于确立婚配范围、促进族群团结、密切血缘关系、维系社会组织发挥着重要作用。人们认为通过崇拜图腾标志、佩戴图腾标志，就会得到图腾的认同和受到图腾的保护。

虎村目前虽然没有明显的图腾崇拜的仪式活动，但是，我们仍然可以发现虎村人对虎、龙、鹰等图腾崇拜的印痕。

首先，在族群的称呼上，笔者在与虎村人的接触中感觉到他们非常强烈地认同他们的族称为"倮倮"或"倮族"。据马学良、刘尧汉等彝学研究专家考证，"倮倮"实际上是彝语"龙虎"的变音，以龙虎作为族称，是彝族龙虎图腾崇拜的反映，认为以"倮倮"称呼彝族人含有贬义实为误解❶。

其次，从白彝聚落的名称看，在云贵毗邻的白彝村寨大都以"腊"命名。"腊"在白彝话中是"虎"的意思。据长期研究白彝的专家王光荣介绍，白彝聚落的彝语叫法是：达腊彝语叫"腊俩"，念毕叫"腊班"，者祥叫"腊井"（井的本意是水缸，者祥地形像大水缸），还有云南富宁县板伦乡的木腊，彝语叫"腊安"、龙迈叫"腊迈"，龙洋叫"腊汀"，里达乡的里拱叫"腊工"❷。

再次，从对祭司的称呼和服饰看，虎村的大祭司叫"腊摩"，现在腊摩的法服上面还有岩鹰的图案。腊摩、萨喃的法帽和妇女的上衣后面都有一条长长的"虎尾巴"（图 3-5、图 3-6），其形状是一致的。这些都可能是图腾崇拜的痕迹。

据王光荣介绍，在虎村不同的姓氏图腾不尽相同，"王、科、方、李、颜、

167

---

❶ 参阅 王光荣. 中国广西少数彝族文化撷论. 香港：香港天马图书有限公司, 1996：81-83.

❷ 2005 年 8 月 24 日，笔者与同事李美在南宁对王光荣教授的访谈资料。

黄姓是虎和鹰图腾，梁、黎、鲁、罗（已经迁出虎村）、苏、兵[1]姓是龙图腾。这些中青年一代都已经不知道，这是 1988 年去世的腊摩 LKM 告诉我的。现在除了腊摩 LSH'AN 和我能够讲清楚外，其他人恐怕就说不清了。"[2]这说明虎村村民的图腾信仰意识已经十分淡漠了。

图3-5　萨嗬法帽后面的"尾巴"　　图3-6　妇女上衣后面的"尾巴"

四、对祖神的敬畏

168

除上面提到的对祖先的崇敬和缅怀外，虎村人还认为已经去世的祖先变成了鬼魂，如果祖先的魂处于不安的状态就会殃及子孙后代。其实，敬畏祖先灵魂也是人类一种普遍的宗教信仰形式，其核心就是相信祖先的灵魂不灭，并且能够成为一种超自然的力量。英国社会学家斯宾塞（Herbert Spencer）甚至把对于血亲死者的崇拜视为一切宗教的根源[3]。而我国台湾的泰雅人甚至把祖灵当作宇宙的主宰，认为人类社会的一切活动均受到祖灵的控制，人类只有无条

---

[1] 苏、兵两姓是从 NB 村来虎村上门的，后来他们本人回去原籍，留下的小孩随他们姓。

[2] 2005 年 8 月 24 日，笔者与同事李美在南宁对王光荣教授的访谈资料。

[3] 转引自 吕大吉. 宗教学通论新编. 北京：中国社会科学出版社，2004：363-364.

件地遵守、服从祖神的意旨求得祖神的喜悦才被赐予安乐和幸福❶。虎村人虽然没有认为祖先具有这么大的神力，但至今虎村人仍然普遍相信祖先的灵魂不灭而且能够影响后辈的祸福。

彝族普遍认为人有多重灵魂而且功能又各不相同。云南楚雄彝族的"毕摩教"认为每个世人都有三个躯体以外的精神的东西，叫"依""娜"和"娜格"，其意近似汉语的"魂、魄、灵"。这些灵魂是在人出生前就已经具有——早就由精神的东西变成物质的东西，当人出生以后，"魂、魄、灵"相互依赖、相互制约和相互促进，共同支撑物质的躯体，对人的健康起着决定性作用：魂调节感觉（活动与休息）；魄支配举止（稳定与失常）；灵支配躯体（健康与病态）。但"魂、魄、灵"三者可附体也可离体，"魂"离体会出现精神疲惫、长眠难醒的不佳现象；"魄"离体会出现失常的轻浮和胆怯现象；"灵"离体就会造成害病的状况。这些灵魂脱离躯体后久而久之，就能导致人的死亡。云南楚雄彝族古经文《指路经》中说："人死有三魂即祖灵魂、坟墓魂、阴世魂三位一体的三魂信念。人死后，一魂由毕摩'指路'送到幽冥世界祖先的发祥地，同老祖宗一起重新安家立业，劳动生息；一魂住自己的坟墓；一魂则作为'主灵'供奉家堂中，随时接受子孙的祭祀，庇护子孙繁荣昌盛。"三魂相互联系，成为一个共同体。云南楚雄南华五街乡彝族灵魂观认为，人有五个魂，人死了，一个守坟地，一个守灵位，一个守棺木的树根，一个守挖来做灵位的小青松的坑，一个去阴间。人死了，尸体朽了，精神（灵魂）却长存。这些必须守在各自的位置上，如果找不到自己的在处，就游荡在家里，变成专害人的鬼。❷

虎村人关于祖先灵魂的具体形式与其他地区彝族有所不同，但都相信人有多重灵魂。2005 年 2 月 15 日，在虎村邦郎总管 LRZH 就曾经对笔者说："你相信不相信鬼？有的人不相信。我认为没有鬼就没有人，鬼是人，活的人叫人，死了的人叫鬼，怎么会没有鬼？鬼是看不见的，他是魂。鬼有三个魂：一个魂在扬州，一个在坟墓，还有一个在祖宗神台。为什么三月三拿鸡去祭祖，去

169

❶ 李亦园. 祖灵的庇荫//李亦园自选集. 上海：上海教育出版社，2002：49.
❷ 参阅 刘晓燕. 彝族灵魂观透视. 楚雄师范学院学报，2005（2）；巴莫阿依. 彝族祖灵信仰研究. 成都：四川民族出版社，1994.

放炮，就是去敬死人的魂。人死后请腊摩来念经送去扬州。扬州在哪里呢？在云南方向的沙漠地带，要经过鬼门关，有铁门锁住。不管人在哪里死都是送到扬州。扬州地方好风光，没有人住，是专门管鬼的地方。"邦郎总管的这段话不仅讲出了虎村人的祖先灵魂不灭的观念，还告诉了我们关于虎村人的灵魂的所在之处及其空间概念。

虎村人认为，与寨神庙护佑全寨不同，神台上的祖宗只是保佑本家人的。逢年过节、家里有小孩出生、结婚、做寿、做麻公、做巡题等喜事都要念经先敬祖。除夕要在神台上摆糯米粽粑、油炸糯米粑、猪肉、酒祭祖。近年有的还像当地壮族、汉族那样买来甘蔗、柚子、苹果这些虎村并不出产的东西来祭祖。正月要出门去做工、下种子、远行，必须请懂得念经的人来念经给祖宗听，"解忌"后才能进行，否则做事就不顺利。一般是初三、初四念，如果初四出门打工，初三就要念了。有的等远方的客人来就迟一些念。如 2006 年正月初八，笔者在虎村遇到邦郎总管大姐家正在请 LTZH 来念经"解忌"。她对笔者说："我们家是最迟的了。"因为现在春节许多村民都不再休息那么长时间，一般春节休息一两天，到亲戚朋友家拜年就开始干活了。念经解忌后，祭祖的食品才能食用。

虎村人认为，神台是祖宗灵魂的所在地之一，是家里不能冒犯的神圣之地和祭祖之地。有事不念经给祖宗听，不给祖宗上香，打神台等都被认为是冒犯祖神的行为。冒犯祖神后果是十分严重的，轻者家人会生病、损失财产，重者就性命不保。所以，虎村的禁忌中的"七犯八不犯"[1]之中，不能犯祖神位列首位。如果犯祖神，要请腊摩来劏一只鸡敬祖。祖安人旺，祖不安小孩就病多[2]。就必须在神台上再放一个香炉表示敬花王，才能保佑孩子健康成长。家中老人去世就必须立即用纸盖住神台的香炉，等送丧后才能揭开。若父母都已经亡故，就要把神台上的旧香炉打到干栏底下，更换新的香炉，虎村人认为"孙子不能带公婆的香炉"，否则该去外面的魂不肯离家对在世的人不好[3]。

---

[1] 七犯八不犯：一不犯祖神，二不犯台堂，三不犯香火，四不犯灶王，中央不犯神，七犯八不犯（意思是七八都犯不得，虎村人忌逢七葬父逢八葬母）。
[2] 2005 年 8 月 21 日笔者与邦郎总管 LRZH 的访谈资料。
[3] 2004 年 7 月 16 日笔者与 1934 年出生的 LGF 的访谈资料。

虎村人一般实行一次葬，除非万不得已，否则不轻易迁坟。他们认为，坟地是逝去祖先灵魂的另一个所在地，如果逝去的亲人下葬后几年内家中平安无事就说明坟地好，去世的亲人在那里待得舒服。如果下葬后，家里人经常梦见他（她），家中又发生灾难，就说明已经去世的亲人的坟地风水不好，待在那里不舒服，需要请师傅择吉日选吉穴捡骨进行二次葬。捡骨的时候，必须在坟墓上搭棚遮住，不能让祖先的魂见天，才能破棺捡骨。而且，捡骨者不能是家人和本宗族的人，必须由女婿来捡骨。但是，虎村人认为，如果破坟捡骨时遇到里面有蛇，或者一对斑鸠飞出，就必须停止掘墓，否则就会致使家庭衰败。如果掘墓时遇到棺木未朽，也不能够强硬拔开，否则致使棺木突然塌下，就会导致全家人遇难。

虎村人不仅重视坟地的选择，也非常重视上坟祭祖。虎村人选择上坟的时间为农历的三月三而不是清明节，这一点又与当地壮族相同，说明虎村习俗可能受到了当地壮族、汉族的影响。虎村的老人去世后，要吹五笙、打铜鼓把死者的魂送到扬州和墓地。送葬时，必须一直往前走不能回头，直到送到墓地为止。正常死亡者的手要用白布包，而因事故的"凶"死（非正常死亡）者则要用红布包，以压邪气。有凶死者的家庭在丧葬后的第三天还要请祭司来念经并用三根芭芒"扫屋"，驱除邪气。

虎村人要在三月三上坟祭祖，也是基于他们的鬼魂观念。邦郎总管 LRZH 就对笔者说，春天山花烂漫，桃红柳绿，这个季节鬼就从坟墓里出来看花，所以古人把上坟祭祖的时间定在三月三。三月三这天，家家户户都杀鸡、做五色糯米饭、花菜，并带着猪肉、猪头、酒、花圈，全家老少到坟场祭祖。到坟场时，首先要把坟地周围的杂草铲干净，把带去的祭品摆在坟前给祖神享用。虎村人认为，鬼比活人大，包括在家过节的时候，煮熟的饭菜要先给鬼吃后，活人才能吃。摆祭后，对坟墓猜码，喊几声"六位高升""四季发财""十家满堂"等祈求吉庆的话。接着，家长带领全家老少起立对坟墓的东、南、西、北四个方向拜山，每个方向鞠躬三次，再跪在坟前拜三次才起立，然后放一串鞭炮就收

171

拾祭品回家❶。到坟地祭祖实际上体现了虎村人对鬼的敬畏。

总之，对各种神灵的敬畏是虎村人的一种重要文化观念，这种观念在传统节日活动中得到充分的表达。

第三节　祈福避祸的心理

不管哪一个族群，趋利避害、祈福避祸、匡正驱邪，对平安、富足、健康、快乐、幸福的祈求、期望和追求都是相同的。这是人类的共同的价值取向。

一、灾害、疾病一度威胁着虎村人

由于所处的自然环境比较恶劣，加上一直处于弱势地位，长期以来虎村人的生活比较贫困，自然灾害、疾病严重威胁着虎村人的生存。

干旱、虫灾和野兽的破坏是制约虎村粮食生产的主要因素。1925 年出生的腊摩 2005 年 8 月 22 日对笔者说："甲子年天旱，乙丑年饥荒，一块光洋只能买 2 斤鸭脚粟。"❷据调查，1952 年的旱灾使 75%的旱地无法下种，虫灾、兽灾则年年有，有的年份还是非常严重的❸。面对这些自然灾害，村民并没有太好的解决办法，所以在准备栽种时的跳弓节中求雨，在节日活动中祈求神灵赐给能够抵御各种病害的"良种"，在禾苗栽种完毕后的五月十六禁忌娱乐，处处小心翼翼，就是唯恐触怒神灵，影响粮食的收成。

172　　过去患痢疾、伤寒、肚子痛、头痛、腰痛等疾病也严重威胁虎村人的生存。清末光绪年间虎村曾连续三年发生流行性痢疾，全寨大大小小死去 180 多人，当时全寨 80 多户，全家死光的就有 20 多户。到民国时期，每年因为痢疾死去的人仍然有 6~9 人。❹

幼小的婴儿更是难以抵御疾病的威胁，因此过去虎村的孩子的夭折率很

---

❶ 2006 年 11 月 25 日，笔者与邦郎总管 LRZH 的访谈资料。

❷ 据笔者推测，腊摩出生以来，只有 1984 年为甲子年，而 1984 年已经不使用光洋，因此可能是腊摩听老人说 1924 年这个甲子年的事。

❸ 袁少芬，钟桂明. 那坡县者祥和达腊屯彝族社会历史调查//广西壮族自治区编辑组. 广西彝族仡佬族水族社会历史调查. 南宁：广西民族出版社，1987：96.

❹ 梁浩，等. 那坡县那坡人民公社隆平大队彝族社会历史调查//广西壮族自治区编辑组. 广西彝族仡佬族水族社会历史调查. 南宁：广西民族出版社，1987：113.

高，老一辈的生育状况基本上都是高出生率和高死亡率，差不多每个家庭都有孩子夭折。如 2004 年 7 月 16 日笔者与 1934 年出生的 LGF 聊天，他告诉笔者他们夫妇共生育 9 个孩子，其中有 3 个夭折，有 1 个是刚刚生下来就不行了，有 2 个是生下来两三个月后去世。2006 年 5 月 6 日笔者采访 1927 年出生的一位老阿婆 KXY，她说她一共生了 6 个小孩，但是只成活了 2 个。因为生活困难，吃不饱，照顾不周，生病夭折了 3 男 1 女。3 个男孩夭折的年龄分别是 5 岁、4 岁、3 岁，那个女孩 3 个多月就夭折了。

2005 年 2 月 15 日，在笔者与虎村七师和邦郎的座谈会上，1925 年出生的标芒也说："国民党时候因为霍乱病死去 100 多人，以前虎村人多，差不多 90 户，那时人比现在还多。"正是由于不时发生灾难性的流行性疾病，虎村人口锐减，开山建村四大姓氏之一的科姓，现在只有一户人家了，原来四个姓氏都有跳弓场，后来只剩下一个了。

虎村人关于他们的祖先由先住在感驮岩（图 3-7）后搬到山上住的传说，也反映了他们趋利避害的一种心理和选择。为什么白彝迁到感驮岩这个平坝地区后又要迁到山坡上？一些虎村人认为，是由于后来的壮族、汉族人民把原先居住的彝族赶走的。而笔者在虎村调查却听到另外一种说法。下面是 2006 年跳弓节期间笔者与虎村小学的 FWH 老师[1]的一段对话。

罗：有的人说你们祖先住在感驮岩是壮族和汉族来了，把你们赶走的？

F 老师：没有这回事。我们的祖宗现在还埋在感驮岩那里，就在那坡县委第一任书记丘柳松[2]的墓附近，彝语叫做"莽么忒"[3]。当然，那时候我们民族的人也比较少，主要还是我们祖宗是"土佬"[4]，不懂得科学知识，他们住在那里本来很富裕。有一天，感驮岩有一棵金竹[5]要断了，一些人的谣言认为金

---

❶ FWH 老师：男，55 岁，虎村彝族，小学教师，被当地人公认为虎村现今最好的铜鼓手。

❷ 丘柳松（1922—1951），广西陆川人，1943 年参加革命，1949 年下半年任中共镇边县（今那坡县）县委书记，1951 年病逝。

❸ "莽"是地名，"么忒"就是指神台上的祖宗灵位。

❹ 土佬：当地人对愚蠢者的污称。

❺ 金竹：也称为假毛竹，广泛分布于中国南方地区。竹竿通直，分枝较高，竹材坚韧，节间匀称，纹理细密，篾性好，是劈篾编织、建筑、家具等的优良材用竹种。张新明，杨光玉. 假毛竹引种栽培技术研究. 经济林研究，2000（4）.

竹要断是灾难降临的征兆。于是，大家害怕，就迁到连盂（地名）。在那里，发现月亮在鱼塘里的影子是晃动的，就有人呼喊道"月亮掉下来了！"于是就跑到现在这个山顶上面来。当时山上到处是一人抱不过的大树和茂密的竹林，蟒蛇、野猫很多，花脸老虎也经常光顾。但是，要想迁徙也没有地方了，于是他们就请懂得打"五海"❶的瑶族来把蟒蛇赶走，才在这里落地生根定居下来。现在我们在这个地方地势太高了，所以缺水。

（1）

（2）

图3-7　感驮岩

一些人从族群关系的角度去解释虎村彝族从平坝地区迁居山区的原因，这有一定道理。但是，笔者以为F老师的解释更加具有可信性。因为从桂西特别是百色盆地和感驮岩的考古资料来看，壮族是桂西地区最早的土著民族，壮族先民很早就居住在感驮岩一带，应当比即使是宋代白彝就迁居今那坡县的彝族要早得多。从地名的名称来看，也说明是壮族先于彝族居住于感驮岩。因为感驮岩是典型的壮语地名，而不是彝语地名。"感"在壮语里是"岩洞"的意思。壮语称"×岩洞"，都是叫"感×"。况且，壮族是一个十分具有包容性的民族，因此，广西现在的12个世居民族中除壮侗语族的民族为土著外，其余的都是从

---

❶ 五海：村寨中有不幸的事发生，彝族人就怀疑是某人施了妖法或放鬼或拿了魂造成的，被怀疑的人就被称为"五海"，类似哈尼族的"养魔"、傣族的"琵琶鬼"等。对于"五海"，要请宗教祭司举行仪式，或驱除出村，或捆绑打死。参阅　方慧. 少数民族地区习俗与法律调适. 北京：中国社会科学出版社，2006：410-411.

其他地方迁入广西的，我们不排除历史上壮族曾经与从其他地方迁入广西的民族发生过一些摩擦甚至冲突，但和睦相处、友好往来和团结互助一直是历史上广西民族关系的主流。今天，广西仍然是多民族地区民族团结的一个典范❶。当然，仅凭民间传说不足以证明虎村人确切的迁徙路线。但是，笔者以为目前在没有发现更为有力的证据，表明虎村彝族是被壮族和汉族赶到山上的之前，根据现有的材料分析 F 老师的说法比较可信，即并不是壮族和汉族把白彝赶到山上的。虎村白彝从感驮岩迁徙到巴当山上的主要原因还在于他们的信仰。

说虎村人在那坡境内的迁徙主要原因是出于信仰，在理论上也是说得过去的。趋利避害，祈求平安、吉祥兴旺是人类的共同愿望。为了实现这个愿望，各族群都非常重视居住地的选择，甚至形成了比较系统的理论方法。汉族的堪舆学说就是典型的代表。白彝虽然没有像汉族那样具有系统性的选择居住地的理论和方法，但是他们直到今天还非常重视宅地的选择。

过去，在自然条件比较恶劣的环境中，生产力和科学文化素质低下，缺医少药，自然灾害给虎村人留下太多的难以抹去的伤痛，使虎村人的生存受到严重的威胁，他们深感获得平安的不易。在虎村，社会地位最高、专门作为人与神沟通的使者的腊摩，其妻子已经因为白内障无钱治疗而双目失明多年，其儿媳妇据说也因为精神病发作离家出走数年而不知下落，以致腊摩家成为全寨最贫困的家庭之一。2006 年 11 月笔者第七次去虎村调查的前几天，虎村一位 30 多岁的妇女被进家的毒蛇咬而险些丧命，幸好他家人及时将她送到县城的医院抢救才保住了性命。但是，对虎村人构成最大的威胁依然是各种疾病。中华人民共和国建立以来，经过政府和各方面力量的帮助，虎村人政治地位大大提高了，有人当选为自治区、乡镇的人大代表，不少人还在一些党政部门担任了领导职务，村民的生活水平也有了很大的提高。但是，前已述及大部分人仅仅是解决了温饱问题，用水问题还没有根本解决，村民缺乏最基本的社会保障，加上受学校教育程度低，也使大部分村民无法养成良好的卫生习惯和缺乏必要的

175

---

❶ 参阅 罗树杰，徐杰舜. 磐石：广西民族团结研究报告. 广西民族学院学报（哲学社会科学版），2000（1）；徐杰舜，罗树杰. 广西多民族格局发展轨迹述论. 广西民族研究，1997（4）.

预防疾病的知识，贫困和疾病仍然成为困扰村民最大的问题。

虎村地处亚热带、山高雾浓，有利于细菌的繁殖外，不良的卫生状况更易于使人受疾病的侵害。虽然目前除虎村的卫生条件有了很大的改变，也建立了卫生室，有一位靖西县卫生学校中专毕业的村医，但是，虎村卫生状况包括卫生意识、卫生条件、卫生习惯等方面与疾病控制的要求存在较大的差距。

首先，从居住的条件来看，虎村居住的干栏房卫生条件比较差。以前虎村人住的干栏房适应山区地势，依山势而建，第一层关牲畜，以木板为隔，人居中间，第三层放粮食。这种结构虽具有防潮功能，但卫生条件极差，牲畜和人的粪便也没有经过无害化处理，蚊子、苍蝇和跳蚤特别多。有些家庭楼底比较潮湿，人居于牲畜的上面可以闻到比较浓的牲畜粪便的味道。跟随笔者去调查的广西艺术研究院的小韦因为细皮嫩肉，特别招东家跳蚤的喜欢，被跳蚤咬得全身都是痛又痒的疱，吓得她晚上坐到凌晨不敢上床睡觉。经过到县城找医生拿防治的药物，才解决了问题。后来她再去虎村的时候，就在村里认了一个盖了砖混结构房子的中年妇女做"干妈"，换了居住地。好在笔者已过不惑之年，皮肤粗糙，连蚊子都不爱叮咬，细小的跳蚤更不爱理会，否则真不敢想象田野调查如何能够顺利进行。正因为传统的房子条件比较差，从虎村出去在县城工作的许多人回老家都不愿意住，即使半夜也不顾山高路陡连夜开摩托车返回县城。笔者多次跟他们开玩笑说："我在你们老家比你们住的时间还长。"县、乡镇的干部下乡更是从来不在村子里住。他们对笔者能够在村子里住这么长时间感到不可思议。笔者就对他们说："这么多人祖祖辈辈都住得下，我们住几天怎么就住不下。"他们不得不点头称是，同时也表示住在村子里已经不习惯了。

近年来，虎村的一些村民新盖的房子已经实行人畜分开，并且截至2006年年底已有30多户修建了沼气池，使人畜粪便得到了无害化处理，居住的卫生状况因此有了很大改变。但虎村绝大部分人仍然住在人在上、牲畜在楼板底下的干栏式房屋。而且，干栏式房子密封性很差（图3-8），虽然夏天很凉快，但冬天则是四处透风，保暖性差，年老体弱者很容易生病。

图3-8　早晨万丈的太阳光芒照进干栏房（笔者在虎村东家的房子）

其次，缺水，导致卫生条件差。虎村的水源不仅水量小，而且水比较浑浊。没有足够的水来洗澡和换洗衣服，即使偶尔洗澡和换洗衣服，也无法像水源充足的地方那样充分地洗。有些家庭根本就没有洗澡房，需要洗澡的时候就用盆打些水到房间里擦一擦。笔者2004—2006年在调查期间，没有在虎村洗过澡，通常一个星期下山一次到县城找招待所，主要目的就是洗澡和换洗衣服。由于缺水，餐桌、餐具也无法按照卫生标准彻底洗干净，有时吃了饭后没有水，就把碗筷丢在一边等有水再洗。有些家庭的餐桌污垢经过长期的日积月累，已经很厚，有的根本看不到原来的木纹和油漆的底色，桌面的裂缝也已经塞满了污垢。

在虎村调查期间，先后几次有一些城里的朋友因为"艳羡"民俗学学者能够经常到少数民族地区"旅游"，于是笔者就邀请他们一同去"旅游"。虽然事先笔者已经大致描述虎村的情况，但他们还是以为是开玩笑，执意要跟去"体验民族风情"，笔者当然也乐得有人做伴。他们带着美好的想象到了虎村，有两次还分别是有车的朋友用私家车花了7个小时兴致勃勃地从南宁市驱车400多千米到虎村。结果到了村子里，当笔者带他们在村子转了一圈后，邀请他们在虎村住下，他们已经毫无兴趣继续"旅游"，虽然是人困马乏，当天就驱车往回南宁的路上赶。有一位做记者的朋友强忍着在虎村住了一个星期，当时不

177

敢表现出难受的表情，但后来她对笔者说作为走南闯北、见多识广的一名记者，虎村艰苦的条件还是出乎其意料，也由衷地感叹民俗学者的工作比他们记者还深入和艰苦。后来，笔者再邀请这些朋友去虎村的时候，他们都连忙委婉谢绝。

再次，由于缺乏科学的卫生知识，形成了一些不符合健康要求的生活习惯。如喝生水，虎村一般家庭没有烧开水的习惯，他们也很少喝水，笔者与他们访谈都是以酒代茶。实在渴了就喝生水，笔者多次看到邦郎总管直接用水瓢从水缸里舀生水喝。吃饭时直接把筷子放在并不干净的桌面上，七师更是直接把筵席上的肉菜直接夹到桌面上，筵席结束后打包回家。有些家庭的餐桌虽然垫了一些纸或者塑料布，但却是不符合食品卫生要求的猪饲料包装。研究表明，在猪饲料中添加高剂量的硫酸铜或锌，可以提高猪的饲料利用率，促进猪的生长发育，但高剂量的铜会使猪肌肉和肝脏的铜蓄积明显上升，从而使其食用价值下降，甚至对人体产生毒害作用（特别是体弱多病者），直接以这种饲料的包装来垫食品有可能对人体健康造成慢性毒害❶。这些知识是绝大部分虎村人目前所不知的。虎村人一年四季食用最多的肉类就是用烟熏的猪肉。过去他们养猪为过年，春节前"杀年猪"并不出售，用盐和酒腌后全部挂在火灶上，任由做饭和烤火时产生烟火熏燎（图 3-9）。劳动互相帮工归来或有亲戚朋友来到，就割一些来作为招待客人的下酒菜。春节前制作的熏肉一般都保留到来年的农历四五月才吃完，据说最长的可以保留到第二年再杀年猪时。

这种习俗的形成，与过去交通不便、商品经济不发达而且没有冷藏的保鲜技术与条件有直接关系，今天虎村虽然早就通了公路，但若要上街买菜乘摩托车来回至少还需要 6 元交通费和约 2 个小时，而冰箱作为最普遍的家庭冷藏设备还没有走进虎村村民的家庭，因而至今烟熏肉依然是虎村人最主要的肉类消费品。现代医学研究表明，熏制食品含有大量多环芳香烃致癌物，常食易患食道癌和胃癌。而且，开饭的时候狗、猫，甚至猪、鸡都来到桌边，等待分享一些残羹剩饭，虽然体现了一种人与畜禽和谐共处的氛围，但从卫生学的角度而

---

❶ 李鹏，齐广海. 饲料添加剂的使用安全研究进展. 饲料工业，2006（18）.

言是不合适的。

图3-9　挂在火塘上的烟熏肉

此外，打酒下钱、换碗喝酒、用自己的筷子给人夹肉，从人文的角度而言体现了一种热情与关爱，但从预防医学的角度而言却增加了传播疾病的可能性。但是，这种习俗因为具有一种文化意义，所以要改变并不是短期所能够完成的。2003年非典型性肺炎大爆发，当时不少人也不敢去参与聚餐，并曾经引起许多中国人对传统的聚餐形式进行反思，更符合卫生要求的自助餐一度流行，大有取代中国传统聚餐形式的趋势，但是那场灾难结束后同桌共食的习惯还是重新流行。传统习俗的改变，仅仅靠普及科学知识还难以完全改变。要提高虎村人的健康水平，普及科学知识，提高卫生意识和改善卫生条件还需要各方面的关心和村民的努力。

二、对平安、富足和健康的期盼

面对灾害、疾病的严重威胁，在无助的情况下，虎村人只好通过在传统节日时举行各种仪式，求助于神灵，祈求神灵的保佑。在2005年2月15日笔者

179

与虎村七师和邦郎的座谈会上，标芒 LTF 就说："天上没有辰星就不成天，地上不搞这种传统彝族就不能够发展。"而邦郎总管 LRZH 则说："天上天王大，地上龙王大。天上是天王管，但是我们庄稼人是依靠老传统来教育我们的后代，一代传一代。有老才有少，无老不成少，有古有今，无古不成今。没有老传统我们怎样懂得打铜鼓？连我都不懂打，所以这种老传统是十分重要的。"因此，祭祀神灵就成为虎村传统节日活动的重要内容，祭祀的主要目的之一就是祈求神灵保佑，表达他们对平安、富足、健康、快乐、幸福的祈求和愿望。

（一）祈求平安

平安是发展的基础，平安是人们最基本的期盼。虎村节日的各种祭祀活动首先就是祈求平安，前已述及，新祭司上任歃血宣誓首先就是要永远忠于寨神，忠于本家的神灵，一心一意念经颂词，保护本寨的老老少少、男男女女永远平安健康。笔者在虎村各种节日里采访不同的人群，询问他们为什么要搞传统节日活动，得到最多的回答就是"保平安"。如 2006 年正月初十，笔者就问虎村七婆这方面的问题，下面是笔者与七婆的对话。

罗：过节时候你们妇女辛苦啊，你们又不得喝酒，有没有意见？

七婆：不辛苦，没有什么意见的。

罗：你们不做传统得不得❶？

七婆：老人古代造出来，不做也不得，到我们这一代我们也要做。

罗：你们认为做这个传统有什么好处没有？

七婆：有好处呀。可以保平安呀，如果不做灾难多。

2006 年二月补拜年时，笔者碰到杀狗去给自己孩子的舅舅拜年的 LTZH，当时他正带领一家人在自己孩子的舅舅家的神台前听萨喃念经。他说："念经的意思主要给祖宗保佑平安。"

2006 年 11 月 25 日一位中年妇女 KXX 也在笔者与虎村村民代表的座谈会上说，节日念经，可以保平安，保佑五谷丰登、六畜兴旺。

因此，不难看出虎村人对搞节日活动能够保平安至今仍然充满信心。

❶ 得不得：广西方言，行不行的意思。

（二）祈求粮食丰收

"民以食为天"，粮食是农耕族群生存和发展最基本的物质基础，同时也是良好伦理形成的基础，所谓"仓廪实而知礼节"。第一章已经交代，虎村的生产条件比较差，加上耕作技术比较落后，农作物产量很低，粮食不能自给，祈求风调雨顺从而获得粮食的丰收尤其重要。所以，在 2006 年 11 月 25 日笔者与虎村村民代表的座谈会上，邦郎总管 LRZH 就说："为什么要搞传统？不搞传统天就不下雨，禾苗就会死，我们倮族就会饿死，所以要求天求地救禾苗，包括邻近的村庄都求我们做传统。他们讲，你们虎村做传统天就会下雨，所以，我们去讨钱他们也给。"而且，过去虎村人相信，如果谁家不参加集体活动，谁家的粮食就不丰收。于是，听到邦郎总管一喊话，大家就都穿新衣服出来了。

（三）期盼获得更多的财富

追求财富一般有两个目的，一是为了生存，这是世界上绝大多数人的目的，也是人类最初的目的；二是精神需求，让追求者有机会展示自己的能力并创造更大的财富而给他带来精神上的享受，这一般来说是对世界上少数超级富豪而言的。因为对于富可敌国的超级富豪来说，财富只是数字，追求财富的过程变成了一种精神享受，再多的钱已经对他们个人的物质需求失去了意义。当今世界首富美国的比尔·盖茨就曾说过："你活着的每一天，都应该努力地去追求财富。只要你制造的财富是正大光明的，你会得到所有人的尊敬与赞扬。"❶
但是，对于多数刚刚解决温饱的虎村人而言，他们需要获取更多的财富来改变他们的生存状况。然而，他们获取巨大财富的可能性微乎其微，甚至在目前只能是一种良好的愿望，但却是他们努力的动力，并相信通过举行传统节日活动，能够尽可能地实现他们的愿望。因此，在 2006 年 11 月 25 日笔者与虎村村民代表座谈时，七师之一的 FWD 就说："每一年新上任的麻公管我们的钱财、油盐，保村民外出打工、外出当干部的没有什么卡壳❷，保全村人畜平安。"邦

181

---

❶ 周凯. 2006，那些纷纷落马的中国富豪. 中国青年报，2006-12-19.

❷ 卡壳：不顺利的意思。

郎总管 LRZH 则补充说："还有保快当❶发财。"

正是虎村有这样的信仰，传统节日的传承就有了思想基础。因此，正如张志刚在总结马林诺夫斯基关于原始宗教的作用时所说："原始宗教信仰是适应个体的或社会的某些基本的需要而形成的，其主要功能在于，对人类情感里、精神上、人格中的积极因素予以传统化、标准化、神圣化，从而使个体心理得到满足，又使社会生活得以巩固。"❷

当然，自从 20 世纪 50 年代开始，经过 50 多年的社会发展和"无神论"教育，虎村传统节日的信仰基础有所松动，传统节日的神圣性、神秘性开始受到质疑。但是，总体而言，虎村对传统节日的信仰基础还没有被破坏。虎村人的生存状态使他们还无法摆脱对这种"唯心"力量的依赖。"信仰的根据尽管可能是虚构的，但是信仰本身却会有实在的和有价值的效果"❸，因为它"使个人适合社会环境，引导人们的内心求得安宁，与他人和谐相处"❹。过去那些企图要用行政手段强行消灭民间信仰的人，在于他们根本不了解民众的生存处境与无奈，如果他们深入民众生活，特别是与民众生活在一起一段时间，也许他们就会真切地体会到民众为什么需要"唯心的""虚构的"信仰。

第四节　知恩图报和自觉承担义务的伦理观

社会性是人类区别于动物的又一个显著的标志。卡尔·马克思说过："人是最名副其实的社会动物，不仅是合群的动物，而且是只有在社会中才能独立的动物。"❺也就是说，人类只有以群体形式才能存在，没有社会就没有个人，个人是社会的产物，社会是个人存在和发展的基础。

既然作为个人离不开社会，个人的行为就必须符合所在社会的道德规

❶ 快当：方言，尽快的意思。
❷ 张志刚. 宗教学是什么？ 北京：北京大学出版社，2002：34.
❸ [英]雷蒙德·弗思. 人文类型. 费孝通，译. 北京：华夏出版社，2002：123.
❹ [英]雷蒙德·弗思. 人文类型. 费孝通，译. 北京：华夏出版社，2002：132.
❺ 马克思. 政治经济学批判·导言（附录）//马克思恩格斯全集（第12卷）. 北京：人民出版社，1965：734.

则。社会的道德观是人类社会生活中所特有的以善恶进行评价的原则规范、心理意识和行为活动的总和。个人道德观念的形成是一个社会化的过程。社会化过程使个体在与社会的互动过程中，逐渐养成独特的个性和人格，从生物人转变为社会人。社会化不是一蹴而就的，它是一个贯穿人生始终的过程。一个人的社会化过程就是在各种场合中通过社会文化的内化和角色的学习把族群社会规范变成个体的行为规范，使社会文化得以积累和传承，社会结构得以维持和发展，人的个性得以健全和完善❶。也就是费孝通先生 20 世纪 40 年代所说的："人生下来并不是一个完全适合于集体生活的动物，所以我们的集体生活不能完全由本能来完成，而求之于习惯。社会习惯的养成是抚育作用的主要事务。"❷传统节日活动是一个族群的文化的集中展现，也使一个族群的伦理道德观得到了表达，通过参与节日活动一方面使族群的全体成员不断社会化，另一方面也促进族群传统节日文化的传承和发展。

虎村传统节日活动表达出来的伦理道德观突出地体现在以下诸方面。

一、感恩观念

所谓感恩，就是对给我们的生存和发展给予帮助的人或事物身怀感谢，铭记恩情，并加以回报的一种思想行为❸。感恩，是人类最基本的本性之一。即使为了开拓殖民地而在全世界范围内血腥地屠杀土著的西方殖民者，最初也是有一点感恩之心的❹。在汉族人社会里，感恩更是备受推崇的一种处世哲学，一种传统美德，也是一种最起码的品德。如果一个人连这点都不懂得将会被嗤之

183

---

❶ 参阅 郑杭生. 社会学概论新修（第 3 版）. 北京：中国人民大学出版社，2003：82-85.

❷ 费孝通. 乡土中国 生育制度. 北京：北京大学出版社，1998：82-85.

❸ 辛世俊. 我们为什么要感恩——哲学层面的思考. 信阳师范学院学报（哲学社会科学版），2006（6）.

❹ 1620 年，英国一批主张改革的清教徒，在波涛汹涌的大海中漂泊了 65 天在北美洲美国东海岸罗得岛州的普罗维斯敦港登陆时，时值寒冬，当他们在缺衣少食、面临死亡威胁的时候，友善的当地印第安人面对这群黄头发、蓝眼睛、高鼻子的不速之客，不但没有将他们置之死地，还为他们送去了食物、生活用品和生产工具，帮助他们在印第安人的地盘上建立了新家园。这些英国人在安顿好新家以后，他们将猎获的火鸡制成美味佳肴，盛情款待印第安人，并与他们进行三天联欢，以感谢在危难之时帮助、支援过他们的印第安人，同时也感谢上帝对他们的"恩赐"。于是，有了美国的"感恩节"（Thanks Giving Day）。

以鼻，所谓"知恩不报非君子"。因此，"饮水思源"的古训变得家喻户晓，"滴水之恩，当以涌泉相报"则妇孺皆知，而"谁言寸草心，报得三春晖"更是千古绝唱。这种观念至今还深深地影响着中国人。君不见，每当人们在工作和学习中取得一点进步和成绩的时候，首先要感谢领导的关怀和正确指导、老师的精心指导、家人的理解与支持、同事和朋友的协助，否则就可能会被认为是不谙事理。学会感恩的人，常被赞誉为"赠人玫瑰，手有余香"，这样的人更具有人格魅力，而使他的人际关系更加和谐，工作更加顺利。

感恩同样是虎村人最基本的处世原则之一。笔者与虎村人打交道三年以来对这一点深有体会。笔者领导的课题组利用香港 PCD 的资金，按照虎村人的愿望为他们的传统传承做了一些有益的工作，全寨男女老少无不对我们表示感激，每逢外人到虎村必然提起。

作为虎村传统节日的主题，节日的每一天、每一项民俗活动，无不体现出虎村人对自然、对神灵、对祖宗、对承办者的感恩理念。每次传统节日的活动实际上都包含着虎村人感觉到对他们有帮助力量的一次集中答谢。

首先，对金竹的感激。金竹挽救了包括虎村人在内的白彝先人，因而他们崇拜金竹，更感激金竹。每当举行传统节日活动，必然要杀鸡宰猪祭祀金竹，还要向金竹丛撒大米和花菜。

其次，对祖先的感谢。祖先给了后辈生命，一代又一代的先人披荆斩棘、前赴后继，为后人创造了越来越好的生产条件和精神财富，包括白彝在内的许多族群都认为祖先的神灵还保佑着自己的子子孙孙平安幸福。每当举行传统节日活动，不仅要摆上丰盛的祭品在家念经祭祀家祖，还要到寨神庙前念经祭祀全寨的祖先。每年农历三月三宗族家长率领着儿孙们到祖先的墓地虔诚地祭拜，感谢祖先的恩泽。"不搞跳弓节就对不起以前的祖祖辈辈"❶，虎村人一句平淡而朴实的话却包含着虎村人真挚而虔诚的对祖先知恩图报之心。正因为祖德不能忘记，祖恩不能不报，出嫁的女儿因为不能在家尽赡养父母的义务，因此每当节日和娘家人承担麻公、巡题、祭司和进新居的时候，必定要用豆芽、

184

---

❶ 2006 年 11 月 25 日，笔者与虎村代表座谈时七师之一的 FWD 的发言。

粉丝、蛋片、虾米精心做成花菜回娘家敬祖，体现自己对祖宗的感激和虔诚之心（见图3-10）。为什么要做花菜、杀狗回娘家祭祖？据说，其来历是这样的：

传说过去有两兄妹，已经出嫁的妹妹责怪父母分家时偏袒哥哥，不分牛马给她。妹妹嘴巴厉害，经常骂哥哥，哥哥不服气，认为男人大过女人，妹妹整天回来吵，十分心烦和恼火，闹得好像不共戴天的仇人。哥哥甚至诅咒妹妹生病死去。不久，妹妹果然病重，到处求医都没有好转。于是，就去找巫婆卜算。巫婆告诉她说："你得罪了你哥哥，你嘴巴多❶老是骂你哥哥，现在他诅咒你，使你的魂落到了阴宫，你只有老老实实回去求你的哥哥。"她就问巫婆怎样去求她哥哥。巫婆说，让她自己去问她哥哥。她第一次去找哥哥时，哥哥不理睬她，说各走各的路，还认什么亲？于是她就回去求巫婆，巫婆还是要她老老实实求哥哥。她不得已又再次去找哥哥。她对哥哥说："打虎不如亲兄弟，上阵不如父子兵，我作为妹妹不懂传统习惯，不通情达理，得罪了你，使我生病，到处求医都未有好转，请哥哥原谅，救我一命。"于是哥哥就说："你骂我这个哥哥，得罪我们的祖宗，犯了天地，你回去与妹夫一起，去打鱼捞虾，拿一碗花菜和一斤酒来敬我们的祖宗，拿鞭炮来给我拜年，敬我们的祖宗，我就打银链、银手镯给你，保你福，保佑你的命。"妹妹照办，重病果然很快痊愈。从此以后凡是兄弟起新房，出嫁的姐妹必须割狗、拿花菜和写红对联去祝贺。出嫁姐妹进新房，兄弟就必须抬猪去贺，打银手镯和银链给姐妹，以补偿当年分家时姐妹少得的部分。做花菜为什么要用虾米？因为虾米脚多，这样才能够分给历代祖宗，如果杀鸡只有2条腿2个翅膀，就不够分配给历代祖宗❷。

按照现代国家法律和男女平等理念，这个传说反映男女在一定程度上不平等的观念，更重要的是反映了虎村人尊祖、敬祖和不能忘记祖恩、绝不能犯祖神的心理。因此，"我们一代传一代，年年搞传统（节日活动），钱少传统（节日活动）做不好，也要纪念祖先。钱少就做简单一些，有大钱就搞隆重一点"❸。

---

❶ 嘴巴多：广西方言，指爱唠叨、喜欢背后议论。
❷ 2005年2月15日，笔者与虎村代表座谈时邦郎总管LRZH的发言。
❸ 2006年11月25日，笔者与虎村代表座谈时邦郎总管LRZH的发言。

（1）　　　　　　　　　　　　（2）

图3-10　花菜

再次，对承办节日活动者的感谢。一个不会白彝语言的人到虎村，白彝话"摆把啦"（意思是"感谢啦"）一词很容易就学会，因为它出现的概率很高。每逢筵席，当众客入席后，必须有一个感谢主人的仪式才能开始吃东西，即全体入席人员起立，由在场客人中的德高望重者致词，感谢主家的盛情款待，感谢主家的父母，感谢在厨房里为客人下厨的所有人。在传统节日的筵席上则先由腊摩或者萨喃代表众人致感谢词，然后再由邦郎致词感谢，有如官方仪式中领导轮流讲话、致词。每个人讲话后面都会连续讲几个"摆把啦"。因为每次筵席都首先要行一套礼节，因而虎村人经常开玩笑地跟笔者说"我们傈傈仔就是比较啰嗦"。谁在致谢以前动筷就会被视为不懂礼节。第二章中提到一位小青年在公义家吃饭时就是因为这个原因被邦郎总管训斥。笔者在 2004 年接触白彝之前，也曾经从南到北，从东到西，到过中国很多地方，参加过不少族群村落中的筵席，但在民间的筵席中如此正式的致谢仪式还从未见过。由此，可以说明虎村白彝传统中是充满感恩色彩的，而且这种感恩色彩已经被仪式化了。尽管虎村人的筵席在城里人看来算不了什么，但盛情款待之心与客人感激之情都是非常真诚的。当然，在酬谢自然、神灵、祖宗的同时，也在祈求这些力量保佑自己获得更大的平安。

二、责任观和义务观

人的社会性决定了人就必须要相互依靠才能生存，包括在空间上"此有故

彼有，此无故彼无"、时间上"此生故彼生，此灭故彼灭"的互为生存条件的
关系。人与人之间这种互动的相互依赖关系就形成了社会。因此，1846年卡尔·
马克思说："社会——不管其形式如何——究竟是什么呢？是人们交互作用的
产物。"❶在一个社会里，一个人在获得别人的付出作为自己的存在的条件时，也
必须付出来作为别人生存的条件，正如张海洋教授指出："对群体而言，时间
则是循环往复的：春去春又来，花落花会再开也是不可否认的现实。而且，正
因为个体会生老病死，所以群体要讲团结互惠。"❷因此，每个人都应该付出一
点爱，承担他应该承担的责任和义务，只有"人人都献出一点爱，世界才变成
美好的人间"，才能实现社会的稳定与和谐。

　　在虎村人的价值观中，当他们每个家庭、每个村民在享受别人承办节日给
全寨和自己带来平安和保佑的同时，他们认识到每个家庭和个人就要根据自己
在社会的角色和地位承担起对社会的相应责任与义务，使社会有序平稳地运
行。麻公、巡题、邦郎、央巴、五师、萨喃、腊摩分别要尽什么义务、承担什
么责任，在虎村人的脑子里是清晰的，而且人们在承担这种义务的时候心理上
是获得一种荣誉，因而是愉快的而不是痛苦的。这正是人的社会性的体现。如
果谁一旦把承担这种义务当作一种负担、一种痛苦的事情，甚至拒绝承担这种
义务，他就会招致谴责和社会的排斥、惩罚。前面提到标芒所说的在民国时期
可能被驱除出村就是极为严厉的一种惩罚。在21世纪的今天，习惯法对个体
的这种严厉惩罚已经不可能实施，尽义务承办节日活动更多的是一种道德的义
务而不是法律的义务，但它同样还深刻地影响着虎村人把尽这种义务当作自觉
的行动。因此，2005年农历十月初十，当笔者问当年的公义的妻子有没有人不
愿意做麻公的。她说："没有，个个都愿意做。"笔者再问她如果不做行不行时，她
说："个个都做，我们不做，对不起大家。"可见，"对得起大家"在虎村人的
心目中占有多么重要的位置。

　　虎村人还认为，如果村寨需要某个人承担责任和义务时，他不愿意承担，就

187

---

❶　马克思. 致巴·瓦·安年科夫//马克思恩格斯选集（第 4 卷）. 北京：人民出版
社，1972：320.

❷　张海洋. 构建和谐社会与重建有神的社区——简论社区心态史在民族/民俗志中的地位.
http://blog.sina. com.cn/u/48c6994f010008zi.

必然会遭到报应。

基于这种信仰，那些不愿意承担责任的人回到与大部分村民行动一致的轨道上来，维护了社会秩序和社会结构的稳定。

三、角色和关系的观念

"地位"与"角色"的区分及其相关的讨论是人类学家与社会学家所共同尊奉的经典理论❶。费孝通早在 20 世纪 40 年代就在《礼治社会》中指出，汉族人传统乡土社会秩序的维持主要不是依靠"法制"而是靠"礼治"来维持❷。从社会学的角度来理解，又可以认为是社会成员对所处社会关系和社会角色的认可，并对社会角色变化规则的赞同，否则社会就会发生动荡。虎村人的传统节日活动不仅充分体现了乡土社会中社会角色和社会关系的强化，而且还强化了人与自然、人与各种神灵的关系，从而维护着乡土社会的和谐。

首先，虎村传统节日活动强化了人对自然敬畏与依赖关系。在虎村传统节日活动中，举行"祭祀金竹""采良种""打猎祭祀山神"等严肃甚至盛大的集体活动，实际上寓含着这样的理念：大自然养育了人类，人类的生存和发展必须依赖自然，人类在向大自然索取的同时必须爱护大自然，敬畏大自然。这种观点在一些人看来是一种愚昧的、迷信的看法，他们认为，随着科学技术的迅速发展，人类自身能力和开发自然、征服自然的能力得到了前所未有的加强，人类无须敬畏大自然❸，甚至认为在 21 世纪还会出现"敬畏大自然"这样的荒诞口号，令人十分诧异❹，有的认为敬畏大自然就是反科学❺。而许多从事人文社会科学研究的学者和环保主义者对这种观点给予了反驳。他们认为人类还是对自然存在一些敬畏为好❻。笔者不支持停止进行科学探索和拒绝采用新科技，但

❶ 乔健，等. 乐户. 南昌：江西人民出版社，2002：342.

❷ 参阅 费孝通. 乡土中国 生育制度. 北京：北京大学出版社，1998：48-53.

❸ 何祚麻. 人类无须敬畏大自然. http://www.people.com.cn/GB/huanbao/35525/3110801.html.

❹ 赵南元. 点评两篇主张人类要敬畏大自然的文章. 中国数码视频在线：http://www.chinadv.com/tech/218137/.

❺ 方舟子. "敬畏大自然"就是反科学. 新京报，2005-1-13.

❻ 这类文章很多，如 杨斌. "无须敬畏大自然"是妄言. 新京报，2005-1-13；汪永晨. "敬畏大自然"不是反人类. 新京报，2005-1-14.

是在目前科学远远尚未穷尽一切自然规律，正是许多科技的发展给人类带来更多的享受的同时也使得人类生存的环境日益恶化，况且目前人类对于许多威胁人类生存的自然灾害仍然束手无策之时，人类应该对自然存在一些敬畏之心，不能打着"科学"的旗号对大自然为所欲为，否则就会遭到大自然的报复。

其次，虎村传统节日活动强化了人对神灵的敬畏。祭祀各种神灵是虎村传统节日活动的重要内容，从而也使神灵在村民脑海中的印象得到了强化。

再次，强化了每个人的社会角色。虎村通过各种传统节日活动，全寨人积极投入，从腊摩到麻公，从七婆到麻公妈，按照社会角色的希望和要求各尽其责：如祭祀中谁请师、谁念经、谁陪坐、谁准备祭品、祭祀后祭品由谁分配、分配的方法如何；节日中资金与物品由谁去筹集、谁出多少、筹集到资金与物品由谁保管；舅舅、宗族、姑爷分别送什么礼；谁承办筵席、筵席上谁坐什么位置、谁致谢、谁领唱酒歌、谁可以打包、谁先离席；谁负责击鼓、谁负责吹笙、谁参与跳舞等，这些都要求长幼有序，各就各位，互相配合，强化了个体对整个聚落社会结构和社会角色的认识，进一步明确个人在社会关系中的位置而不至于出现角色错位，使整个山村呈现出一派和谐的景象。传统节日活动在这里充分体现了万建中教授所说的民俗在悄悄维系着社会的和谐，成为建构和谐社会的"集体无意识"的力量[1]。

此外，强化了社会关系。人的社会性决定了人离不开各种社会关系，然而社会关系是需要维护的，否则即使父子、兄弟也会疏远，"远亲不如近邻"就是这个道理。关系的维护在乡土社会中不一定需要馈赠贵重、精美的礼品，而往往只是一些很普通的生活用品。阎云翔就列举了在山东农村互赠自己蒸的馒头作为新年的礼物[2]，在壮族地区也有类似的风俗，桂北地区互赠用糯米饭冲成的白糍粑，桂西地区的壮族则把自己包煮的糯米粽子作为新年礼物送给自己的亲戚，笔者在南宁每年都因此获得一大堆亲戚送的糯米粽子。这些在现代都市人看来很不起眼的礼物，恰恰是乡土社会中人们维护关系、促进日常生活运

---

[1] 万建中. 民俗文化与和谐社会. 新视野，2005（5）.
[2] 阎云翔. 礼物的流动. 李放春，刘瑜，译. 上海：上海人民出版社，2000：2.

转的重要润滑剂。在虎村的传统节日活动中，贺礼秉着"少是人情，多是脸面"的原则，也不一定要送贵重的礼物，一把粉丝、一背篓自己种的青菜、一碗自己腌制的酸萝卜或者 2 角人民币，都可以成为正式的贺礼被列入接受礼物者的礼单之中而作为今后还礼的依据。所以，礼物的分量并不是最重要的，重要的在于传统节日活动及其礼尚往来，给人们与远方的亲人、久不往来的朋友提供了相聚沟通的机会。只要看到长辈们安康，晚辈健康成长，大家在一起喝几口酒，相互点一支烟，说说话，叙叙情，了解彼此的情况，无论快乐或是伤悲，都可以相互分享或分担。至少可以让彼此知道，大家是互相挂念的，在驱散长时间的孤单的同时，彼此之间的关系得到了重新的确认和强化，使社会形成了一种人文关怀的氛围、互惠的机制，也促进了社会的和谐。

本章小结

传统节日作为一个族群在长期的社会活动过程中为适应生活、生产的各种需要的欲求而创造出来并不断修增和传承下来的文化，它与一个族群的文化观念特别是宗教观念、伦理道德观念关系密切，甚至可以说传统节日是为了表达这种文化观念而产生并得以延续的。

虎村传统节日表现了虎村人对本民族的英雄人物、本村的开山建寨英雄和家族祖先的崇敬和缅怀之情，补年节、跳弓节就直接起源于他们对先人的崇敬和缅怀。在比较恶劣的环境中，面对天灾人祸和疾病的威胁，虎村传统节日活动同样表达了人们对祖神、寨神、山神、金竹魂等超自然力量的敬畏和祈求福祉的强烈愿望，通过节日的祭祀与祈求活动，祈求吉祥、富足、健康、幸福与快乐，也体现了虎村人重感情、知恩图报的伦理观。正是有了这种思想基础，虎村的传统节日活动才有了"人神俱悦"的热烈气氛和代代相传的思想基础。正如德国哲学家约瑟夫·皮珀（Josef Pieper）所说："任何的节庆活动唯有和宗教崇拜行为攀上密切关系，我们才能在其中真正感受到一种真实的热烈节庆气氛。"❶他还指出："从来没有一个庆典活动的生命不是系之于崇拜行为的，即

---

❶ [德]约瑟夫·皮珀. 闲暇：文化的基础. 刘森尧，译. 北京：新星出版社，2005：64.

使这种关系性在人类的意识中是多么的微末。"❶皮珀的观点可能有些绝对化，但崇拜的力量对于节日庆典的作用是不可否认的。对此，李亦园认为："原来属于社会生活的范畴，却有赖信仰的观点去解释。"❷因此，民间文化普遍具有狂欢性。钟敬文先生就曾经指出："狂欢是人类生活中具有一定世界性的特殊的文化现象。从历史上看，不同民族、不同国家都存在着不同形式的狂欢活动。"在中国，"那种与世界性的狂欢活动相似的精神内涵，在中国的民俗中是同样存在的。"❸在汉族社会里，庙会则被认为"极富狂欢精神"，但就"其最初的功能而言，主要是用于娱神，然后逐渐增加了娱人的和经济的功能"❹。随着社会的发展，越来越多的歌舞的最初功能娱神性被日益淡化甚至被彻底忘却，娱人性日渐增强。于是，"许多由娱神而来的祭祀、拜神等活动也披上了一层浓厚的娱乐色彩"❺，节日逐渐演变成为人们调剂生活、丰富生活的手段。而且，节日的饮食也成为"民间狂欢最基本的形式"❻。节日活动既实现人神沟通、取悦神灵以祈福禳灾的目的，又达到了消除疲劳、舒畅精神、人际沟通、宣泄情感与调节身心的功效。

传统节日，对虎村人来说不单纯是一个日期概念，它们更多地表达了一种文化、一种精神，传统"节日成了一种生命的形式，节日成了一个热爱生命的瞬间"❼，也是虎村"村落自我的标志"❽的一种表达，传统节日给虎村人带来的是精神的寄托，身心的愉悦，他们期待着通过举办传统节日活动能够使他们的生活更加顺意、富足，促进了社会的和谐。

191

---

❶ [德]约瑟夫·皮珀. 闲暇：文化的基础. 刘森尧，译. 北京：新星出版社，2005：64.

❷ 李亦园. 信仰与文化//宗教与神话. 桂林，广西师范大学出版社，2004：21.

❸ 钟敬文. 文学狂欢化思想与狂欢. 光明日报，1999-1-28.

❹ 赵世瑜. 中国传统庙会中的狂欢精神. 中国社会科学，1996（1）.

❺ 吴宗友，曹荣. 论节日的文化功. 云南民族大学学报（哲学社会科学版），2004（6）.

❻ 万建中. 狂欢：节日饮食与节日信仰. 新视野，2006（5）.

❼ 常天. 节日文化. 北京：中国经济出版社，1995：151.

❽ 刘铁梁. 村落庙会的传统及其调整//郭于华. 仪式与社会变迁. 北京：社会科学文献出版社，2000：305.

第四章 运作机制：
虎村传统节日生命力的保障

所谓节日运作，就是指节日的决策、主持、组织、承办、经费筹措等保证节日活动正常开展的方式。千百年来形成的制度化的传统节日运作机制保证了传统节日活动能够周而复始地举行，呈现出旺盛的生命力。同时，虎村传统节日运作机制也从另外一个视角反映出其社会结构、社会网络、价值观和伦理观。

第一节 决策和主持机制

前已述及，虎村传统节日的重要特点就是以组织集体活动为主，而不同于汉族节日主要以各家各户的活动为主。因此，虎村节日的决策和主持在整个节日中占有十分重要的地位。

一、决策：七师

决策就是一种根据情况做出的决断。科学的、合乎事物发展规律的决策，能够指导人们正确地行动，并可获得良好的预期成果，促使事情的良性发展；没有科学根据的错误决策，不利于事情的良性发展，甚至导致错误的行动。因此，决策是人类智慧的综合运用，在现代的国家管理、企业管理和公共事务等方面发挥的重要性尤为突出，它已经成为衡量各级领导、管理人员的组织领导水平和工作能力的一个重要标志。在虎村这个乡土社会中，节日活动的决策决定节日活动是否要举行以及举行的时间、规模、承办者、筹款方式等，虽然不会导致社会的动荡、经济的衰退等严重的后果，但却会影响到村民关系的和谐和村民精神状态的安宁。

（一）七师的组成

七师，是虎村的长老组织，由腊摩、萨喃两位祭司和寨子中五位年纪最长且妻子健在的男子组成，彝语称为"雷筹"，他们的妻子则叫"雷蒙"。七师，也称为"七老"，他们的妻子也称为"七婆"。五位非祭司为年纪最长且妻子健在的男子，也称为"五师"或"五老"，彝语叫做"造巴"。

除腊摩和萨喃两位祭司要经过专门的仪式才能上任外，五师的上任不需要举行另外的仪式。根据笔者的访谈和观察，在虎村只要具备以下条件就有资格成为五师的候选人。

第一，年纪大。

除腊摩和萨喃外，五师中如果有一人去世或者退出，七师之外的夫妇双全的最大一位男子自然成为七师成员。按年纪大小顺序成为七师成员，进入决策层，体现了虎村人注重老人的经验积累，把老人的经验视为寨子的宝贵财富，同时也反映了白彝尊敬和服从老人的文化心态。

第二，做过巡题。

巡题是在做过麻公的男子中，按年龄排队作为巡题的候选人，每年大约安排 2~3 人作为候选人。虎村人认为，做巡题是一个男子一生中的大事，标志着一个男子一生已经"功德圆满"。因此，虎村人常说："不管你发多大的财，当多大的官，一辈子也只能做一次巡题。"所以，除非没有妻子和家庭经济条件差实在是无法承担外，一般都会乐意接受。2004 年的巡题是一名退休干部，据他儿子对笔者说，他本人不是特别乐意做，因为他怕麻烦，而寨子的人都希望他做，所以他准备占卜巡题时躲去嫁到外县的女儿家。但是，腊摩占卜还是选中他，当邦郎把铜鼓抬到他家，并送来约半斤从众人家收集来的猪肉，恭喜说他运气好，占卜当选巡题时，他的家人还是接收了。2005 年的巡题 HYJ、2006年的巡题 LGZH、2007 年的巡题都是主动要求做的❶，当然，腊摩占卜的时候

---

❶ 2005 年和 2006 年正月初八的占卜仪式笔者都参与观察，2007 年正月初八经过占卜当选的巡题是原来的邦郎总管 LRZH，笔者没有参与观察这次占卜，但是 2006 年 11 月笔者在虎

也都一如其愿。按年纪大小排队，2007 年和 2008 年应该是轮到邦郎总管 LRZH 和复员军人 HYF 做巡题，他们俩都表示积极准备，一旦占卜当选，就十分乐意接受。而且他们两个都对笔者说，到他们做巡题的时候要邀请笔者去庆贺。

第三，夫妻双全。

虎村人认为，只有夫妻双全人类才能发展，才能实现人生的美满幸福。所以，不管是做麻公、央巴，还是做巡题、腊摩和萨喃，都要求必须是妻子健在的男子才有资格担任，没有结婚和已婚男子已经与妻子离婚的或妻子死亡的，均不能够担任上述职务。邦郎总管 LRZH 对笔者说："我们傈族过去受苦受难，多次面临生死存亡的关头，所以必须要两公婆来发展人口。"已经上任做了腊摩、萨喃和进入了五师的，如果丧偶或离异都要自动退出来。但是，如果一年之内能够再娶妻子的，则可以保留资格。不过，在虎村担任腊摩、萨喃和五师的，都是 60 岁以上的老人，如 2006 年时腊摩已经 82 岁，萨喃 70 岁，五师中最长的 82 岁，最小的 60 岁。一旦与妻子离婚，或妻子亡故，很少再婚，况且一年内再婚的可能性更是微乎其微。笔者曾问因为妻子病故而退出五师的 HYH："如果你不退出来行不行？"他回答说："如果不退出，别人会说你，而且别人都是成双成对坐在那里，你一个人坐在那里也不好意思。"

把夫妻双全作为基本要求，实际上体现了虎村人的幸福观和价值观。当然，这种幸福观和价值观绝不仅仅是虎村人所独有的，在许多民族中都有类似的观念——唯生的价值观，深藏着阴阳相和的内涵。在卫生和医疗条件很差的古代和边远地区，由于高生育率和高死亡率，生育不仅是男子传宗接代能力的证实，还是男人骄傲的依据。没有妻子或妻子去世被认为是不吉利的，是不能作为全寨公众人物（角色）出现的，否则会被认为给全寨带来晦气。

第四，家里有白事必须满一年以上。

白事，即丧事。尽管生老病死是正常现象，但实际上大多数族群当中，都

村调查的时候，LRZH 已经跟笔者打招呼说 2007 年按年龄排队应该到他做巡题，如果正月占卜能够当选，希望笔者农历二月十一（3 月 28 日）这一天参加他的宴请仪式。结果他顺利当选，并委托王光荣教授邀请笔者参加他的宴请，遗憾的是笔者正在北京撰写此文，无法前往，只好打电话向他表示歉意。

会把家里出现丧事当作不吉利的现象。出现丧事后，家庭成员一般都有一个禁忌期，在这个禁忌期内必须遵守一系列的禁忌，一方面表示失去亲人的悲痛，另一方面避免把"晦气"带给别人。尽管禁忌期的长短、禁忌的内容不尽相同，但都表示不能与正常人一样生活、娱乐。只有禁忌期满以后才能解除禁忌，恢复常态。虎村人认为，新上任腊摩、萨喃、巡题和麻公都是为众人做"喜事"的，所以禁忌期未满的家庭包括正月交酒、交肉、交钱是免除的，即使主动要求交，邦郎也是不会收的，害怕喜事被晦气冲了。

具备了进入五师的资格，一旦五师中有人亡故或者退出，具有资格的人就按照年龄排队依次进入五师，并不存在竞争，体现了虎村人的平等观和民俗的和谐性。腊摩和萨喃的产生则另外有一套严格的程序，将在后面另外详述。

（二）七师的职责

七师，虎村人说他们是古代僳族的将军。因此，我们推断他们可能是古代军事民主制的遗存（图 4-1）。在原始社会末期，随着生产力发展，为争夺财富和抵御外来侵略，出现了部落联盟。在许多族群，部落联盟的首领往往集军事、宗教和民政的最高指挥权于一体。部落联盟首领开始是民主推举但往往终身任职。当国家出现后，随着国家权力不断渗透到基层社会，部落联盟首领的议事会逐渐演变为一种民间基层的自我管理组织。其职能包括主持祭祀，维护传统道德和习俗，处理公共事务，调解内部纠纷，维持社会秩序，处理违反习惯法的案件，组织成员抵御外侮等，类似于 20 世纪 50 年代以前壮族的都老制，瑶族的石牌制、社老制、油锅制，苗、侗、水等民族的议榔制，基诺族的长老制，阿昌族的村社议事会，独龙族的氏族联盟制等。20 世纪 50 年代以后，随着基层政权、中国共产党的组织、中国共产主义青年团、妇女组织等各种组织的建立，民间自我管理组织的职能已经基本被取代，而且由于"文化大革命"期间民间基层的自我管理组织被视为"四旧"和"封建迷信"而遭到禁止。因此，七师组织和其他民间基层自我管理组织一样，功能进一步萎缩甚至完全被取代。20 世纪 80 年代，这些民间基层组织虽然得到了一定的恢复，但元气已经大伤，不可能再现昔日的辉煌，就虎村而言，传统的民间基层组织目前只剩下

负责组织一些传统节日活动的职能。而且，在组织开展活动的时候往往还请求
当地党政的基层组织❶的支持。笔者在虎村调查的近三年中，就多次听到邦郎
总管说，村党支书对传统节日活动支持不够，他认为党支书应该更加积极带头
和发动群众参加传统节日活动。笔者曾专门在与七师的座谈会上问七师除了督
促搞传统节日活动以外，对于各种纠纷是否也参与处理。他们答曰：各种纠纷
主要由村干部处理。邦郎总管 LRZH 还说："我们是管传统的，不管政治，偷
牛盗马那些违法乱纪是支书、治保主任管的。"

图4-1　祭山神仪式中的七师（左三为腊摩，左四为萨喃）

七师的主要职责是：

第一，讨论决定每年巡题、麻公的候选人，并主持于每年正月初八举行的
占卜仪式。在腊摩和萨喃缺位的时候还要讨论、决定候选人。

第二，主持各种仪式，这些仪式包括在每个节日的敬山神、在寨神庙前的
祭祀、在新任巡题和麻公家的祭祀仪式。

---

❶ 地方基层党组织的负责人虽然由党员选举产生，村民委员会主任也经过村民选举生
产，不过一般地方党委政府都会推荐候选人，他们当选后也由政府发给补助，所以在村民眼中
村支书和村主任都是地方党组织和政府的代言人。

第三，在巡题和麻公宴请全寨男子的时候，致感谢词、唱酒歌，在巡题家还要带头跳铜鼓舞。

第四，在萨喃缺位时，由五师轮流临时代替萨喃。20 世纪 90 年代末，虎村的萨喃 LRJ 去世后，直到 2005 年 11 月 YSHC 上任新的萨喃，这段时间都是由五师轮流代替萨喃，每人顶替一年。

第五，在一些仪式场合，承担一些勤杂工作。如祭山神时搭祭台，祭祀时摆祭品，祭祀后分祭品。

第六，五师中年纪最长者——标芒，在过节前夕负责召集其他四位来商量活动如何开展，并督促邦郎负责做好节日活动的准备工作。

第七，监督村民遵守有关禁忌。如 2005 年 2 月 17 日笔者和七师之一的 FWD 聊天，他就说，禁忌使用铜鼓、五笙期间，如果谁违规，七师要出面制止。如果不制止，七师会梦见祖宗责怪说村民为什么无组织、无纪律，乱打铜鼓、乱吹五笙。村里若遇上白事需要打铜鼓、吹五笙，也必须"挂红"。如果不经过挂红，万一出事，群众也会闹起来，责怪七师不管。

以上是笔者根据访谈和观察初步总结出来的几条七师共同的职责，除此以外，腊摩和萨喃还有更加具体而繁重的任务。本文后面还将详细叙述。

担任七师每年要花费大量的时间来决策村里传统事务的大事，主持各种仪式，每次活动短则一两个小时，长则七八个小时。尤其是在正月初八到初十举行仪式时，还是天气十分寒冷的季节，如果碰到寒流时更是又湿又冷，气温只有几度，一般年轻力壮的人也难以忍受。笔者 2006 年正月在虎村调查时就遇到这种天气，在室外做笔记手都冻得不听使唤，何况是古稀甚至耄耋的七师，其中的艰辛是可以想象得到的。主持这种活动基本属于义务的，得到的报酬十分少，除了在筵席上能够比较舒服地喝酒吃饭外，在寨神庙前吃得非常简单，完全是礼节性的。2006 年正月的时候，萨喃的一位女儿从外地回来参加节日活动，发现七师在阴雨朦胧、寒风刺骨的露天吃着冷菜喝着冷酒，就曾对邦郎表达了不满。七师除分到一些祭品，没有现金的报酬。他们分得的祭品少的约 2 两猪肉，多的约 1 斤猪肉，腊摩和萨喃每天多得 2 斤酒。若是杀鸡的，腊摩得鸡头和一个翅膀，重3~4两，萨喃则得另外一只翅膀，七师其他成员只得一小块鸡肉。如果是个别家庭请去驱邪的，一般也只是给1.2元"利市"。笔者在2年多的调查中没有见到袁少芬、钟桂明等所说的"多的可得十几斤肉"[1]的情况。因此，担任七师并不能带来明显的经济收入，主要是他们相信他们"命里带有"，如果不做对自己和全寨人不利，同时通过做腊摩和萨喃提升社会地位和社会声誉，获得一种心理的满足。

二、主持：腊摩和萨喃

（一）腊摩和萨喃的含义

白彝腊摩与四川、云南、贵州彝族地区的"毕摩""布摩""贝玛"等身份大致相同，性质一样[2]。但是，白彝"腊摩"的含义与川滇交界凉山地区的"毕摩"的含义却不完全相同。白彝"腊摩"是彝语的音译，"腊"的意思是"老虎"，"摩"指会做法事的老人，引申为老祖[3]。而凉山地区的"毕摩"，"毕"大致意思是"祭祀"[4]或者举行仪式活动时祝赞诵咒之义，"摩"意思是长老、老师[5]。王光荣认为，白彝称大祭司为腊摩是白彝虎图腾崇拜的产物。萨喃是彝语的音译，意思是"开腔人"，其角色是充当腊摩的副手[6]。

（二）腊摩和萨喃的职责

腊摩和萨喃是七师中的第一和第二号人物，不仅在决策中发挥重要作用，同时又是虎村的宗教祭司，负责活人与鬼神之间的沟通，祈求全寨的平安。关于腊摩的职责，王光荣在《通天人之际的彝巫"腊摩"》一书中作了比较详细的论述，笔者不打算在本文中重复论述。

199

---

[1] 袁少芬，钟桂明. 那坡县者祥和达腊屯彝族社会历史调查//广西壮族自治区编辑组. 广西彝族仡佬族水族社会历史调查. 南宁：广西民族出版社，1987：71.

[2] 王光荣. 通天人之际的彝巫"腊摩". 昆明：云南人民出版社，1994：2.

[3] 王光荣. 通天人之际的彝巫"腊摩". 昆明：云南人民出版社，1994：2.

[4] 刘尧汉，整理. 我在神鬼之间——一个彝族祭司的自述. 昆明：云南人民出版社，1990：31.

[5] 姊妹彝学研究小组. 彝族风俗志. 北京：中央民族学院出版社，1992：178.

[6] 王光荣. 通天人之际的彝巫"腊摩". 昆明：云南人民出版社，1994：6-9.

　　萨喃在各种公众的节日祭祀活动中，协助腊摩主持祭祀仪式，承担部分念经的任务，在公威、公义家喝众人酒的时候负责代表七师致感谢词，二月初十和十月初十喝"众人酒"前主持公义家的祭祖活动，村民也可以单独请他去家中主持一些家庭的祭祀活动，如结婚、起房、入宅、人生礼仪等仪式中的祭祀活动。

　　在各种传统节日活动中，虽然五师也参与主持，但基本是列席和陪同角色，真正在节日活动中唱主角的是腊摩和萨喃。他们不仅要承担各种念经诵词的艰巨任务，还要在喜庆的筵席中带头唱酒歌。腊摩和萨喃在虎村的日常生活尤其是精神生活中占据着核心和不可替代的位置。

　　（三）腊摩和萨喃的产生：从世袭到公推

　　世袭制是一种按照血缘传位的制度。在世袭制盛行的社会里，统治者的世袭比较容易直接制造政治腐败、社会不平等和社会阶层对立，从而严重威胁社会稳定，导致秩序的危机。因为世袭制会导致在体制外形成一个没有政治地位甚至也无经济地位但有能力的民间精英群体。这些人在体制内的途径不能如愿的情况下，必然会产生强烈的价值失落感和社会对立情绪，就会千方百计地寻求体制外的极端方式来解决他们的出路。因此，随着社会的发展，世袭制特别是政治的世袭制必然会被民主推举或选举制所取代，这是世界发展的趋势，有利于优秀人才的脱颖而出，推动社会的进步。作为民间社会组织的领头人，其世袭虽然一般不会产生社会秩序的危机，但是同样不利于民间精英的脱颖而出。随着国家权力结构的完善，民间组织的职能往往会大幅度缩减，民间组织领头人的权利越来越小，对头人的血缘亲属后辈的吸引力也自然减弱，世袭制有时往往就会因此而不得不改变。这可能是虎村的祭司承袭办法发生改变的主要原因。

　　彝族地区的毕摩一般是以世袭相续为主，也有拜师授业的[1]。拜师授业而能够成为毕摩，说明世袭制已经动摇。而在白彝地区，根据古经词念及的内容，我们可以得知古代腊摩是世袭的。在广西那坡县的几个白彝寨子包括虎村在内的腊摩最早是由科家担任，目前一些寨子的腊摩仍然由科家担任[2]。直到

200

---

[1]　姊妹彝学研究小组. 彝族风俗志. 北京：中央民族学院出版社，1992：179.
[2]　王光荣. 通天人之际的彝巫"腊摩". 昆明：云南人民出版社，1994：6.

现代，在者祥屯，腊摩只能由黄、苏二姓的人担任，腊摩黄忠华有谱可查的已经传了 16 代**❶**。但是，腊摩世袭制在虎村废除的时间应该是比较早的。现在虎村科家的人口很少，男主人科姓的只有 1 户。近 50 年来除一位科姓的担任过萨喃外，没有人担任过腊摩。虎村近几任腊摩都不是同一姓氏：现在可以追忆的腊摩有颜姓的，颜姓的去世后，梁姓的继任腊摩，1956 年梁姓的腊摩去世，接任的腊摩姓黎。1988 年姓黎的腊摩去世后，姓梁的接任腊摩至今。1988 年黎姓的腊摩去世，他的三个儿子没有一个懂得念经，也不愿意学习念经接替他们的父亲做腊摩，于是七师就推举现在的腊摩 LSH'AN 接替。现在的腊摩有两个儿子，也没有一个懂得念经，且都不愿意学习念经接替他们的父亲做腊摩。因此，将来必定会传位给其他人。由此可以断定虎村的腊摩不是世袭的。

虎村腊摩的世袭制虽然目前找不到确切的证据来证明是什么时候废除的，但可以肯定的是很早就废除了世袭制，改由七师提名。然而，七师在提名的时候仍然强调要看他家里是否有祖传，即看他的父辈或者祖辈是否有人做过祭司。为什么要首先找有祖传的人来做祭司的候选人？主要有以下几方面的原因：首先，虎村人认为祖上做过腊摩或者萨喃的人其"法力"可以遗传给下一代。笔者 2005 年 8 月 25 日就问过邦郎总管 LRZH："除腊摩、萨喃外，其他人是不是也可以赶鬼？"他回答说："祖上有人做腊摩、萨喃才行，没有祖传懂得念经的也赶不了鬼。比如，我爸爸是腊摩，他死了，我没有做腊摩、萨喃也可以赶鬼。如果没有祖传必须做仪式上任后才能够赶鬼。"这是信仰方面的原因。其次，如果家里老一辈是腊摩或萨喃，晚辈能够较其他人更经常看到各种仪式是如何做的，经词是如何念的，不懂的地方更加方便问个明白。家里有人做腊摩，后辈从小耳濡目染，只要他稍加留意，自然要比一般人更方便、更全面地掌握念经和主持仪式的程序。七师首先推荐有"祖传"的人来做腊摩也就不奇怪了。再次，虎村师傅传授技艺也有"留一手"的观念。在中国历史上，在许多行业里都存在"传内不传外、传男不传女"的"惯例"，如果师傅带的徒

201

---

❶ 袁少芬，钟桂明. 那坡县者祥屯和达腊屯彝族社会历史调查//广西壮族自治区编辑组. 广西彝族社会历史调查. 南宁：广西民族出版社，1987：70.

弟不是自己的儿子，一般都不把自己掌握的全部技能传徒弟，总要留一手"看家本领"，害怕徒弟超过师傅，致使徒弟抢了师傅的饭碗，所谓"徒弟学到手，师傅要讨口"。虎村的腊摩职位基本上属于终身制的（妻子先于腊摩本人去世而退出除外），基本不存在徒弟"抢师傅饭碗"的问题，但同样有"留一手"的观念，特别是驱邪、"赶鬼"、医术等方面技能。邦郎总管 LRZH 就对笔者说："万般留一线，师傅不会全部教你，如果全部教你，师傅就垮了，要留一手。赶鬼后怎样用张天师的符'封门'，LSH'AN 还做不得。他从我爸爸那里学习，也没有学得完全。"更重要的是，虎村人坚信，家有祖传的如果不学习，会有灾难。"如果你家有祖传，一定要学，否则以后对你不利，按照老人说可能会发神经等七七八八的。"❶

在古代，萨喃的产生与腊摩一样，也是世袭的，随着历史的发展同样被抛弃。前面已述及，虎村最早只有科、梁、黎、王四姓，后来因为迁徙和入赘，增加到现在的十个姓氏，但除了原来的四姓外，后来的颜姓人也能够担任腊摩和萨喃。在世袭制下，腊摩和萨喃分属于不同的宗族世系，他们分别在各自的宗族里选择和培养接班人。即使腊摩的继任者能力不如萨喃，萨喃也不能够成为腊摩。但随着世袭制的废除，萨喃往往是腊摩的接班人，除非萨喃的能力得不到众人的认可，或者自己念经和主持祭祀不娴熟而心虚不敢上任。目前虎村的腊摩是 1925 年出生的，身体虽然还比较硬朗，毕竟年事已高，听力已经不太灵敏，而且其妻已经因为白内障失明多年，腊摩的接班人也成为村民关心的话题。但是，目前没有一位村民认为现在的萨喃 YSHC 将来可以成为腊摩。因为大家认为 YSHC 的念经水平还不够格做腊摩，甚至在 2005 年 11 月他准备上任做萨喃时，人们就认为他的念经水平做萨喃都已经是十分勉强的。因此，大家都认为如果目前的腊摩去世，最佳的接班人就是寨子里念经最熟练的 LTZH。

（四）腊摩和萨喃的条件与习得

要想成为腊摩和萨喃，必须具备几个最基本的条件，这些条件必须经过长期的"修炼"积累才能具备。

---

❶ 2006 年 11 月 25 日，笔者与虎村村民代表座谈一位老者 LY 的发言。

首先，熟悉背诵所有经词、了解经词的含义并熟练地运用。白彝所有的仪式中都要念经诵词，有些仪式需要举行数日，需念的经词非常长，但是白彝的经词不像凉山彝族有彝文经书，只字没有，全部为口耳相传，需要超强的记忆力才能把所有的经词全部背诵下来。白彝经词中包含许多古地名、古词和典故，如果没有经过师傅的解释，即使是村中会讲彝语的一般老人也不能够完全听得懂。而且，祭司在不同的仪式场合需要使用不同的调子念经，有些仪式可能数年都不会举行一次，因而要熟练地掌握在各种仪式中什么时候念诵什么经词、以什么调子来念诵，需要长期的用心学习，如果只是短时间的突击学习是无法做到的。世袭制废除后，学习念经完全凭自己爱好。当一个人学习念经到一定的程度，就可以在自己家里祭祖、结婚、祝寿、入宅等仪式中念经，然后逐步在本宗族内帮助念经，成为初入神坛的"呗帕"（彝语，小巫师的意思）。但是，呗帕与腊摩、萨喃的最大区别就在于，呗帕不能主持公众的节日祭祀活动，特别是不能够到寨神庙念经。王光荣认为，呗帕要举行隆重的"立位仪式"❶。但是，笔者在虎村调查时，村民告诉笔者，宗族的呗帕也可以去"打山竹"举行上任仪式，但是一般都不举行。现在经常去给别人主持仪式的LTZH并没有举行过任何上任仪式。呗帕如果得到本家族的认可，名气越来越大，就会进入七师的视野，被列入腊摩或者萨喃的候选人。如2005年挑选萨喃候选人时，首先考虑的并不是后来上任的YSHC，而是其他几个念经更加熟练的村民。其中一位叫LTZH的，1955年出生，是腊摩的侄儿，目前是寨子里公认念经最好的一个，也经常被村民特别是同姓宗族人请去家里主持入宅仪式。2005年11月笔者在虎村调查时，就碰到一位梁姓的村民请他去主持入宅仪式。而另一位方姓的村民告诉笔者，他入住新楼房时也是请LTZH去念经的。这几个村民为什么会念经？他们都对笔者说是自己个人爱好，就去拜师学习，在各种仪式上腊摩念经时经常去听，用心记。2005年2月22日笔者曾经问上一任腊摩1952年出生的儿子和现任腊摩的一位1967年出生的儿子，他们认为会不会念经，能不能做腊摩和萨喃主要是看"命是不是带有"，也就是说，如果命里

203

---

❶ 王光荣. 通天人之际的彝巫"腊摩". 昆明：云南人民出版社，1994：10.

带有的才背得经词,才能够做得腊摩和萨喃,否则就无法记住那冗长的经词。他们两个虽然都是腊摩的后代,但因为"命里不带",所以都记不住经词。邦郎总管 LRZH 的父亲去世前就担任腊摩,2006 年 8 月 25 日,笔者再次问他什么样的人才能学习做腊摩或者萨喃时,他说:"这是各人命运、各人自愿的,谁愿意学就学,不愿意学习就算了。"虽然他们的解释是一种宿命论的观点,但是现代科学也承认人是有个体差异的。他还说,祖上没有人做过腊摩或者萨喃,也可以学念经,但是必须敬师,即去腊摩家的时候带 1 斤酒、1 碗花菜,空手去对腊摩不利。

其次,品德修行要好,热心为大众服务,得到大家的认可。除了懂得念经、熟悉各种仪式的举行办法外,还有一个重要的条件就是要求被推荐上任做腊摩或者萨喃者具有热心为大众服务的思想,有奉献精神,不计较个人得失。因为腊摩和萨喃每年节日和村民请去主持红白喜事的仪式,要花费大量的时间和精力,难以照顾家庭事务,而就像前面所说的主持这些仪式基本上属于义务的。因此,腊摩不仅是念经的权威,同时也是品行的楷模,在村民中享有很高的威望而颇受尊敬。

此外,一般都要在已经做过巡题之后才能够担任腊摩和萨喃。笔者曾经问邦郎总管,如果腊摩或者萨喃去世,是否可以选没有做过巡题的人继任。他说,最好是五师里面会念经的做,其次就是做过巡题的,最后才是没有做过巡题的。没有做过巡题的,因为他没有完成白彝男子应该完成人生历程的"阶梯",属于"破格提拔"。但是,破格提拔的情况一般不会出现,当事人也不敢轻易接受。2005 年按照邦郎和多数村民的意见,要"破格提拔"除腊摩以外念经最好的 LTZH,但他不愿意接受,他说他还年轻,还没有做过巡题。最后还有个别人以为他骄傲,其实他是不敢破"规矩"。最后由五师中的 YSHC 上任萨喃。由此也体现了民俗对虎村人的思想和行动的控制力,使人们不敢轻易违反传统。

(五)腊摩和萨喃的上任

七师提名的腊摩或萨喃的候选人,必须举行上任仪式,才能正式成为祭司。腊摩或萨喃上任既是个人的人生大事,也是全寨的大事,整个仪式隆重而复杂，历时 3 天，包括到云南境内的"神山"采祭司的"神签"、歃血誓衷、敬祖招魂等一系列程序。只有经过这样一个仪式，他才完成由只能在家族内部主持小仪式的巫师转变成能够为全寨主持仪式的祭司。所需费用对于刚刚解决温饱的虎村村民而言也不是一个小数，所以一般人是否敢上任还必须掂量家庭的经济状况。2005 年虎村萨喃的上任仪式，笔者就从 PCD 的项目经费里资助了 1100 元人民币。

据虎村的邦郎介绍，腊摩和萨喃上任仪式基本相同，如果由萨喃升为腊摩就不需要再举行仪式。腊摩上任仪式笔者没有参加过。2005 年 11 月 18 日到 20 日，笔者在虎村参加 YSHC 上任萨喃的仪式，记录了整个仪式的过程，详细情况见附录。祭司的上任仪式，充分地体现了白彝祭司作为人神的沟通者并不是随便可以获得的，充满着神秘的色彩。

承担活动的决策者和主持者往往是一个社会中地位最显赫的人，这似乎是人类社会的共性。虎村传统节日活动由祭司和五位长老决策，并由祭司主持，体现了祭司与长老在传统社会中的地位，也体现了节日活动的神秘性。

第二节　组织和承办机制

虎村的节日活动持续时间长，仪式活动多，需要相当数量的人、物、财，需要有一套相当得力的组织队伍和具有较好经济条件的承办者。这些都是每年众多节日活动能够顺利举行的基本保证。

一、组织安排：邦郎

（一）邦郎的性质与职责

"邦郎"是彝语的音译，也有的译作"八浪"，当地人也用汉语称为"郎头"。对于邦郎的性质，目前看法不完全相同。王光荣认为，邦郎是后勤总管❶。袁少芬和钟桂明认为是村寨里节日活动和民俗事务的具体组织者，其职能主要是在全寨过传统节日、祭祀以及各种重要活动、民俗事务中起组织、指挥作用，如

205

---

❶ 王光荣. 通天人之际的彝巫"腊摩". 昆明：云南人民出版社，1994：42.

筹备过节事宜，活动中安排、调度群众，维护会场秩序，管理钱款等[1]。根据笔者在虎村的访谈和调查，笔者以为袁少芬和钟桂明的说法更加准确，但是仍然不够全面。虎村邦郎总管 LRZH 多次对笔者说，邦郎不管党政，专管传统事务。邦郎实际上是七师的助手，他们按照七师的决议去筹备和组织传统节日活动，协助七师处理具体的民俗传统事务。按照现代时髦的说法，其实际上起到一个机构或组织的秘书处、办公室的作用。

虎村的邦郎一共有 4 人，其中有一个相当于组长的"邦郎总管"。根据调查，笔者把邦郎的职责大致归纳为以下几个方面：

第一，筹集过节的酒肉和经费。每年各个节日祭祀七师七婆都要到场，祭祀完毕都要备一些酒肉给他们食用，此外，每年正月初八到全寨各家各户收酒肉和钱，初十负责在寨神庙前收全寨的"众人粮"，二月十一邦郎要代表众人杀一只狗祝贺巡题，四月跳弓节数日邦郎也需要代表众人购买猪和鸡等祭品，这些开支都需要 4 位邦郎去筹集，或向全寨人每户收集，或到外村去争取捐助。如果筹集不到酒肉和经费，节日的公共活动就无法举行。

第二，保管公共财物。主要是保管公共的收益，包括从各家各户收集的现金、酒、肉，各方面给虎村节日的捐款捐物。收入和支出有记录，账目定期张榜公布，接受村民监督，以免被怀疑有贪污之嫌。

第三，落实每年的巡题和麻公的候选人。巡题和麻公虽然是按照年龄大小作为正月初八占卜的候选人，但除事先主动报名的外，邦郎必须主动去适龄人的家里，并与这些家庭的成员沟通交流，征求他们的意见，确定是否愿意作为新年的巡题和麻公的候选人。因为按照年龄排序应该把某一个人列为候选人，但是可能他的家庭由于准备盖新房，或娶媳妇，或送子女上学等原因，经济会比较紧张，需要暂缓列为候选人，这些就需要邦郎事先弄清，向七师报告，然后排除候选人之列，避免出现占卜中无法承担的尴尬局面。

第四，在公共祭祀活动时负责搞好后勤保卫工作。包括祭祀前打开寨神

---

❶ 袁少芬，钟桂明. 那坡县者祥和达腊屯彝族社会历史调查//广西壮族自治区编辑组. 广西彝族亿佬族水族社会历史调查. 南宁：广西民族出版社，1987：70-71.

庙，给寨神庙点香，参与请师；祭祀活动开始后杀鸡或杀猪、煮肉，使七师七
婆在祭祀结束后能够按时享用酒肉；正月初八从众人那里收集到酒肉后，给腊
摩、萨喃、巡题和麻公家每户送一些酒肉；正月初九麻公"打猎"回来，把"猎
物"宰杀后，切给每户一小块；正月初十收集众人粮后分给公威、公义；七月
十七牛王节如果杀牛要负责分配给各户等，各种具体琐碎的公共事务。此外，还
负责维护节日祭祀的现场秩序，确保祭祀活动有序进行。在 2005 年 11 月 11
日的访谈中，邦郎总管 LRZH 就对笔者说："邦郎相当于守卫传统的保安人员、
武警战士，在举行各种仪式的现场，邦郎要维护秩序，如果有吵闹、打架的，由
邦郎处理，如果情况严重的邦郎就马上打电话给公安局报警。有一年跳弓节的
时候真出现了打架，一个其他民族来参加活动的青年被打翻下坡，由警察及
时处理。"

第五，对外联络和接待。这是邦郎的新职责。随着虎村的知名度的提高，虎
村具有独特魅力的白彝文化吸引了越来越多的境内外专家、学者和游客。虽然
许多人到虎村是通过县里的旅游局、文体局等有关部门，到虎村后也找村里的
支部书记，但是，由于支部书记对传统不太熟悉，要组织村民开展表演活动还
需要邦郎来组织。在 2005 年 11 月 11 日的访谈中，邦郎总管对笔者说："我们
有郎头组织，上面有人来都是找我，村干部不管，他们也不懂。做传统节日的
喊话，不同于开会吹哨群众就来。"近年来，为了争取更多的赞助和扩大虎村
的影响，每年跳弓节前几个邦郎就商量并报告七师，到县城发请柬，并寄请柬
到百色、南宁等地邀请县、市和自治区有关部门的专家、领导到虎村参加跳
弓节。

以上是邦郎的大致职责。此外，还有一些是属于邦郎总管个人的职责：

第一，到跳弓场敲锣喊话，通知全寨人参加集体的节日活动。每次开展节
日集体活动，邦郎总管都要提前到跳弓场敲锣喊话（图 4-2），请全体村民做好
参加集体活动的准备。活动马上开始时，邦郎总管又再次敲锣喊话。邦郎总管
不喊话七师和众人都不出来。邦郎总管敲锣叫大家出来，众人才纷纷出来到活
动场地来。

207

图4-2　2006年正月初十邦郎总管在大雾中敲锣喊话

可见，邦郎总管的喊话对于全寨人来说具有权威性，因为他实际上是虎村传统节日活动指挥部的发言人和具体指挥者。比如，二月初十和十月初十两位麻公以及二月十一巡题请全寨男子到他们家里喝酒，虽然当天早上他们各自都会派宗族兄弟到全寨各家各户去通知，但依然需要邦郎总管的铜锣喊话才算正式通知。在2005年11月11日的访谈中，邦郎总管LRZH就对笔者说："我的任务是喊众客的。如果我不喊，只是（巡题或麻公的）亲戚去，众人不去。只有邦郎喊了，众人才去。"

第二，在跳弓场祭祀、跳舞时任司仪。虎村人每年在寨神庙祭祀，在跳弓场跳舞，程序复杂，仪式延续时间长，每次邦郎总管都敲锣做司仪，使活动有条不紊地进行。如果在祭祀中间的歇息等某些环节可以紧凑而不够紧凑的时候，邦郎就会敲锣催促，使活动一般都在天黑后1个小时左右结束。

第三，检查和督促节日活动的准备工作。每当举行大型的节日活动，如二月初十和十月初十麻公请全寨男子、二月十一巡题请全寨男子喝酒，事先邦郎总管都会到承办者的家里检查准备情况，给予适当的指导和建议，以保证节日活动的顺利进行。此外，跳弓节的准备工作、新的腊摩或萨喃上任的准备工作，邦郎总管都要检查具体的准备情况。

第四，在麻公家吃众人酒时负责讲告诫和劝和睦的话。

（二）邦郎的选拔

邦郎在白彝的不同寨子其地位和产生的办法有所不同。20 世纪 50 年代以前在云南省富宁县的龙洋寨邦郎是世袭的，但在那坡县的者祥、达腊等则是每年选举，由成年男子轮流担任❶。笔者在虎村调查时，老人们也说过去他们也是每年轮流做，但现在却基本上是连任的。2005 年 11 月 11 日邦郎总管 LRZH 就对笔者说：“郎头可以连续做，好比现在村干部一样，七师和群众信任你，就让你继续做。像我已经做了 10 多年的郎头了。”笔者前后在虎村调查三个年头，虎村的 4 个邦郎只有一人次的调整，即 2006 年 LJB 取代了 LYJ。其原因是 LYJ 刚刚建立新房，家庭负担比较重，而且做邦郎也不太熟练，所以由 LJB 替代。而 LJB 原来就做过邦郎，两年前因为要扶持孩子上学而外出打工，七师才推荐 LYJ 代替的 LJB。现在，LJB 打工回来了，七师还是决定由他继续担任邦郎。

担任邦郎必须具备几个条件：首先，必须是做过麻公的、妻子健在的男子；其次，熟悉传统节日、祭祀的内容、程序；再次，热心公益，为人正直，处事公道。因为邦郎的工作繁杂而琐碎，要占用大量的时间义务地为全寨人服务，又管钱管物，甚至会受到一些怀疑和埋怨，都必须沉得住气。因此，邦郎的素质要求还是比较高的，从理论上每位已婚男子都有机会做邦郎，但并不是所有的人都能够得到七师和群众的信任。随着时代的发展，虎村对外交流的增多，对邦郎的素质也提出了更高的要求。

209

虎村的邦郎有 4 人，为什么要 4 个邦郎？客观上讲，虎村传统事务繁杂，七师需要这么多助手去做具体的事务。同时，也与虎村人的信仰有关。邦郎总管 LRZH 就说：“因为天是东南西北，四个郎头每人管一方。”这实际上也是虎村人宇宙观的一种反映。

---

❶ 袁少芬，钟桂明. 那坡县者祥和达腊屯彝族社会历史调查//广西壮族自治区编辑组. 广西彝族仡佬族水族社会历史调查. 南宁：广西民族出版社，1987：71.

二、承办：巡题和麻公

虎村传统节日集体性的一个突出表现，就是一年有三天全寨男子在巡题和麻公家里集体狂饮，还有跳弓节两天在跳弓场的饮宴。除跳弓节外，正月、二月、十月节日的祭品和宴请全寨男子的费用都由巡题和麻公承担。其中，巡题承担二月十一，麻公承担二月初十和十月初十。此外，巡题还要负责当年铜鼓的保管，麻公则还要负责当年节日的领舞。

（一）巡题：铜鼓的"爸爸"

1. 铜鼓：彝族的圣物

铜鼓，白彝语叫做"巡"。白彝非常崇拜铜鼓，视铜鼓为圣物，认为铜鼓可以逢凶化吉，镇妖驱邪，守寨护家，保佑平安。所以，当年白彝先民因为混战"为了永生存，离开越析诏。只要铜鼓在，家产全可抛"❶。白彝过节欢庆的时候要敲击铜鼓跳舞，入新房要请亲戚朋友去连续跳铜鼓舞三天，亲人去世送丧也要敲击铜鼓。铜鼓除了实用功能外，还衍生出许多社会功能，特别是成为显示财富和社会地位的象征。在壮族先民那里，"有鼓者，号为都老，群情推服"❷，甚至"得鼓二三，便可僭号称王"❸。彝族先民也有类似情况，彝族先民各部落之间为了争夺铜鼓曾发生激烈的战争。《铜鼓王》中就说："有鼓便称诏。谁个铜鼓多，那就称大诏，谁个铜鼓少，只得称小诏。最强是大诏，最弱是小诏。那时雪山地，大小有六诏。大诏和小诏，争鼓闹风潮。因为争铜鼓，彝人恨摩消。年年起战火，彝家苦难熬。"❹因此，过去有钱人都想买铜鼓或请人铸造铜鼓。个人买不起铜鼓的，一个村寨或一个宗族也要想方设法集体购买。他们虔诚地对待铜鼓，不准坐在铜鼓上，搬运时要轻拿轻放，使用前要用米酒擦洗干净，演奏时要用柔软的鸡血藤做鼓槌以免伤害铜鼓。笔者在虎村调查就见

210

---

❶ 参阅 李贵恩，刘德荣，等收集整理. 铜鼓王：彝族英雄诗史. 黄汉国，等译. 昆明：云南人民出版社，1991：36.

❷ 隋书·志·地理下（第二十六）.

❸ 明史·列传·刘显列传（第二十四）.

❹ 参阅 李贵恩，刘德荣，等收集整理. 铜鼓王：彝族英雄诗史. 黄汉国，等译. 昆明：云南人民出版社，1991：23.

到不谙世事的孩童用力敲打铜鼓时遭到长老的呵斥。

据调查和老人回忆，1958年以前一个白彝寨往往有好几对铜鼓，一般一个姓就有一对，有的大姓甚至有多对。如达腊屯就有八对，光黎姓就有三对，者祥屯也有两对。后来铜鼓被当作"四旧"，被迫上交或拿去炼钢，现在彝寨所剩下的铜鼓已经很少了❶。当时虎村的铜鼓已经全部上交，1983年经过多方努力才买到了一个足部有多处残缺、鼓面中心已经有裂纹的母鼓。于今，每当演奏铜鼓，只能以半截铁皮油桶代替公鼓，或干脆只击打母铜鼓。如何找到一只公鼓来与这只母鼓配对，是虎村人的一个强烈愿望。20多年来，凡是县乡和外地的领导、专家学者到虎村，虎村人都会满怀希望地提出帮助寻找公鼓的要求。笔者在虎村调查期间也多次听到了他们表达这种愿望。但是，铜鼓铸造技术在19世纪就已经失传，加上近代中国社会的混战，幸存于世的铜鼓已经成了稀世珍宝，国家法律禁止其进入市场流通，看来虎村母鼓只好再继续"形单影只"了。

关于铜鼓的起源，目前学术界还没有形成共识，但比较一致的意见是起源于云南。楚雄、昌宁、弥度、曲靖、晋宁、江川、广南等滇池周围是古老铜鼓出土最集中的地区。春秋战国时期的濮人是最早铸造和使用铜鼓的族群，目前发现最早的铜鼓类型——万家坝型铜鼓的所在地就在楚雄的万家坝❷。虽然彝族的先民很早就在楚雄一带居住，今天楚雄一带仍然是彝族的聚居地，但学术界一般不认为彝族是创造铜鼓的族群❸，但从文献和民间传说来看，彝族铸造和使用铜鼓的历史也是非常悠久的。

211

云南省富宁县和广西那坡县白彝族群中流传的英雄诗史《铜鼓王》，就讲述了白彝的古代英雄波罗和他的妻子罗里芬铸造铜鼓的艰难历程：先用黄泥揉搓成软泥，做成铜鼓的模子，等晒干后将铜水灌入，冷却成鼓身……终于铸成

---

❶ 袁少芬，钟桂明. 那坡县者祥和达腊屯彝族社会历史调查//广西壮族自治区编辑组. 广西彝族仡佬族水族社会历史调查. 南宁：广西民族出版社，1987年。

❷ 参阅 蒋廷瑜. 古代铜鼓通论. 北京：紫禁城出版社，1999：35-37，179-180.

❸ 参阅 蒋廷瑜. 古代铜鼓通论. 北京：紫禁城出版社，1999：179；黄承宗. 谈谈凉山彝族与铜鼓. 贵州民族研究，1985（2）.

了铜鼓。但起初做成的铜鼓太厚重，不仅样子不好看，而且声音也不好听。经过多次改造，铸成了重量轻、声音悦耳的轻鼓，既可发出号令，还可以用来当锅煮出美味的食物。铜鼓的铸造技术很快传遍彝家的村村寨寨。人们处处唱歌、跳舞，人人歌颂铸造铜鼓的波罗和罗里芬，誉称他们夫妇为"铜鼓王"。后人在波罗和罗里芬铸造工艺的基础上，又进一步发展，铜鼓上有了各种纹饰，使铜鼓更加美观❶。

贵州毕节彝族洪水神话中也提到了铜鼓。据传，彝族始祖笃米（仲年由）与仙女结婚，生了儿子，便敲响铜鼓向天庭报喜。天兵问："你撞钟敲击铜鼓，有什么事？"笃米回道："我生了儿子，向举祖和天上报告。"❷

近现代使用铜鼓的彝族族群并不多，主要是滇桂交界地区的白彝和从中国迁入且与广西那坡毗邻的越南高平省及河江省的倮倮族❸。越南倮倮族与滇桂白彝所用的铜鼓的类型和使用方法是一样的。2005年8月24日，退休干部LYI就曾对笔者说，20世纪50年代的时候，虎村有2个人携带200多元钱想渡河到越南购买铜鼓，但过河的时候携款的一个人（LYJ的大哥）却溺水身亡。笔者在虎村也多次对村民说，现在已经没有铜鼓卖了，因为铜鼓已经很少，成了珍贵文物，根据国家法律规定也不能够随便买卖。虎村的一些老人就说越南那边可能有。笔者就告诉他们，这涉及国家之间的文物交易，问题就更加复杂了。

白彝使用的铜鼓都是麻江型的。这种类型的铜鼓的铸造时间，是从南宋到清朝道光年间。以虎村目前使用的这只铜鼓为例，其突出的特点是：相对其他类型的铜鼓体形小而扁矮；鼓面略小于鼓胸，鼓面沿微出于鼓颈外；鼓身胸、腰、足间的曲线柔和，无分界标志；腰的中部有一道凸起的棱将鼓身分为明显的上下两节；胸部有大跨度的扁耳两对，便于悬挂与吊起抬走（图4-3）；鼓面最明显的纹饰是中心12芒的太阳纹，主晕有两晕同心圆，一晕宽大的游旗纹，还

❶ 参阅 李贵恩，刘德荣，等收集整理. 铜鼓王：彝族英雄诗史. 黄汉国，等译. 昆明：云南人民出版社，1991：18-20.
❷ 毕节彝文翻译组. 洪水与笃米（1984年油印本）. 转引自 蒋廷瑜. 古代铜鼓通论. 北京：紫禁城出版社，1999：208-209.
❸ 范宏贵. 越南民族与民族问题. 南宁：广西民族出版社，1999：237.

有一些千足虫纹和短条的游旗纹、几何纹等（图 4-4）。

图4-3 虎村铜鼓的外形

213

图4-4 虎村铜鼓的鼓面纹饰

与白彝强调担任公众角色需要夫妻双全一样，铜鼓也是成双成对，一公一母。当然，把铜鼓分为雌雄，演奏时配合使用这种现象很早就出现，也非彝族所特有。早在明代邝露的《赤雅》中就有"东粤二鼓，高广倍之，雌雄互应"❶

---

❶ [明]邝露. 赤雅（蓝鸿恩考释）. 南宁：广西民族出版社，1995：54.

的记载。清代屈大均的《广东新语》也记载："粤之俗，凡遇嘉礼，必用铜鼓以节乐。击时，先雄后雌，宫呼商应，二响循环，音绝可听……雄声宏而亮，雌声清以长，一呼一应，和谐有情，余音含风，若龙吟而啸凤也。"❶民族学资料表明，近现代西南地区的壮族、瑶族、布依族、彝族、水族等都有将铜鼓分为雌雄和雌雄相配演奏的情况❷。

母鼓、公鼓彝语分别叫"巡马"和"巡刨"。《铜鼓王》上说：白彝铜鼓"公母两相配，亲热如恋人。公鼓鼓身小，敲起发清音，母鼓鼓身大，敲起发浊音。清浊相应和，听起更迷人。公鼓波罗铸，众人记得清，母鼓谁人铸？就是罗里芬。两个'铜鼓王'，都是彝家人，同铸夫妻鼓，从此出大名。"❸公鼓体型较小，声音高亢，音调比较尖细。母鼓体型比较大，声音比较浑厚洪亮。演奏铜鼓时，配对使用，即同时把公母一对铜鼓悬挂起来，鼓面相对，由一位铜鼓手击打。击打的方法是，铜鼓手左手执竹片敲击鼓边，右手执鼓槌敲击两面铜鼓鼓面的中心，敲击母鼓打节奏，敲击公鼓打花点，互相配合，击出不同的调子，其余的人随着铜鼓声的节奏跳舞。送葬时铜鼓随演奏调子笔者没有听过，笔者调查期间听到的调子都是在喜庆场合（包括进新居和各种节日）演奏的调子。经过跟随笔者一起去虎村调查的韦玺整理，虎村的铜鼓曲调有以下四种。

214

一步

2/4 中速

演奏：方卫红（彝族）
记谱：韦　玺（壮族）

字　谱	咚咚当	‖:打咚当	咚咚当	打咚当 :‖
母鼓心	○	‖: × ○	○	× ○ :‖
公鼓心	× ×	‖: ○ ×	× ×	○ × :‖
鼓　边	○××	‖:×××	○××	××× :‖

❶ [清]屈大均. 广东新语（卷十六）. 北京：中华书局，1985：438.

❷ 参阅 蒋廷瑜. 古代铜鼓通论. 北京：紫禁城出版社，1999：248-249.

❸ 李贵恩，刘德荣，等收集整理. 铜鼓王：彝族英雄诗史. 黄汉国，等译. 昆明：云南人民出版社，1991：23.

二步

3/4 中速

演奏：方卫红（彝族）
记谱：韦 玺（壮族）

字　谱　　咚咚当‖打咚当│打咚当‖

母鼓心│　○　　‖×○│×○‖

公鼓心│　××　‖○×│○×‖

鼓　边│○××‖×××│×××‖

三步

4/4 中速

演奏：方卫红（彝族）
记谱：韦 玺（壮族）

字　谱　　咚咚当‖打咚当│打咚当│打咚当‖

母鼓心│　○　　‖×○│×○│×○‖

公鼓心│　××　‖○×│○×│○×‖

鼓　边│○××‖×××│×××│×××‖

四步

5/4 中速

演奏：方卫红（彝族）
记谱：韦 玺（壮族）

字　谱　　咚咚当‖打咚当│打咚当│打咚当│打咚当‖

母鼓心│　○　　‖×○│×○│×○│×○‖

公鼓心│　××　‖○×│○×│○×│○×‖

鼓　边│○××‖×××│×××│×××│×××‖

215

2．巡题：铜鼓的呵护人

彝语把宗族或寨子铜鼓的管护者叫做"巡题"，邦郎总管 LRZH 说就是"铜鼓的爸爸"。把铜鼓管护者称为铜鼓的父亲，可见虎村人对铜鼓感情非同一般。白彝人用汉语称铜鼓的管护者时也叫"打铜鼓"，但实际上只是铜鼓的管护人而不是演奏铜鼓的乐手。但是，从历史发展来看，巡题很可能是古代战争中在军事首领身边运送和保管铜鼓、供首领敲击铜鼓指挥战争的重要人物。《铜鼓王》中就有描述白彝首领"都罗"敲击铜鼓指挥战争的场面："都罗微微笑……走到铜鼓边，用力擂战鼓，咚咚把令传。伏兵听鼓响，一齐冲下山……敌人遭伏击，死伤一大半。"❶因此，巡题至今在白彝社会中也是地位比较高的人。前已述及，做巡题是每一位成年男子人生历程中的一个重要环节，只有做了巡题才可以成为五师的候选人，如果懂得念经还可能成为萨喃和腊摩的候选人，进入传统社会中的最高阶层。

自从正月初八那天被占卜为巡题，邦郎把铜鼓抬到家里来开始，管护公众的铜鼓就成了这一年巡题一家人的光荣任务。巡题管护铜鼓主要要做几项工作：

首先，看护好铜鼓不能丢失。铜鼓是全寨的宝贝和守护神，巡题不仅不能让铜鼓受到伤害，精心呵护，每次使用的时候都要喝一大口米酒喷到鼓面上保护铜鼓，更重要的是平时要把铜鼓放在家里最隐蔽的地方，防止被盗。过去，五月十六禁忌禾苗节当天在腊摩的主持下负责把铜鼓埋入地下，直到九月初一才挖出来使用。1958 年以后就没有再把铜鼓埋入地下了。禁忌禾苗节一方面是害怕娱乐惊动五谷神影响粮食收成，另一方面可能也与人们赋予铜鼓生命而让铜鼓休养生息有关。

其次，每当农历二月、四月、十月传统节日需要敲击铜鼓时，要派家人抬到跳弓场，活动结束后又抬回家收藏。

再次，负责借出铜鼓和收回铜鼓。寨子中谁家进新居需要跳房，或谁家老人去世需要送丧，都可以带 1 碗花菜和 1 斤酒到巡题家借铜鼓。在借铜鼓时，巡题要叮嘱来借的人使用铜鼓的注意事项。如果用后不及时归还者要催促。如果是禁忌期要借铜鼓送丧，必须告诉借鼓者严格按照解禁的程序办理。

此外，巡题还有一项重要的义务就是要在农历的二月十一这一天宴请全寨男子，而且所需费用完全由巡题家承担，不像麻公还有众人交给的"众人粮"和每户打来的一背篓柴火。笔者在虎村调查的这几年，每个当选的巡题宴请全寨男子都要杀一头 150 斤以上的肥猪、一只 30 斤左右的肥狗，耗费 100 斤以上

---

❶ 李贵恩，刘德荣，等收集整理. 铜鼓王：彝族英雄诗史. 黄汉国，等译. 昆明：云南人民出版社，1991：81.

的大米和 300 斤左右的酒，这还不包括亲戚朋友带来的酒肉。这对于生活还算不上富裕的虎村人来说，并不是一件很轻松的事。如果不是大量的青壮年外出打工，所需费用还会更多。但是，一般虎村人都会很乐意承担，因为虎村人认为做巡题是一个男子社会地位上升到一个新台阶的标志。当然，巡题包括麻公宴请全寨男子时都想尽可能把筵席办得丰盛些，但是，笔者在虎村看到各个巡题或麻公之间的筵席丰盛程度还是有区别的。然而，虎村的这种筵席并未规定要多少钱一桌，每一桌要多少荤菜、多少素菜。只要宴请了，人们不会去关注他的筵席是否丰盛。可见，虎村的"众人酒"，不是像印第安人的夸富宴（potlatch）那样"为了竞争地位而大搞铺张浪费……要毁掉食物、衣服、钱财，有时甚至烧掉自己的房屋，以此来树立自己的威望，羞辱对手，并取得其追随者们长久的敬佩" ❶，但有一点却是相同的，即借此追求非物质的声望和社会地位。因此，虎村人不管是做巡题还是做麻公都会尽可能地把自己的亲戚朋友叫来，来的人越多，主人越高兴，因为这表明主人有庞大的社会网络和丰富的社会资源。"千人同你好，八百同我交"这句当地的俗话体现了虎村人对一种理想社会关系的追求。

　　为什么要给麻公交众人粮和打柴火而不给巡题交？邦郎总管 LRZH 2005年 11 月 11 日对笔者说，巡题家只宴请全寨男子一次，而麻公则宴请两次。此外，二月初八、初九两天麻公家还要招待七师和邦郎，因此负担比巡题重。况且，麻公年纪轻，一般都是 30 多岁的人，家庭负担比较重，没有多少积蓄，而巡题一般都 55 岁以上，子女已经长大，负担相对较轻。众人交粮打柴给麻公而不给巡题，体现了虎村人的公平观。五师之一的 FWD 2006 年 11 月 25 日对笔者提出的同样一个问题，虽然从另外的角度作了回答，但也体现了同一种理念。他说："做了巡题之后就准备进入五师。进了五师参加节日活动就可以有资格白吃白喝了，所以如果不请众人吃一餐，大家就不会放过。"

217

---

❶ [美] M.哈里斯. 夸富宴——原始部落的一种生活方式. 李培茱，等译. 人类学论文集（1983—1984）. 民族译丛，1986.

（二）公威和公义：传统节日集体活动的主要承办者

麻公（图4-5）是彝语音译，其含有"成熟""不惑"的意思，做麻公就标志着成家立业❶。在虎村，一个人年纪大了，或已经结婚生了孩子还不能够算是成熟。只有当选了麻公之后，才被认为是成熟的。这是一个男子在村寨中获得更高社会地位的起点。所以，只有做过麻公的男子才能到跳弓场敲铜鼓和吹五笙，否则，即使演奏铜鼓和吹奏五笙的水平再高，也不能到跳弓场这个神圣的地方表演，将来也不能够做邦郎和巡题。

图4-5　2006年的两对麻公（右为公威，左为公义）

因此，当选麻公是虎村人人生历程中的一件大事。一对夫妇一生中只能任一届麻公。担任麻公的夫妇，丈夫和妻子分别被称为"麻公爸"和"麻公妈"。即使男子再婚，其妻子没有做过麻公，也不能再做麻公。但是，如果女子改嫁或再婚，其丈夫没有做过麻公的，还可以担任麻公❷。

麻公为一年一选，每年由两对夫妇担任。麻公的产生是在每年正月初八在

218

❶ 王光荣. 中国广西彝族文化撷论. 香港：香港天马图书有限公司，1996：94.
❷ 王光荣. 通天人之际的彝巫"腊摩". 昆明：云南人民出版社，1994：42.

寨神庙前由腊摩念经从本寨已经结婚而未做过麻公的夫妇中占卜产生。先占卜出来的一对夫妇为大麻公或麻公哥，彝语称为"公威"。后占卜出来的为二麻公或麻公弟，彝语称为"公义"。所以，麻公哥的年纪不一定大于麻公弟。

麻公的产生方式与巡题的产生方式类似。如果列为候选人，连续占卜三年都不中，就必须连续为全寨人吹 9 年五笙。但是这样就被认为是很倒霉的事情。2005 年 11 月 12 日虎村一位 1967 年出生的 FWW 就对笔者说："一辈子最多只能有三次作为麻公爸的候选人给腊摩占卜，我已经两年作为麻公爸的候选人给腊摩占卜，都没有选上，只剩下一次机会了，如果再选不上，就必须吹 9 年的五笙。去年我起新房，所以今年我就暂时不做麻公爸的候选人。"当然，这种情况很少出现。据说，以前有一位方姓的做麻公候选人时就三年占卜不中，吹了 9 年五笙。如果自己不会吹五笙，就得每次拿花菜和酒去请会吹的人代替自己吹。所以，每次腊摩占卜时，作为候选人的夫妇及其家人都忐忑不安。被占卜中者，自然眉开眼笑，落选者未免黯然神伤，自认命运注定。

王光荣把麻公叫做"节日的领舞人"[1]，笔者以为这样归纳麻公的职责是不够全面的，节日领舞只不过是麻公的一项职责而已。据笔者的调查，可以认为麻公是虎村传统节日集体活动的主要承办者，其职责主要有：

第一，一年要两次宴请全寨男子。虽然麻公可以收到各家各户正月初九打的柴火和正月初十交的众人粮，但二月初十和十月初十要两次宴请全寨男子，二月初八、初九两天还要招待七师和郎头，四月跳弓节要尽量把所有的亲戚朋友都叫来庆贺，这一年的多次宴请，在年人均收入大约只有 1000 元的虎村，对于任何一个村民来说都不是能够轻松应对的事。上一章笔者已经列举了部分 2005 年和 2006 年做麻公的开支。有的人是在生活还十分困难的情况下做麻公的。如邦郎 WYG 2006 年 3 月 11 日对笔者说："我 1990 年做麻公的时候，从云南来了 17 个亲戚，他们来帮我穿衣服[2]。当时，LRZH 做公威，我做公义，我连房屋都还没有。在放电影的简易棚里（泥巴墙上面盖茅草）招待大家。"

219

---

[1] 王光荣. 通天人之际的彝巫"腊摩". 昆明：云南人民出版社，1994：41.

[2] 白彝的传统习惯，麻公上任的专用礼服必须由他的姐妹帮缝制、绣花，举行传统节日活动时麻公穿着的礼服还要由她们来帮穿上。

　　第二，筹备祭祀品。过去正月初九两位麻公真的带上猎狗，背着猎枪在自己兄弟的协助下去"打猎"，用于初十祭寨神，然后分配给全寨每家每户。20世纪40年代以后打猎虽然只是一个象征性的仪式，但依然是新任麻公必须做的第一件事。二月初十、十月初十宴请全寨男子后，以及第二年的正月初八要准备"瓦卡""花菜"和酒等祭品到寨神庙前祭祀。跳弓节的时候还负责抬牲围绕金竹丛跳舞，如果是抬比较大的猪，还是比较累的。那坡县城厢镇的一位领导就曾经对笔者说，有一年跳弓节政府资助他们一头100多斤的生猪，麻公抬着这头猪围绕金竹丛跳得气喘吁吁。

　　第三，节日领舞。二月初十，四月初九、初十，十月初十两对麻公要首先穿着专门的礼服，带领自己的亲人跟随两位吹五笙的央巴围绕跳弓场的金竹丛跳五笙舞和铜鼓舞，其他村民和游客才跟随他们一起跳。

　　第四，维护寨神庙前的金竹丛和跳弓场，使之免遭破坏，特别是农历四月初九日这一天要负责组织自己的兄弟修整寨神庙前的金竹丛和打扫跳弓场。

　　担任麻公在虎村人看来是十分荣耀的事。但是，除了需要有一定的经济基础外，还要有比较多的兄弟姐妹，否则不敢做麻公。其原因有四：一是在承办两次宴请全寨男子的时候，需要花费大量的钱物，需要兄弟姐妹借给，因为一般的亲戚朋友或者村民所送的礼物都比较少。二是在节日活动中每位麻公爸都得带一个助手，协助麻公爸去打猎、操办宴请全寨男子的各种事宜、摆祭品、抬祭品等工作。跳弓节的时候还需要有姐妹在后面替麻公撑伞。三是要纺织、刺绣一套麻公爸的礼服。这套麻公的礼服包括白色头巾、方格头巾、上衣、彩巾和围腰锦带。以前还包括高脚裤和绑腿，现在男子的高脚裤和绑腿已经被市场上出售的西裤所取代。麻公礼服都是手工制作，其中彩巾和围腰锦带上有大量刺绣、饰物，制作尤其需要花费时间和精力。举行仪式的时候还需要姐妹们来帮助穿上礼服。四是一年两次承办大型的筵席，需要不少人员来帮助搞后勤服务工作，如果亲戚朋友少，就比较麻烦。因为虎村人还不可能像其他发达地区一样请人来做后勤服务，或到饭馆宴请客人。正因为这样，笔者在虎村调查发现，个别已经结婚生子多年后的夫妇还没有做麻公的意愿。有的是因为经济原因，有的是因为兄弟姐妹少，用当地人的话说就是宴请全寨男人的时候"连洗碗的人都没有"。在虎村人看来，这是十分令人没面子和伤感的事情。退休后回村里住的干部 LYI 就对笔者说："麻公爸准备上任前，姐妹、堂姐堂妹等亲戚老老少少都帮忙制作、刺绣新服装。如果家里都是兄弟，没有姐妹就十分害怕做麻公爸。不仅没有人做衣服，也没有人做花菜来摆，他就流泪。要有男有女，但是做麻公时是女人越多越好。"邦郎总管 LRZH 也说："流泪啊，没有姑爷流泪，没有阿舅也流泪。比如，我们三个男人一起坐桌（吃饭），我的面前摆满花菜，你前面一碗花菜都没有，你不流泪？做麻公还要穿长衣服领舞，没有姐妹，衣服都穿不成，需要她们帮穿。"❶从这一点看，虎村出嫁女儿在社会生活中担任着一种特殊的社会角色，体现一种特殊的社会价值，这也是白彝较其他族群较少歧视女性的重要原因。

第三节　财物筹集机制

举行大型的集体活动，少不了一定经费的支持。北方传统节日庙会活动经费的主要来源是依靠各种香会组织香客捐款，香会还组织香客义务提供服务。香客的捐款和义务提供的服务完全出于自愿，并没有硬性的规定。而南方宗族的宗族集体祭祀活动经费主要依靠宗族的集体资产的收益，寺庙的祭祀经费的来源除香客的捐助外，许多寺庙还有庙田的收益。虎村传统节日活动的经费来源比较类似于南方的宗族祭祀的经费来源方式，其主要来源是公共收益和个人轮流负担。

一、公共收益

公共收益就是经营公共的资产而获得的收益，包括有形资产和无形资产的经营收益。与汉族人社会中的蒸尝田、庙田公共土地收益相似，虎村跳弓节的集体活动原来主要是靠公共收益。但是，所不同的是虎村还有无形资产的收益：过去周边村民出于信仰而愿意资助他们，于今虎村传统节日活动的文化品牌价值使县里有关部门每年都愿意资助他们，一些外地游客和非政府组织也开

221

始捐助他们搞传统节日活动。

（一）公共耕地的出租

虎村公共耕地是怎样来的、始于何时，现在村里的老人已经说不清。2005年2月15日笔者在虎村组织召开七师和邦郎的座谈会，了解到虎村过去有一块面积为 10 多亩的公共旱地，那块地靠近今城厢镇念因村民委员会的 YX 屯，每年租给那里的汉族人耕种，承租者每年要向虎村交 4 头猪、7 只鸡、3 坛酒。所交的猪有 2 头是大的，每头 120 斤左右，2 头是小的，每头 50 斤左右。所交的鸡每只 2~3 斤，每坛酒 50 斤。这是虎村最大的公共收益。靠着这一收益，每年四月跳弓节的时候就不再需要村民集资。而且保证跳弓节四月初八、初九、初十和十一每天都能够杀猪，供全寨人一起享用。虎村传统的节日活动也曾中断过。没有了传统节日集体活动，传统节日活动经费来源也就自然不成为一个问题。到了 20 世纪 80 年代虎村传统节日活动恢复时，节日集体活动遇到了经费问题的困扰。

（二）到周边村子"讨"

过去，每年跳弓节前夕，虎村的邦郎就到虎村附近的壮族、汉族村子去"讨"钱，即请附近村子的各家各户资助一些经费支持虎村搞跳弓节。为什么这些壮族和汉族村民会出资支持虎村的彝族搞跳弓节呢？带着这个问题，2006年11月25日笔者询问了邦郎总管 LRZH。他说："周围壮族和汉族村子的村民希望我们傈族过跳弓节求雨，多下一些雨水，使他们也不受旱。"可见，虎村的跳弓节的求雨已经成为当地一个品牌，获得了周边其他民族的信赖并愿意为此付出。这些村子包括哪些呢？邦郎总管说，主要是天保（属达腊村民委员会，壮族屯）、那坤（属达腊村民委员会，壮族屯）、规从（属达腊村民委员会，汉族屯）、规管（属念因村民委员会，汉族屯）、岩祥（属念烟村民委员会，汉族屯）、那摸（属坡荷乡果把村民委员会，壮族屯）、口角（属口角村民委员会，汉族屯）等。但是，由于虎村的跳弓节被禁止了 20 多年，周边许多老一辈的村民对资助虎村搞跳弓节的传统已经淡忘，而年轻一代根本就没有这个概念，加上现代周边壮族和汉族村民相信虎村求雨能够给他们带来风调雨顺的人越来越少，因此 20 世纪 80 年代后周边村民给虎村资助的群众就越来越少了。邦郎总管 LRZH 说，有一年他去岩祥走了全屯才得 5 角钱。从那以后，虎村的邦郎也就不再去周边的村屯"讨"钱。虎村传统节日集体活动经费的另一个来源也断绝了。

（三）收摊租

每年跳弓节的第三天即农历四月初十，虎村都会形成一个规模不小的临时集市，给周围村民和商家提供了一个进行商品交换的良机。那些精明的商家尝到甜头后，每年都会准时携带适销对路的商品到虎村摆卖。缺少经费来源的虎村传统节日集体活动使七师和邦郎伤透了脑筋。于是，20 世纪 80 年代开始，他们就以"帮一些香纸钱"的名义向到集市上摆摊的收取一些摊位费。据邦郎总管 LRZH 说，四月初十那天来摆摊的，大摊的"讨"1 元钱的摊位费，小摊的"讨"5 角钱，每年能够收到 30~60 元不等。一般摊贩也十分乐意给。当然，也有个别摊贩提出了疑问："你们又不向国家缴税，怎么收钱？"这些人提出这个问题是有道理的。从 20 世纪末开始，按照国家规定要收费必须首先到各级价格主管部门办理收费许可证，没有取得收费许可证的收费均属于"乱收费"，是政府所禁止的。虎村没有办理收费许可证当然属于被禁止的范畴。因此，近几年虎村就不再向摊主收费了。用邦郎总管的话说就是"管他从早摆到黑，我们都不问了"。另外，在虎村对于向摊主收费也有一些不同的意见。这些人认为，四面八方来虎村参加节日的都是来给他们助兴的，怎么还要收别人的钱？持这种观点的人的存在也是使虎村传统节日活动的决策层和组织者最终废弃收摊位费的原因之一。

（四）单位和个人的资助

虎村别具一格的节日传统活动成为当地政府打造地方形象、吸引外来投资者和观光者的重要资源，从 20 世纪 80 年代开始，虎村的节日传统活动就陆续得到政府的资助。但是，各任领导重视程度不一，没有形成制度，在任领导重视的就多给一些，在任领导不感兴趣的就少给甚至不给。近年来，县民委（民族局）、县文体局、县旅游局和城厢镇政府等每个部门一般都会给 100 元以上的资助。2002年跳弓节时那坡县人民政府和广西师范学院民族民间文化研究所就出资在虎村举办了"艺术跳弓节"。

虎村独特的传统节日活动自古以来就吸引着周围的各民族群众，随着文人墨客的介绍和媒体的传播，虎村已经是小有名气，被吸引而来的八方游客也越来越多。一些研究少数民族文化的专家学者和摄影爱好者也开始关注虎村。他们中的一些人的到来，并不是空手而来，或多或少地都会为虎村传统节日活动捐一些钱，表示祝贺。2005年，笔者负责的香港PCD项目仅资助虎村传统节日活动就达到1000元人民币。2006年跳弓节虎村共收到有关单位和个人的资助现金2150元，实物160元。单位和个人的资助已经成为虎村公共收益的最主要来源，甚至可以说是唯一的来源。随着虎村知名度的不断提高和交通条件的改善，外地的游客会越来越多，虎村获得的各种资助也将会越来越多。

二、家庭承担

虎村传统节日集体活动经费的另一个主要来源是由个人承担。个人承担有两种形式：一是节日集体活动的承办者即巡题和麻公承担，二是全寨的集资。

（一）巡题和麻公承担

每年占卜出来的巡题和两位麻公是节日集体活动的承担者，当然也是活动经费的主要承担者。虎村村民的经济条件总体来说都还不富裕，对于任何一个家庭来说要承担做巡题或麻公的费用都不是一件容易的事。当然，如果一个人害怕负担重而不愿意做巡题和麻公，他必然会受到全体村民的鄙视，也等于把自己孤立起来。在一个社会分工和商品经济不发达的乡村"熟人社会"里，这是十分可怕的事情。因为对于人口不多、居住分散的白彝人来说，没有自己的社会网络特别是在本村的社会关系搞不好是难以生存的：生产上需要互相帮助，如粮食耕种、中耕除草，到收获，油茶、八角的采摘；生活上需要互相关照，小到对病人的照顾，大到对离世亲人后事的处理、盖新房都不可能单家独户完成，等等。

因此，虎村自古以来就形成了自觉承担义务和互相帮助的机制来促进族群凝聚力。任何一位村民在适当的时候都需要作为候选人给腊摩占卜，如果已经三年占卜不中也要给予相应的"惩罚"——吹9年五笔。可见，承担做巡题和麻公表面上是自愿而不带有任何强制性的行为，实际上却是一种无形民俗的力量迫使虎村人不敢不承担这种"义务"。当然，当他做巡题或麻公时，他的亲戚朋友以及村民也会以贺礼的方式给他送礼。这种礼物也没有硬性的规定是否要给或者要给多少，但同样几乎所有的亲戚朋友都会送礼。虎村人常说"少是人情，多是脸面"，也就是说"人情"是虎村送礼最基本的要求，是对自己社会关系的最基本维护。在调查中，笔者发现一些家庭送的礼物确实是比较简单，一把粉丝、一背篓青菜，甚至一盘萝卜酸都可以作为礼物送给巡题或麻公，但只要他送了，别人就不会说他。如果他不愿意做麻公和巡题、不送礼，就会受到惩罚：轻者会受到孤立，重者可能会被驱除出村。2005年2月15日，在七师和邦郎的座谈会上，七师中年纪最大的标芒就说，以前哪户不参与的就被邦郎赶出去，现在虽然不赶出去，但村里人会孤立他，有红白喜事没有人去帮他的忙，有人去世由他们家人自己抬去埋葬。在这种社会环境中一般人是不敢挣脱民俗的约束的。于是，表面上每年节日仅仅是巡题和麻公家承担节日活动的开支，实际上每家每户也都多多少少分担了一部分，从而使自己的社会网络得以强化，族群的凝聚力得到增强。下面是笔者参加的几次节日活动中承办者收到的礼物及支出情况。

1. 2005年HYJ做巡题，主要开支是：自己杀1头150斤的猪，杀2只狗，每只都在30斤以上，用去大米100多斤，散装酒300多斤。而他收到的各种礼物为：晚上挂铜鼓，还要12位舅舅（含堂舅）给自织的黑头巾，其中5位还各送了解放鞋或者白色胶鞋1双，22位姐妹（含堂姐妹）或姑爷（含堂姑爷）送了自织的白布，现金690元，狗6只（每只20多斤），腊肉6斤（云南富宁县木腊、里拱亲戚送来），大米22斤，玉米60斤，糯米20斤。收支基本相当。

2. 2006年LGZH做巡题，除杀的猪比HYJ杀的猪大（没有秤，据笔者估计约220斤）外，其他酒、米的开支与HYJ相比大抵相当，因为宴请的规模基本一致，而且还少杀一只狗，但是LGZH兄弟姐妹多，在外工作的亲戚也多，所以收到的礼物比HYJ更多，具体数额为：现金1145元，散装酒115.5斤，狗7

只，瓶装米酒 1 瓶（500 毫升），啤酒 3 瓶，那坡县本地产的碳酸饮料 8 瓶（2.5 升/瓶），还有 3 双白色运动胶鞋、2 件衬衣，挂铜鼓的自织的头巾和白布若干。

3. LPG 家庭经济条件不太好，他说 2005 年做麻公（公义）在二月、四月、十月三次招待中全寨和亲戚朋友大约用去米 200 斤、酒 200 斤，猪肉 70~80 斤。他一共收到的礼物是现金 265 元，猪肉 8 斤，黄豆 33 斤，米 11 斤（其中 5 斤为糯米），粉丝 12 斤，烟 3 条，花巾 7 条，鞋 17 双，衬衣 15 件。

4. 2005 年 WYH 做麻公（公威）正月初八、四月初十、十月初十的贺礼（不含众人粮）：现金 760 元，酒 70 斤，香烟 5 条，各种鞋 10 双，袜子 4 双，衬衣 12 件，自制民族服装 1 件，自织布 1 匹（可做衣服 1 件），腰胯巾 2 条，黄豆 10 斤，铝桶 1 对。

从以上 2005—2006 年的几位巡题和麻公收到的礼物与开支情况看，巡题和麻公承担的节日活动，在经费的筹集上亲戚朋友已经帮助了绝大部分。当然，亲戚朋友的这些帮助是按照互惠原则、以贺礼的方式支持的。阎云翔把中国东北下岬村的礼物馈赠分为"表达性礼物"和"工具性礼物"，如果这些礼物反映的是送礼人和受礼人之间长期形成的社会联系就是"表达性礼物"，而那些以功利目的为特征，带来的是短期关系就是"工具性礼物"❶。按照这个标准，根据笔者调查在虎村只发现有"表达性礼物"而没有"工具性礼物"。也许是那种功利性的价值观还没有渗透和影响到白彝山村的村民，特别是在传统节日活动中村民之间也没有太多必要通过礼物去实现短期的功利。这一点我们可以通过进一步分析虎村的送礼人与受礼人之间的关系来证实。因为在虎村，其社会网络以传统的姻亲和宗族关系为主，通过自己努力去创建的非亲属关系❷是非常少的，这与汉族地区有很大的不同。由于长期以来虎村不得不实行族内婚且绝大部分是村内婚、处于弱势地位而与周边其他民族有深入交往，于是在虎村内部任何两家人之间都可以有着亲疏不同的宗族或者姻亲的关

❶ 参阅 阎云翔. 礼物的流动——一个中国村庄中的互惠原则与社会网络. 李放春、刘瑜，译. 上海：上海人民出版社，2000：50-70.
❷ 参阅 阎云翔. 礼物的流动——一个中国村庄中的互惠原则与社会网络. 李放春、刘瑜，译. 上海：上海人民出版社，2000：104.

系，许多甚至有着多重的亲戚关系。因此，不管哪一家有喜事，任何一家都可以某种亲戚关系送贺礼。不管是什么原因，别人做巡题或者麻公时他没有贺礼，到他做的时候，别人也不理他。

从 2005 年的巡题 HYJ 与送礼者的关系的具体情况，我们可以清楚地看到这一点。

YZHF：玉米酒 50 斤（舅舅）

LYH：街上买的酒 50 斤（宗族）

WYH：街上买的酒 50 斤（宗族）

LXZH：玉米 40 斤，糯米 20 斤（妻子的姐姐）

LCHF：玉米酒 50 斤（妻子的妹妹）

SY'EN：大米酒 30 斤，烟 1 条，狗 1 只（念毕屯的干儿子）

LGZH：大米酒 50 斤（舅舅）

LGY：大米酒 30 斤（妻子的妹妹）

FGH：街上买的酒 40 斤（含酒壶的重量，姑爷的兄弟）

LRZH：大米 22 斤（舅舅）

LWH：10 元（舅舅）

LTF：玉米 20 斤（舅舅）

QP：30 元（隆平村，侄女婿）

HYSH：20 元，5 斤酒，（云南富宁县木腊宗族兄弟）

YRF：腊肉 3 斤（坡报屯宗族侄儿）

LYJ：腊肉 3 斤（云南富宁县里拱宗族）

LRY：10 元，酒 2.5 斤（舅舅）

FWH：5 元，酒 2.5 斤（姐夫）

WYY：10 元，酒 2.5 斤（姐姐）

YZHF：10 元，酒 2.5 斤（舅舅）

LM：10 元，酒 2.5 斤（舅舅）

LTZH：10 元，酒 2.5 斤（舅舅）

LYH：10元，酒2.5斤（侄儿）

SDM：20元，酒1斤（大姐夫）

LTSH：5元，酒1斤（舅舅）

HYH：10元，酒2.5斤（大哥）

LYH：10元，酒2.5斤（舅舅）

LYH：5元，酒2.5斤（姑爷）

WYH：10元，酒2.5斤（侄儿）

LYM：10元，酒2.5斤（舅舅）

LXZH：10元，酒2.5斤（妻子的姐姐）

LYH：20元，酒2.5斤（宗族）

FWJ：10元，酒2.5斤（姑爷）

LYJ：10元，酒2.5斤（舅舅）

LRZH：10元，酒2.5斤（舅舅）

LGZH：10元，酒2.5斤（舅舅）

LYT：5元，酒2.5斤（舅舅）

LWX：10元，酒2.5斤（舅舅）

LTF：10元，酒2.5斤（舅舅）

WYF：10元，酒2.5斤（宗族）

LPG：10元，酒2.5斤（舅舅）

LTD：5元，酒2.5斤（舅舅）

WYF：10元，酒2.5斤（侄儿）

LY：10元，酒2.5斤（舅舅）

LMJ：10元，酒2.5斤（舅舅）

WGT：10元，酒2.5斤（宗族）

WYZH：10元，酒2.5斤（宗族）

WYG：10元，酒2.5斤（宗族）

LMCH：10元，酒2.5斤（云南富宁县里拱侄女）

LJB：10 元，酒 2.5 斤（舅舅）

LPCH：10 元，酒 2.5 斤（舅舅）

LTG：5 元，酒 2.5 斤（舅舅）

FWD：5 元，酒 2.5 斤（姑爷）

WYM：40 元，酒 2.5 斤（姑爷）

FWW：狗 1 只，酒 5 斤（姑爷）

LGY：50 元，酒 5 斤（姑爷，那坡县交通局）

LH：狗 1 只，酒 5 斤（妹妹的儿子，外甥）

LWH：10 元，酒 2.5 斤（姑爷）

LWSH：10 元，酒 2.5 斤（念毕，姑爷）

LTG：10 元，酒 2.5 斤（舅舅）

KXF：10 元，酒 2.5 斤（姑爷）

SHG：狗 1 只，酒 2.5 斤（念毕屯，姑爷）

LCHCH：10 元，酒 2.5 斤（舅舅）

SHZH：狗 1 只，酒 2.5 斤（念毕屯，姑爷）

LZHW：狗 1 只，100 元（里拱，大姑爷）

LGJ：狗 1 只，10 元，酒 2.5 斤（LZHW 的弟弟）

LSHW：20 元，酒 2.5 斤（城厢镇永乐村那善屯，侄女婿，壮族）

LTZH：10 元，酒 2.5 斤（侄女婿）

LGQ：10 元，酒 2.5 斤（云南富宁县里拱女婿的大哥）

LYH：10 元，酒 2.5 斤（侄女婿）

WQL：10 元（念毕屯，妹妹）

229

以上是白天收到的礼物，晚上"挂铜鼓"，还有 12 位舅舅（含堂舅）给自织的黑头巾，其中 5 位还各送了解放鞋或者白色胶鞋 1 双，22 位姐妹（含堂姐妹）或姑爷（含堂姑爷）送了自织的白布。由上可见，前来祝贺 HYJ 的都是姻亲和宗族，送礼的多少完全是根据他们关系的亲疏和经济能力的大小而定。

那么，年轻一代的虎村人是不是也是这样？让我们再来看看 2006 年农历二月初十祝贺 WYH 做公威的贺礼,看送礼的特点与 HYJ 做巡题是不是有明显的不同。

  LWQ：50 元（嫂子的姐姐）

  HYJ：香烟 1 条（宗族）

  LLH：衬衣 1 件，酒 2.5 斤，粉丝 1 把（念毕，姑姑）

  BJB：衬衣 1 件，方便面 1 包（2 元 1 包）（念毕，姑丈）

  LXSH：粉丝 1 把（姑姑）

  LRYAO：粉丝 1 把（准备四月初十再送衣服，父辈娶 W 家）

  LG：香烟 1 条（宗族，退休干部）

  LWB：皮鞋 1 双，（姑爷，娶大哥的女儿）

  WYM：香烟 1 条（同胞兄弟）

  LPCH：白鞋 1 双（表侄，他的妈妈是自己妻子的妹妹）

  WYF：鞋 1 双（堂弟）

  WGT：20 元（叔叔）

  LDK：香烟 1 条（TB 屯，一起开三轮摩托的壮族朋友）

  LRD：香烟 1 条（姑爷，其妻为 W 家）

  YG：50 元（GC 屯，汉族朋友）

  WYZH：20 元（堂哥）

230

  WCHY：衣服 1 件（堂姑）

  WYF：香烟 1 条（堂叔）

  WRW：衣服 1 件（姑姑，嫁云南富宁县木腊屯）

  FWW：10 元（老一辈的堂舅）

  LGW：120 元，2.5 斤酒（那坡街上，堂哥）

  LTSH：20 元（木腊，同胞妹妹的妹夫）

  WZHCH：民族围巾 1 条（堂姑丈）

  LWX：粉丝 1 斤，黄豆 1 斤（堂舅）

  WXQ：黄豆 5 斤（宗族）

WGY：衣服 2 件（云南富宁县里拱乡，干妈）

LJSH：衣服 1 件（堂姑）

LWD：衣服 1 件，香烟 1 条（堂姑爷）

LMCH：10 元（堂姑，云南里拱）

LMY：10 元（本屯朋友，已经嫁给到那坡县城打工的广西博白县人）

虎村小学教师 5 人：100 元

从 WYH 收到的礼物以及送礼者与他的关系的具体情况看，与 HYJ 的情况并没有什么明显的不同，其社会网络以传统的姻亲和宗族关系为主，通过自己努力去创建的非亲属关系也是非常少的。但是，作为 1964 年出生的公威 WYH 通过自己的努力去创建的非亲属关系已经明显比 1949 年出生的巡题 HYJ 的非亲属社会关系要广一些，因为他开三轮摩托搞营运，接触面比较广，有了壮族和汉族的好朋友，还把经常乘坐他的车子的小学老师也请到家里来。

然而，虎村人送礼，数量都并不是太多，主人招待也都是根据自己的能力而定，并不是要办"夸富宴"，也不像法国现代人类学的奠基人之一马塞尔·毛斯所描述毛利人的礼物交换中有一种"豪"——礼物返回到它原地的力量。这种力量迫使受礼者做出回报，他称其为"礼物之灵"[1]。礼物交换也不太注重人与人之间"面子"的互惠性，而更像马林诺夫斯基所描述美拉尼西亚社会的"互惠原则"。在虎村，不管是什么原因，别人做巡题或者麻公时他没有贺礼，到他做的时候，别人也不理他。2006 年农历二月十一，一位退休回虎村居住的职工 LZHSH 在 LGZH 做巡题仪式现场，看到亲戚朋友拿来的贺礼在寨神庙前摆满几张桌子，光狗就有 7 只。他感慨地说："我有两个儿子一个女儿，女儿没有出嫁。我母亲也没有生女仔。今天 LGZH 有这么多人杀狗来贺，我做巡题时连老鼠都没有得一条，我没有得罪过谁呀，我是毛泽东时代的司机，也有不少人免费搭过我的车，今天看到这种场面，想起我 1991 年打铜鼓的时候，忍不住流泪了。"真是触景生情，1991 年他做巡题时不仅没有一个人劏狗去贺他，而

---

[1] 马塞尔·毛斯. 论礼物. 佘碧平，译. 社会学与人类学（第二部分）. 上海：上海译文出版社，2003：122.

且得到的礼金也非常少，只有 5 人的礼金达到 5 元，有的人才给 2 角钱，所有的贺礼仅仅 71 元。同样是做巡题，场面反差很大，自然令他伤感。笔者对此专门请教邦郎总管 LRZH 为什么会出现这种差别。他解释说："我做的时候他做阿舅的不来贺我，到他做的时候，我做姑爷的怎么来贺他？互相尊重，互相帮助。他在外面工作，人家做的时候他不参加,他做的时候,人家怎么理他？"一语道破了问题的关键。可见，尽管 LZHSH 属于国家职工，具有比较高的社会地位，但是由于别人有喜事时他在外面工作没有能够回来送贺礼，轮到他做的时候，别人即使送贺礼也只是象征性地给一点点而已。这正是人与人之间互惠性的体现。

在虎村亲戚的节日贺礼，主人都用礼单的形式登记下来便于以后还礼。因此，亲戚朋友的分担最终也还是承办者的负担。但是，这种方式使承办者集中于一时的压力得以分解而化整为零，缓解了承办者的压力，不至于使承办者因为一时的压力而一蹶不振。

节日活动结束的第二天就要开始还礼，将来到送礼者承办节日活动时还需要还礼，即对于送鞋和衣服的舅舅和姑爷，节日活动结束后的第二天就要每位送给 4 包蒸熟的糯米饭(每包约 1 斤糯米)或直接给 4 斤糯米以及半斤猪肉，其他的则等以后对方举行仪式活动时再还。还礼时一般都按照对等的原则，别人送什么给你，你就还什么。不过，对于送现金的，也往往考虑到经济发展水平和货币的贬值因素，如 20 世纪 80 年代在虎村送人的礼金有的只有 1 元钱甚至 5 角钱的，到 2006 年还礼时至少要给 5 元钱，否则虎村人认为就"不成看"，自己都觉得不好意思。如 1991 年 LZHSH 做巡题时，LGZH 的父亲送 5 元贺礼,2006 年 LGZH 做巡题时 LZHSH 还了 20 元。可见,还礼并不是严格意义的对等原则。

（二）全寨集资

虎村节日全寨集资有两种形式：第一种是传统的做法，即每年正月初八每家每户包括腊摩和萨喃家（有白事未满 1 年者除外）都要交 2 两熏肉、1 斤酒和一点钱（随着物价上涨不断增加，2004、2005 和 2006 年都是 1 元），正月初九每家每户给两位麻公打柴，正月初十交众人粮，自古以来就是这样。但是，这个传统在 20 世纪 90 年代初发生了改变：五师中就有人提议免除腊摩和萨喃正月初八的酒、肉和钱，因为他们一年到头为全寨人念经很辛苦。经过七师讨论同意。从那以后正月初八邦郎在收众人的酒、肉和钱时就不再收腊摩和萨喃的。第二种是临时的集资。1983 年恢复传统节日活动后，由于没有了公共土地的收益，于是七师会议就决定增加四月初八和五月十六两天向群众集资，开始规定每户交 1 元，后来因为物价上涨增加到 2 元，外出参加工作的也捐款，最多的时候每年可以收到 200 元。这样，一年要收 3 次钱，有一些村民就交不了，个别还产生了怨言。最终，集资这种办法在实行了几年之后就行不通而中止了，这个被发明出来的新形式没有形成传统，以致有几年的跳弓节因为缺乏经费而停办集体活动。

正是由于历史上虎村已经形成了一种比较完整的节日集体活动经费来源的保障机制，特别是村民之间互助、互惠的筹资机制，这是虎村传统节日集体活动得以延续的重要保障。

本章小结

虎村传统节日有自己一套独特的运作机制，这套运作机制包括具有明确分工的组织机构，以及经费保障的机制，从而使虎村节日传统得以不断地传承和延续。由于虎村传统节日的最高决策结构是每个成年男子都有机会参与的，而且是每个成年男子不断提高社会地位和社会声誉的必经途径，因而虎村传统节日活动的运作也不是少数人的事，而是全寨家家户户都要参与，共同集资，轮流承办，因此大家都非常关心，使虎村传统节日呈现出生生不息的旺盛生命力。虎村传统节日集体活动经费来源随着国家体制的变化也发生了变化，但是始终使虎村的传统节日活动的必要支出得到保证，而且经费的收入呈现出不断增长的良好势头，这也是虎村传统节日活动能够得以不断延续的重要保障。可以说没有这样的机制，经历了千百年风风雨雨的虎村传统节日活动就不可能延续下去。虎村传统节日运作的机制也有效地巩固了社会网络，把虎村的村民甚至白彝联结成为一个有机的整体，增强了族群的凝聚力。同时，虎村传统节日

233

活动的决策由能够与"神灵"沟通的祭司和年纪最长的五位夫妻健全的老人做出，体现了节日活动具有神秘性以及决策的权威性，也体现了虎村人尊老的伦理观。虎村的节日活动的主要角色有麻公、邦郎、央巴、巡题、萨喃和腊摩，反映了虎村白彝男子一生社会地位提升和社会角色转换的独特历程。这个社会角色变化的过程不仅是年增岁月人增寿的过程，也是一个不断地义务为全寨人服务的过程，社会地位越高就要更多地为众人义务服务，威望的获得与尽义务是成正比的。祭司由世袭制向推举制转变，说明人类发展的民主潮流在虎村同样得到了反映。但是，祭司的成长过程和上任依然要经过复杂的仪式，说明祭司"神力"的获得仍然是具有神秘色彩的，并不是所有的人都能够随便获得的。虎村制度化的传统节日运作机制不仅维护了族群的文化秩序，也维护了村落的社会秩序和伦理道德秩序。

虎村传统节日活动中礼物的流动体现了村民之间的互惠原则及以姻亲和宗亲为主的社会网络特点，但是新一代的虎村人在民族平等、经济社会发展的大背景下，通过个人努力建立起来的社会网络正在逐步扩大。

第五章　内外力推动：
虎村传统节日生命力的源泉

民俗的重要特征之一就是传承性。所谓"传承"，意味着民俗、知识和经验甚至包括历史记忆的跨时代的延展，它既指民俗或文化在时间上传衍的连续性，亦即历时的纵向延续性，也可以指民俗文化的传递方式❶。民俗传承的方式，一般属于"在潜移默化中进行，是你不知不觉地在民俗传承过程中获得知识和能力"，或者说是"不胫而走"。同时，"民俗传承有时又是积极、主动的"，使得"民俗文化的传承有目的地进行"❷，而且民俗传承在许多群体和场合中还受到了控制，呈现出控制性、隐蔽性和阶层性❸。但是，民俗的另一个特点是变异性，民俗的变异是一种永存的现象，随着民俗存在形态的变化，"民俗也因为其功能的变化而变化，其功能的消亡而消亡（尽管这种消亡有时要经过很长的时间）"❹。因此，随着时代的变迁，有的学者大声疾呼要"保卫"传统节日。2006 年中国国务院公布第一批国家级非物质文化遗产名录，也把许多传统节日列入其中。那么，民俗在不同的时代背景、不同的生态条件下的传承与变异有什么不同的特点？为什么千百年传承的节日在今天会沦落到需要"保卫"的状态？民俗传承的动力到底来自何处？传统节日的生命力究竟何在？本章试图通过虎村传统节日的传承来探讨这些问题。

---

❶ 钟敬文. 民俗学概论. 上海：上海文艺出版社，1998：13-16.
❷ 钟敬文. 民俗学概论. 上海：上海文艺出版社，1998：14.
❸ 乌丙安. 民俗学原理. 沈阳：辽宁教育出版社，2001：321-322.
❹ 钟敬文. 民俗学概论. 上海：上海文艺出版社，1998：16，32.

第一节　外力作用：左右虎村传统节日传承的重要力量

文化人类学理论认为，一个族群文化变迁的原因从宏观上划分可分为两类：一是由于族群社会内部的变化引起的；二是外部因素，即由族群所处的自然、社会文化环境的变化如迁徙、与其他民族的接触、政治的改变等而引起的。笔者以为，这种理论对于我们观察民俗的传承同样有借鉴意义。

前已述及，虎村白彝之所以发明了自成一体的传统节日，主要原因在于其先人因为战乱而不断地迁徙，所处的环境与祖居地发生了巨大的变化。但是，自定居虎村后，在 20 世纪 50 年代以前，上千年的时间里，虎村所处的外部环境并没有太多的改变，而在 20 世纪 50 年代以前，由于虎村白彝与其他族群处于比较严重的隔阂状态，经济发展水平低，学校教育落后，社会交往特别是婚姻关系基本上只限于族群内部，由此造成虎村的文化传承受其他族群文化的影响就比较小，其基本是在相对封闭的文化圈内潜移默化地传承，长期的族群内部甚至是以本寨子内部为主的婚姻圈，为虎村传统节日文化比较稳定地传承营造了一个文化场域。

一、族内婚为虎村传统节日稳定传承营造了一个文化场域

文化传承总是在一定的空间范围内进行的，这种空间不仅是地理的空间，更主要是社会空间。法国学者皮埃尔·布迪厄（Pierre Bourdieu）把这种"具有自身逻辑和必然性的客观关系的空间"叫做"场域"（field）❶，并把它作为社会研究的基本分析单位。赵世林则把这种文化传承的空间叫做"传承场"，包括自然环境和社会环境等，丛林、火塘、寺庙、仪式、市场、学校都是文化的传承场❷。而刘铁梁教授则认为"村落是民俗传承的生活空间"❸。这些观点从不同的角度来分析文化传承的空间都各有道理。

236

---

❶ 参阅 [法]皮埃尔·布迪厄, [美]华康德. 实践与反思：反思社会学导引. 李猛, 李康, 译. 北京：中央编译出版社, 2004：134.

❷ 杨士杰. 云南山地民族生活方式的传承与选择. 昆明：云南人民出版社, 1998：101.

❸ 刘铁梁. 村落——民俗传承的生活空间. 北京师范大学学报（社会科学版）, 1996（6）.

（一）婚姻圈与传统传承

婚姻圈对于文化传承空间起着决定性的作用。在人类社会脱离蒙昧跨入文明阶段后，婚姻家庭已成为人类繁衍不可缺少的环节。家庭是功能最为齐全的组织之一，它能够满足人类的多种需要，但最主要、最显著的目的依然是为了人类自身的生产。教育也是家庭的重要功能之一，人最初在家庭中接受文化濡化，家庭成员在家庭中接受知识、行为、道德诸方面的教育，在传统社会里一个人最主要的社会化影响是在家庭中进行的。随着学校教育的发展，学校教育对人的社会化发挥越来越大的作用。然而，现代教育学研究表明，家庭对人的社会化仍然起着非常关键的作用。一个孩子出生后接触的第一个社会环境是家庭，从降生到走上社会有大部分时间是在家中度过的。父母是孩子最早的教师，家庭是教育的天然学校。教育子女既是家长的义务，也是家长的权利。因此，家庭对族群传统的传承起着非常重要的作用。抛开价值判断，仅就现象而言，在一个村落空间里，如果都是族群内部的通婚有利于维护族群传统的稳定，而两个文化特质不相同的族群通婚比例越高，文化的涵化越快，传统变迁越剧烈，传承传统的难度就越大。

婚姻不仅是一种血缘的结合，更是一种文化和心理的交融，因此，不同族群间互通婚姻对促进族群和解与团结起着不可估量的作用，同时异族通婚也是促进文化交流和涵化的最有效途径。在中国汉代，汉高祖刘邦就通过和亲缓和了与匈奴的关系。后来，唐朝、清朝都广泛推行和亲政策以促进族群和解、推进族群经济文化交流。昭君出塞、文成公主入藏等这些异族通婚的事件至今仍然有着重要的影响。2000年暑假笔者到拉萨调查西藏的民情，亲身体会到文成公主这位汉族女儿在藏族人民的心目中具有非常重要的位置，她已经成为藏族文化的一部分。在西藏，不管你走到哪里，只要你与藏族人谈起文成公主，即使目不识丁的老大爷、老大妈，都能够如数家珍地谈出很多关于她的动人故事❶。

237

---

❶ 参阅 张宗显，罗树杰，徐杰舜. 西藏的民族团结考察报告//徐杰舜. 中国民族团结考察报告. 北京：民族出版社，2004.

异族通婚特别是女性来到一个与她原来文化不同的社区组建家庭，对于后代接受与学习其他不同的文化会产生重要影响。由于生理和性别角色的差异，母亲对孩子的教育往往承担更多的责任，从语言的学习到思维、品格的形成，一般来说母亲对孩子的影响都较父亲更大些。来自异族的母亲，她在教育孩子的时候，更多使用自己族群的语言、思维和道德观念去教育和影响孩子。而孩子的父亲由于娶了一个异族的妻子，在家庭的交流中夫妻之间往往使用母亲所懂得的语言来进行，尤其是如果母亲是来自当地的强势族群时这种情况就更为突出。因为在多族群杂居的地区，一般是弱势族群迫于生存的压力，其成员会主动学习强势族群的语言，而强势族群的成员却基本不学习弱势族群的语言。而且，异族通婚所生育的孩子，其社会关系较同一族群内婚所生育的后代的社会关系和社会网络更加广泛，受"异文化"的影响也更多。久而久之，本来就处于边缘地位的弱势族群的语言在本族群的社区中也逐渐边缘化，加上对外交流时基本处于"无用"状态，即必须使用当地强势族群的语言作为对外交流的工具，经过两三代的传递弱势族群的语言就逐渐失传。族群之间的交流越频繁，交流的范围越广泛，弱势族群的语言就越容易处于边缘乃至濒危的地位。笔者儿童少年时期生活的桂中大瑶山西南麓地区，是壮族、汉族和瑶族杂居的区域，三族之间通婚非常自由，从 20 世纪中叶后一些瑶族（盘瑶）村落村民的日常交流语言由原来的瑶语逐渐被壮语所取代，而 20 世纪 80 年代后又逐渐被汉语桂柳方言所取代，并彻底抛弃瑶语，当地越来越多的壮族村落也放弃壮语而改说汉语。出现这种状况的原因是多方面的，但都与当地瑶族、壮族与汉族频繁地通婚，由不同族群组成的家庭的比重越来越大有密切的关系。异族通婚对于促进民族融合、增强民族团结、加强经济的交流合作，实现共同进步具有许多积极的意义，但就传承传统文化而言的确是不太有利的。不同族群组成的家庭在一个社区所占的比重越大，族群文化基因越复杂，文化对族群文化的冲击就越大，文化变迁越快，弱势族群传统的传承就越困难，旧传统就保留得越少，在中国这些族群也就往往被认为"汉化"得越厉害，而不是"典型"的少数民族。为了寻找"典型"的少数民族聚落，专家学者往往会不辞辛劳，到

238

交通不便、比较贫困和学校教育比较落后的地区进行调查研究。

（二）虎村族内婚状况及其对传统传承的影响

由于经济发展水平、风俗习惯、语言等方面的差异，白彝世代通婚范围很小，基本上都是族群内部通婚，特别是强调不准女子外嫁。这与许多处于弱势地位族群的婚姻状况非常接近。如华南和西南地区的瑶族、苗族等都普遍存在这种情况。这也是为了族群的延续不得已而采取的一种策略。在20世纪50年代以前，白彝的婚姻基本上是在滇桂交界的几个白彝村落之间进行。而且年轻人的婚姻基本上是由父母包办。一般是一个女孩出生第三天，小孩的姑妈家就派人拿一件用黄姜汁染的小衣服来订婚。将来这个女孩必须嫁给姑妈家的表哥（表弟），她的表哥（表弟）也不能因为不喜欢她而不娶她，男女都没有选择的权利。姑舅双方，只要一方还有小伙子或姑娘未婚，另一方就必须等待，不能与别人谈恋爱、结婚。这种独特的婚俗白彝语称为"拜道都"，意思是女孩子要给她的姑妈当媳妇，与其他族群的姑舅表婚是由姑妈家的女孩嫁给舅舅家的男孩刚好相反，这种关系不能颠倒过来❶。而且，白彝族认为离婚的女子回家住会给家人带来"晦气"，是不受欢迎的人。所以，女子即使对婚姻很不满意也不敢轻易离婚，不得已离婚回家的，也不能与父母兄弟住在一起，只能由其兄弟在家旁搭一个简易棚子居住。这种婚俗直到20世纪50年代，由于国家颁布实施新的《婚姻法》，强调婚姻自由，才逐渐被废除。但是，一种长期流行的风俗要在短期内彻底革除是不可能的，退休干部LYI就对笔者说，他们20世纪五六十年代出去参加工作的人，老人都不准他们在外面找对象，要回老家娶小时候订婚的表妹。如果不听从，老人会很生气，但是由于政府的倡导和法制观念越来越深入人心，年轻人就逐渐自己恋爱找对象。虎村一位在外工作的人就对笔者说："老一辈还是希望继续订婚，但年轻人不听他们的了，连我也不要家里订婚的（后来他娶了一个壮族的妻子）。小时候家里给我订村上一位梁姓的表妹，我的奶奶就是从她们家来的。1965年我20岁，她18岁，家里给我们筹办婚事了。可是我刚刚上大学二年级，不可能结婚，于是她很快就嫁到

239

❶ 王光荣. 中国广西少数彝族文化撷论. 香港：香港天马图书有限公司，1996：113.

云南的另外一个彝族村。"直到 20 世纪 70 年代这种婚俗仍然还有存在。王光荣就说："那坡县城厢镇达腊彝寨有个女子，20 世纪 70 年代初期，按照'拜道都'（姑娘随姑妈）的习俗，被迫嫁到云南省富宁县的一个彝村。由于夫妻感情不融洽，不到三年，两人离婚。离婚后，她毫不在意地带行李回娘家。可是一到家住不到半个月，她那年老的母亲就动员她搭棚单独住，她一时伤心带气，跑到山上自尽。被人发现，当场得救，可从那以后，她一直长病不起，过了两个月的光景，便与世长辞。"❶白彝族虽然不搞指腹为婚，但白彝传统的"拜道都"的婚姻习惯同样制造过不少的人间悲剧。

笔者在虎村与不少不同年龄层次的人谈到这种婚俗时，他们都反对"拜道都"这种婚俗。1927 年出生的一位老奶奶 KXY，她就是由家长包办嫁给了自己表哥，她对笔者说：

老一辈的婚姻老人包办的。以前老人包办，你如果不同意会被老人用木棒来打。许多是出生第三天老人就拿一件黄衣服（用黄姜汁染自织白布制成的小孩衣服）去订了。如果男方不同意不能够离婚。我丈夫比我大 5 岁，家里穷，靠卖力气吃饭。如果不是包办，我不会来这里。我在念毕村，家庭属于中农，有田地，生活比来这里好。这里一样都没有。但是，不来不行，不来就遭打呀，骂呀。我是订婚 3 年后夫家就接我过来，送给我家一个铺盖，一个箱子，20 块光洋，猪肉 40 斤，酒 50 斤，我家有米，不要（男方送）。以前（送礼）很简单。共产党来了，自己谈恋爱好。❷

1946 年出生的 FWD 则说：

用黄衣服去帮小孩订婚那是老一辈的事，以前我们老一辈大部分都是订的。现在年轻人都是自己谈恋爱，不同意订了，他们自己谈恋爱成了，我们老人办一餐酒席就可以了。有些后家（女方家）问要一点钱，就给一些。❸

1960 年出生的 FGY 也对笔者说：

小时候我表哥家也来跟我订婚，当时我们虽然都一起在××小学读书，但

❶ 王光荣. 中国广西少数彝族文化撷论. 香港：香港天马图书有限公司，1996：115-116.
❷ 2005 年 11 月 9 日笔者在虎村对 KXY 的访谈资料。
❸ 2005 年 8 月 24 日笔者在虎村对 FWD 夫妇的访谈资料。

不讲话。后来他不读了，不过他经常来我们家帮做工，我放学回家经常见他来帮挑水。我读初中就把这门婚事退了，他们家给过的酒肉我家都如数退还给他们。❶

虽然近二三十年来村民逐渐意识到包办婚姻的不好，自觉革除了这种陋习，但是虎村白彝与其他族群的通婚还是很少的，大部分婚姻都是在本寨不同姓氏之间进行的。FGY 就对笔者说："以前我们也不乱❷与他们结婚。直到（20 世纪）70 年代我姑姑嫁给壮族人开始，嫁给壮族、瑶族、汉族的才逐步多起来。"笔者在虎村调查的确了解到，近 20 年来大约有 40 位虎村的女性嫁给了壮族、汉族、瑶族人，有的甚至嫁到了河北、广东、湖南和广西东部地区，笔者还了解到至少有三个虎村姑娘与在那坡的湖南籍边防武警官兵谈恋爱，其中两人已经与军官结婚，当了"军嫂"，并有一人已经随丈夫转业去湖南。还有一人曾与一名边防战士谈恋爱，她对他一往情深，却被他无情抛弃，受了极大的伤害，1970 年出生的姑娘至 2006 年 11 月笔者离开虎村还没有结婚。面对父母的劝说，她说她受伤害太深，对父母说她不结婚了，给她父母增添了许多忧愁。虎村外出打工的年轻女子不少人已经在外地结婚。一些没有结婚的女子，也表示不愿意再回来结婚。如邦郎总管 LRZH 就说他那在海口打工的女儿已经表示将来就在海口结婚建立家庭。在不少虎村女子外嫁的同时，却很少有其他族群的女子嫁到虎村。据虎村老人回忆，上一辈只有一名壮族人嫁到虎村（W 支书的岳母）。2005 年 8 月 26 日，笔者在虎村对虎村健在的已婚妇女作了一个调查和统计分析，非彝族的只有 2 名（均为壮族），从外村嫁入的也只有 21 人，仅占全部 92 名已婚妇女的 22.8%。长期实行族群内部通婚，而且以本村内部通婚为主使虎村长期保持族群文化特质的高度一致，使族群交往也处于相对封闭的状态，族群成员缺少更多的机会接触和学习其他族群的文化，因此，文化的变迁速度明显慢于周边的壮族、汉族，从而为白彝传统传承提供了一个重要的文化场域。

241

---

❶ 2006 年 3 月 10 日笔者在虎村对 FGYD 访谈资料。

❷ 不乱：方言，意思是很少的意思。

　　然而，外来婚姻观念传入虎村使当地越来越多的女青年自由外嫁的时候，却很少有其他族群的女子嫁到虎村。这种性别人口的单向流动，造成虎村不少大龄男青年找不到对象，以致出现了婚姻的"挤压"现象。2005 年农历十二月初三，虎村一位 1973 年出生的男青年按照传统习惯举行婚礼娶了一位本村 1991 年出生刚刚小学毕业未满 15 周岁的女孩，虽然不能够办理法律手续❶，但却是"明媒正娶"，双方都办了筵席，邀请亲戚朋友参加。在村民眼里，这种习俗仪式比到政府办理法律手续更重要。这位男青年之所以娶一位未成年的女孩，重要原因就是与他恋爱多年的女友到广东打工后抛弃了他，不愿意回来与他结婚了。这是新时期贫困地区农村发展过程中一个突出的社会问题❷。这个问题不在本文讨论的范围，故此处不作展开。这种情况对虎村传统传承造成

图5-1　1934年出生的央巴

的负面影响已经开始显现。过去进入五师者就不再担任央巴，让青年人接任。因为吹五笙很费劲，既要吹又要跳，而 1934 年出生、已经担任央巴（图5-1）多年的 LGF2006 年仍然担任节日活动吹五笙的任务，原因就是后继乏人，虽然村里有几位会吹五笙的年轻人，但或外出打工了，或因为 30 多岁还找不到对象结婚，而按照

---

　　❶ 即没有到政府部门办理结婚证。虎村村民说，现在政府对婚姻登记管理也严格了，不到年龄的不给办登记手续，弄虚作假被查出的，经办的干部要受到严厉处罚，所以他们也不敢乱发证。

　　❷ 2007 年 2 月 2 日笔者到广西环江毛南族自治县下南乡参加一个毛南族的活动，该乡党委书记就对笔者说，她经常到村里调查，问村里还有什么困难需要党委和政府帮助解决，许多村民都反映大龄男青年找不到对象。

白彝的传统，没有结婚的人是不能在跳弓场吹五笙的。

女性人口流失有进一步加剧的趋势，整个社会的性别比例继续严重失衡，适龄男青年无法婚育，人群的再生产能力遭到破坏，必然破坏传统的传承机制和影响到传统的传承。这种破坏到底今后如何发展，还有待进一步观察。

二、在政府干预下大起大落的虎村传统节日

自从国家产生后，在影响传统变迁与传承的外部力量中，国家力量始终对族群文化的传承与变迁产生重要影响，而且这种影响随着国家对基层统治的深入而越来越强，统治者的政策在很大程度上决定着文化的兴废。即使在某一时段民间力量重新崛起，某些族群文化的发展不过是"国家力量与民间社会达成一定程度上的共谋"❶。自 20 世纪 50 年代以来虎村传统节日的传承、发展深刻地反映着这种关系。

（一）20世纪50年代落实民族政策使虎村传统文化空前发展

政府对虎村传统传承的明显影响始于中华人民共和国成立之后。中华人民共和国成立之初，就把帮助发展少数民族文化作为落实民族平等和民族团结政策的重要内容之一。虎村传统节日活动作为传统习惯，不受政府干预，自娱自乐的歌舞民间艺术受到了前所未有的重视。1956 年，由虎村和念毕村选拔村民组成的"广西那坡县彝族歌舞表演队"，在专业文艺工作者的指导下，根据腊摩主持的节日祭祀礼仪歌舞编导了一组节目，参加那坡县、百色地区文艺会演，受到好评，其中"倮倮族铜鼓舞"还被评为百色地区优秀舞蹈节目，被选送到广西壮族自治区首府南宁市演出❷。这是白彝的民间艺术首次从山野走向都市，登上了大雅之堂。回忆起当年的情景，参加演出的 KXY 喜悦的心情还溢于言表，她对笔者说："1958 年通知我们要 4 对彝族演员去参加表演，虎村、念毕村各出 4 人，其中拉彝族大二胡的 2 个，吹五笙的 2 个，另外加 4 个女的。当时许多人不敢去，我就去了。我们先去那坡学习 10 多天，就到南宁表演 22 天，然后回百色总结 4 天才回家。我们表演彝族的传统歌舞，边唱边跳，唱酒歌，感

---

❶ 黄剑波. 乡村社区的国家在场——以一个西北村庄为例. 西北民族研究，2005（1）.

❷ 王光荣. 通天人之际的彝巫"腊摩". 昆明：云南人民出版社，1994：150.

谢毛主席，感谢共产党。台下观众给我们的掌声非常热烈。这次出去演出，每人还得到补助 10 元钱。"❶从此，虎村和白彝的传统逐渐被外界所认识。由于政府的重视，优秀歌手和跳舞人员可能因此获得到外面演出的机会，这对村民来说是一件十分荣耀的事情。所以，当时人们学习传统歌舞非常积极，而且由于中华人民共和国建立后，虎村村民的生活水平有了明显的提高，传统节日也搞得更加红火，抒发翻身做主人的喜悦心情。历史上一直因受歧视而产生的自卑心理逐渐被克服，民族的自信心也得到了显著的增强。

（二）1958年传统节日活动被迫停止

1958 年，迫于压力，虎村村民不得不忍痛把祖传的圣物——所有铜鼓全部当作废铜烂铁上缴，大小共 21 个。当时念毕村也被命令把铜鼓全部拿去交，但当时他们村有一个在生产大队做文书的村民，把各村送去交到大队的铜鼓偷偷冒险地藏了一对下来。所以，现在念毕村就有一对铜鼓。

虎村的传统中只保留部分歌舞，在某种程度上保留了虎村的一点文化形式而不至于使文化完全断裂。1962 年在那坡县文化馆的辅导下，有虎村村民参加的彝族业余文艺队的"五笙舞"，还被选送到北京参加了少数民族民间舞蹈会演❷。虎村的歌舞因此走到了首都。邦郎总管 2005 年 11 月 20 日回忆当年的情景时就对笔者说："我大姐唱歌声音好，跳舞好，与 LIANGGJ 老婆、FANGTX 老婆和 FANGXM（已经嫁给坡迈的瑶族）共 4 个人，在那坡参加培训后，到百色演出 3 个月，到南宁演出 4 个月，共在外表演了 7 个月。她们这些老演员'文革'时候演出好得很。"但这并不等于虎村传统得到了发展。2005 年 2 月 15 日笔者在与虎村七师和邦郎座谈时，当笔者问他们虎村的传统要不要继续传下去的时候，标芒就说："大家都想传，主要在于国家的形势。比如'文革'不准我们做，谁做谁就被抓去游街，谁还敢做？"可见，村民认识到国家权力和政策对族群传统的传承的关键性作用，是不可抗拒的力量，在权衡利弊之后，他们是不可能舍命去传承传统的。只有保证生命安全不受威胁的情况下才可能去

---

❶ KXY：1927 年生，女，彝族，虎村村民，文盲，2006 年 5 月 8 日笔者访谈资料。
❷ 广西那坡县志编纂委员会. 那坡县志. 南宁：广西人民出版社，2002：587.

传承传统，"文革"恰恰使得传统的传承者就是连性命都难以保障。因此，传统传承的灾难就不可避免。而且，即使这种政策废除了，但其产生的负面影响却是长期的，特别是传统传承的中断，导致传统对年轻一代的吸引力大大下降。本来十分脆弱的自信心再次受到摧毁。在座谈会上，LGF 老人就说："传承传统的东西的热情被打击后就冷了下来，不太爱学了。"

（三）20世纪80—90年代虎村传统节日得到恢复

经过拨乱反正，重新执行正确的民族政策，少数民族的传统文化活动包括节日活动陆续得到了恢复。但是，经过那场浩劫的虎村人一直心有余悸，加上铜鼓已经被毁，所以虎村的传统节日活动一直没有恢复，还处于"休克"状态。

1982 年，时任中共那坡县委统一战线工作部部长的 ZHAOZY 在虎村调研，对虎村村民讲形势，宣传政策，鼓励村民消除顾虑，大胆恢复传统节日活动，当村民向他反映没有铜鼓要恢复传统节日活动很困难时，他又想方设法协助解决。当打听到云南富宁县龙迈村有一面铜鼓愿意以 1000 元出售时，他又决定由统战部拨款 600 元给予资助，加上虎村一位在县林业局工作的领导的努力，又筹集了 400 元，然后到云南去花 960 元把铜鼓买了回来，就是虎村现在使用的这面母铜鼓。政府领导的积极努力，才使得已经"昏迷休克"的跳弓节活动得以复苏。

不管如何，尽管铜鼓缺少配对，虎村的传统节日毕竟得到了恢复。1983 年农历四月跳弓节，在那坡县政府的支持下，虎村举行了中断了 15 年的跳弓节活动。当时，新疆维吾尔自治区展览馆考察团也应邀到虎村参加节日活动，给节日增添了不少色彩[1]。而后，在政府有关部门的支持下，虎村传统节日得以基本正常举行。而且也经常邀请虎村的代表到县城、百色等地参加各种喜庆活动，表演他们的歌舞。如 LGX 就对笔者说，1999 年那坡县里组织虎村 6 个人

---

[1] 王光荣在《中国关系彝族文化摭论》237 页中说，虎村人按照虎村的习俗把猪头敬给新疆考察团的负责人，不知道考察团成员有没有信仰伊斯兰教的民族成员，如果没有是幸运的。如果有，说明新疆代表团成员素质高，但他们内心肯定是不高兴的。因为以猪头敬客对白彝是敬贵客的隆重方式，但对信仰伊斯兰教的民族而言则是具有污辱性的。

去百色参加纪念百色起义七十周年活动，在粤东会馆❶表演彝族歌舞。除安排食宿，负责来回车票外，每天还给 60 元补助❷。这种机会对于虎村人来说还是有吸引力的。

　　然而，经过这场灾难的折腾，从奄奄一息中复苏过来的虎村传统节日活动，在新的环境条件下，依然难以依靠自身的机制实现良性自我发展。用虎村标芒 LTF 的话来说就是，"有的年做，有的年不做，有的人思想不认真、觉悟不高，爱做也可以，不爱做也可以"❸。一直到 2004 年笔者带领的 PCD 课题组进入虎村，其传统节日传承仍面临着前所未有的困境。这一点笔者将在后面详细论述。

（四）21世纪发展民俗旅游的浪潮刺激着虎村传统节日活动的发展

　　只要人类还存在，不管是为了生存还是为了获得精神满足去追求财富的行动都不但不会停止，而且还会越来越"疯狂"。在每个国家、民族或族群都进入或正在被卷入经济主导社会的现代世界体系的今天，人类追求财富的"胃口"比历史上任何时候都要大。在一些后发展国家和地区，为了追求国内生产总值（GDP）的增长，一切资源都会被政府官员绞尽脑汁地使之成为资本，甚至不惜牺牲自然生态、族群文化等方面的东西，使一些文化的意义发生了根本性的变化。正如刘晓春在分析现代庙会时所指出："民间文化越来越融汇到主流意识形态的滚滚洪流之中，几乎彻底地淹没了其固有的颠覆性与嘲弄性，而是成为中国当下现代性话语的一个有机组成部分，许多民间庙会已经被地方政府发明为一种具有文化资本意义的文化遗产，可以扩大地方的声名，或者能够吸引外来的旅游者，或者可以吸引外来的资金投资到地方政府的经济建设，在传统社会中，俨然以主流意识形态对立面出现的纯粹民间的文化形式，在高度

246

---

❶ 粤东会馆：位于百色市右江区解放街，是由粤籍豪商巨贾醵资兴建的一座砖木结构的古建筑。始建于清朝康熙五十九年（1721 年），后多次重修。旧时凡粤商来到百色，都喜欢到粤东会馆投宿、聚会、洽谈生意等。1929 年 12 月 11 日邓小平、韦拔群等领导百色起义时在这里设立指挥办公地。粤东会馆是广西至今保存得最完好、规模最宏大的清代会馆。1988 年被列为全国重点文物保护单位。

❷ LGX：女，虎村彝族，1968 年生，初中文化。

❸ 2005 年 2 月 15 日笔者与虎村七师座谈时标芒的发言。

现代性的时代，却可以成为实现现代性诉求的地方性文化资本。"民间庙会的狂欢精神也因此丧失❶。学者有这种忧虑一时根本改变不了现状。

20 世纪 80 年代以来，在现代游客追求优美的风景画、别致的风俗画和异族的风情画❷的巨大需求推动下，"民族文化资本化的各种行为并不由于有所谓传统文化丧失的危险的存在而停止"❸，以民俗或传统为对象的民俗旅游或民族旅游蓬勃空前发展❹，研究民族文化资本化运行模式和大力培育民族文化产业已经被作为重要问题提出❺。在这样的大背景下，如何利用虎村文化来发展旅游也开始引起了当地政府部门的重视和村民的强烈愿望。

2002 年那坡县就被广西壮族自治区旅游局定为重点发展民俗风情旅游区域之一。而据原那坡县人大常委会办公室主任梁卫东介绍，那坡县县长已经在当年的政府工作报告中提出要打造以"一黑一白"为重点的民族风情旅游。一黑，就是打造以"黑衣壮"❻为文化品牌的民俗旅游，一白，就是白彝文化品牌。经过几年的精心打造，"黑衣壮"已在国际国内造成很大的反响，并在吞力屯建设旅游景点，在南车集团❼的无偿帮助下，投入 50 多万元建设该村屯的人行道、跳舞场地、公共厕所、旅馆等，对民房进行修缮和改造，硬件设施也得到根本性改变，已经成为一个初具规模的旅游景点。相比之下，白彝景点的建设投入还比较少，只是在 2001 年由县民族局和城厢镇投入几万元在虎村重新建了一个新的跳弓坪、祖神庙并修通简易公路与之连接，具备了初步接待游客的能力，但是，没有饮食和住宿的设施，并在 2002 年以县政府与广西师范

247

❶ 刘晓春. 非狂欢的庙会. 民俗研究，2003（1）.

❷ 彭兆荣. 旅游人类学. 北京：民族出版社，2004：78-79.

❸ 马翀炜，陈庆德. 民族文化资本化. 北京：人民出版社，2004：63.

❹ 参阅 徐赣丽. 民俗旅游与民族文化变迁. 北京：民族出版社，2006：65-67.

❺ 参阅 李富强. 让文化成为资本. 北京：民族出版社，2004：55.

❻ 壮族中自称为"敏""布敏""布壮"或"布嗷"的族群，因为世代男女老少从头到脚都着黑装，以黑作为穿着和族群的标志，因此被称为"黑衣壮"。

❼ 中国南方机车车辆工业集团公司，简称中国南车集团公司，是经国务院批准，从原中国铁路机车车辆工业总公司分立重组，于 2000 年 9 月组建成立的国有独资大型集团公司，现为中央直属企业。南车集团是定点帮扶广西百色的 6 个中直机关单位之一，负责定点帮扶靖西县、那坡县。

学院民族民间文化研究所的名义主办，由县民族局、城厢镇政府和虎村具体承办了"2002 年艺术跳弓节"，邀请广西电视台制作专题片在广西电视台播放，进一步扩大了虎村传统节日的影响。此后，也陆续由县旅游局带一些采访团、旅游团到虎村，由村干部和邦郎组织村民表演，每次给两三百元。2005 年 2 月 14 日，笔者在虎村就碰到由县旅游局带来的一个广东的摄影采风团，由邦郎 LWX 组织了 60 人穿着民族服装并表演舞蹈供他们拍照，前后大约两个小时，共获得酬金 300 元，然后平均分配，参与表演的人不分大小，一律每人 5 元。近几年每年大约有几个团到虎村，虎村村民也因此获得一些收入，个别村民出售自己制作的白彝服装，获得的收益就更大一些。2005 年 11 月 15 日 LGX 就对笔者说："我已经卖了几套衣服，台湾的游客来买了我做的 2 套衣服。广东番禺的游客来也买了我做的一套男装、一套女装。"但游客数量还不成规模，传统服装的销售也只是零星的，对于提高村民收入还起不到太大的作用。

当地政府还是有进一步完善虎村的基础设施、做大虎村旅游的设想。2005 年 11 月 8 日笔者访那坡旅游局，接待笔者的黄副局长和农副局长两位领导，就对笔者说："我们已经到广西壮族自治区旅游局争取资金得到 3 万元，自治区旅游局推荐请广西旅游规划设计院做虎村的风情园的项目规划方案，3 万元钱直接从自治区旅游局转到设计院差不多两年了。合同是县旅游局上一任领导与他们签的，好像是今年上半年交。但是，后来领导变动，我们去找他们，他们答应 5 月份派人下来，至今没有见来。"他们还告诉笔者，为了动员村民自觉行动起来搞旅游，那坡县旅游局还组织过虎村等村的支书到广西龙胜各族自治县等民俗旅游开展得比较早的地方参观、考察，了解别人是怎样通过发展民俗旅游来改变农村的面貌的。

那坡县是一个国家级特困县，直到 2005 年全县一年的财政收入只有 3000 多万元，连给全县干部职工发工资都不够，行政机构的运转全靠财政转移支付维持。按照那坡县地方财政目前的实力，不可能动用财政大规模投资开发虎村旅游景点。笔者 2006 年 11 月去虎村时，听村民说原来县政府计划 2006 年拨 1 万元在虎村搞旅游开发的启动，文化局局长也带队来调查和征求村民代表的意见了。后来由于公路改建工程没有完成，交通不便，推迟一年。2006 年由村里自己搞。县里已经向百色市计委报告，请南车集团公司投资 150 万元在那坡包括虎村在内的 3 个点搞旅游开发。在虎村搞一个民俗陈列室，在山顶上搞 3 层观光宝塔，旁边种金竹。能否实现，就看南车集团的决策了。如果从经济效益的角度而言，笔者认为南车不会做这样的投资，因为原来资助搞"黑衣壮"旅游景点开发，尽管宣传的力度比较大，但一直没有达到原来预计的赢利水平，除非南车集团从其他角度考虑给予资助，那就是另外一回事了。

尽管目前虎村人通过发展旅游还获得不多的利益，但是他们都希望上级有关部门和有关人士帮助他们完善基础设施，多带一些人到村里来，使他们通过展示他们的服饰、表演他们的歌舞获得更多的收益。他们对经过他们村子的公路拓宽表示欢迎，但强烈要求把因此挖坏通往新跳弓场的路修好，以便他们能够将来在有旅游团来的时候继续有场地表演。他们期待着政府帮助发展旅游业使他们增加收入，使他们通过表演获得更多的收入来改变他们的贫困状态。

看到虎村人有这么强烈的发展民俗旅游的愿望，笔者就建议他们到县旅游局反映他们的要求和愿望，使政府职能部门能够了解村民的心愿。于是，2005 年 11 月 21 日，7 位虎村村民代表（4 男 3 女）在 W 支书和邦郎总管的带领下还到县旅游局跟领导进行了一次座谈沟通，表达他们要求发展旅游的愿望（图 5-2）。经过座谈，增进了双方的了解。在县旅游局领导的建议下，2005 年 11 月 25 日虎村村民通过村民委员会向县旅游局递交了一个报告，要求把虎村列为民族文化旅游景点，这个报告虽然写得不是很通顺，但还是把虎村村民的愿望表达了出来。其报告内容如下：

关于要求把××村白彝列为民族文化旅游景点的报告

县旅游局：

  ××白彝有着悠久的民族文化渊源。随着社会的进步和经济的发展，白彝传统文化逐渐显露出神奇的魅力。特别是近几年来，许多专家、学者多次到××白彝屯实地考察和挖掘，认为××白彝的传统文化是一个不多得的民族文化旅游景点宝地。如果开发利用，将给××村的经济发展和社会进步起到极大的促进作用。经过全村广大群众的讨论和专家的指点认为，××白彝现有的民族文化资源已具备成立民族文化旅游景点的要求。为此，恳求县人民政府把××白彝列为民族文化旅游景点为盼。

　　特此报告。

××镇××村民委员会

二零零五年十一月二十一日

图5-2　虎村村民代表与县旅游局领导座谈（笔者列席）

　　对于发展旅游业，年轻人的愿望更加强烈。2005 年 11 月 11 日一位从深圳打工回来参加节日活动的虎村青年 HD 就说："如果我们这里搞成旅游点，我会很高兴。如果我有女朋友我一定带她回来看看我们的风俗习惯，看看我们怎样跳舞。"

　　发展旅游，开始追逐经济利益，使虎村村民的经济意识明显增强。传统的跳弓节也开始由过去完全是村民缅怀先祖功绩、祈求平安幸福、自娱自乐的节日变成了具有商业表演性质的活动。笔者并不是从他们邀请各单位的人参加来说的，而是从邦郎总管的对笔者所说的话里感觉到的。2005 年 11 月 9 日邦郎总管就对笔者说："跳弓节要多请有关单位的人来，人多来了，我们就可以多得一些祝贺的收入，如果一分钱不得，一个都不跳，好像你们当干部，国家不发工资，做干部做什么？"这当然不是所有虎村人的想法，但的确反映了虎村人有了较强的经济意识，开始计较传统节日活动的现实收入而淡化了传统节日原来的意义和神圣性。有的民俗学学者对这种现象感到忧虑。比如，刘晓春针对汉族地区的庙会情况就指出："权力政治对民间记忆或明显或潜在的影响，以及庙会的功利化趋向，使庙会自身所具有的狂欢精神消失了，剩下的只是权力政治的地方性表述，还有就是民间纯粹金钱欲望的仪式化追求……在中国当下的文化情境中，庙会内在的狂欢精神不见了，我们可以看到现代的各种交流方式传递着乡民的资本想象，可以看到由权力政治、资本等不同资源共同支配下建构起来的宏伟场景、热闹非凡的景象，而这是一种表面的狂欢，它被权力政治、资本以及地方性文化等资源之间的共谋抽空了内在的精神实质，因为其不再以一种民间固有的颠覆、嘲弄姿态看待主流意识形态。"❶笔者对此有不同看法。正如前面所述，传统是发明出来的，传统也不是一成不变的。时代在变，传统传承的基础在变，传承的动力也在变。如何处置传统，当然不仅仅看政府的态度，更重要的是要看传统拥有者和传承者的态度，如果他们能够接受和自愿接受政府的主张，就不应该去指责他们。有的学者还指责这种行为是搞"伪俗""民俗主义"❷。这种只是学者的一厢情愿和理想罢了。正如潘英年教授在考察贵州梭戛生态博物馆后所说：

251

有关部门甚至要求梭戛生态博物馆向社会全面开放，要求不许收门票不许村民向来客兜售工艺品。但是对于普遍赤贫的当地苗民来说，当务之急可不是什么文化保护，而是如何才能填饱肚子。因而在梭戛学者的要求事实上根本做

---

❶ 刘晓春. 非狂欢的庙会. 民俗研究，2003（1）.

❷ 民俗主义，也译作民俗学主义，是指被抽离语境为特定目的而加以改造甚至发明的民俗。参阅 瑞吉纳·本迪克斯. 民俗主义：一个概念的挑战//周星. 民俗学的历史、理论与方法（下册）. 北京：商务印书馆，2006：859-881；[日]西村真志叶，岳永逸. 民俗学主义的兴起、普及以及影响. 民间文化论坛，2004（6）；[日]森田真也. 民俗学主义与观光——民俗学中的观光研究. [日]西村真志叶，译. 日本民俗学（日本民俗学会机关杂志），2003 "民俗学主义专号". 中文翻译由西村真志叶提供，特表致谢。

不到。首先是馆长向我透露说，如果博物馆完全不考虑创收那就很难再维持下去；其次是村民不仅向客人兜售工艺品，而且连拍照也要求收费。仅从这两点上看这里就显得比一般的旅游景点更加商业化。你能说他们的要求不合理吗？尤其在你进入了他们的村寨接触了他们的生活之后，你不能不对他们的赤贫状况无动于衷。所以在这里文化保护与经济发展构成了矛盾和冲突。如何协调二者之间的关系使之皆大欢喜对于年轻的梭戛生态博物馆来说是个有待进一步探索的重大课题。所以那天馆长叫我留字我没写别的，只写了这么一句话："保护传统文化，任重道远"。❶

传统拥有者在自家门口展示自己的服饰，跳自己的舞蹈、唱自己的歌，就能够获得收入，难道不比他们到城市受"城里人"白眼、干城里人不愿意干的最累、最脏的活，住在简陋的工棚里更加体面吗？民俗学者本来就是"眼光向下"的产物，在这个问题上同样需要眼光向下，多去问问传统拥有者的想法，而不是坐在书斋里为民众"策划民众该怎样生活"，那样不仅于事无补，也违背了民俗学的立场。

正是由于经济意识的增强，原来完全是义务的传统职位，有些人也开始盘算自己的经济收益而尽可能推辞。一位 L 姓的中年人，他父亲曾经做过腊摩，但他却不愿意学习念经。笔者多次问他原因，有一次他与笔者喝酒后就对笔者说："我老婆不让我学做腊摩。做这种事误工多得很，以前光在传统的跳弓场跳，现在先在旅游区跳，再到旧的跳弓场跳，天一亮就喊，从早做到黑，邦郎好比狗整天走。饭都不能在家吃，老婆又骂，小孩也骂，他们说你做这种事一分钱不得？你不做虎村的天不亮吗？不听七师和群众的不成，不听老婆的也不成，老婆闹离婚怎么办？"2005 年 2 月 18 日下午，笔者正在一位村民家里与包括邦郎总管在内的几个人座谈，邦郎总管的妻子就在房子的后面用彝语带有怨气大声地喊邦郎总管："为什么下午 3 点还不去放牛！"在场的人翻译给笔者听后，笔者内心感到非常难受。因为我们这些研究民间文化的学者，总在以为做多么重要的工作，而往往无偿或廉价地占用村民的时间，耽误了他们的生

252

---

❶ 潘英年. 梭戛生态博物馆的启示. 中国民族，2003（3）.

产，干扰了他们的正常生活，我们必须经常扪心自问：我们的工作到底能给当地老百姓带来什么益处？这才是他们最关心的。邦郎总管还告诉笔者："2004年 SUDM 和 LIANGGJ 做麻公，另外一个邦郎 WYG 和 LIANGGJ 来找我，要求我组织活动，我不做他们做不成。当时我正在煮菜，我的大女儿看见他们来，就说'阿爸你赶快躲起来，你穿衣服没有钱，买油盐没有钱，我给你，你身体又有病，不要跟他们做这种事了，你死了虎村就没有人了？你已经做十多年了，为什么要年年做？'我的三个孩子骂了我一轮。我对 WYG 他们说'我不做了，铜锣在这里，你们拿去吧'。"来自家庭成员的这些态度，也使得这些传统节日活动的组织者、承办者承受很大的压力。有个别人甚至拒绝承担做麻公。村民就对笔者说，有两位外出参加工作的人，或自己不愿意或家人反对做麻公，甚至扬言要把众人交的粮食和柴火丢出门外。如有一位 L 姓的退休干部，他是第一个轮到他做麻公推辞不干的人。而后又过一两年第二个推辞不干的是一个在林场工作姓 W 的。本来男的已经同意干，腊摩占卜也中他了，村里人也已经挑柴火送众人粮到他家里，但他的妻子坚决不同意，她把她妈妈和家婆臭骂一顿，说什么："你们非常饿是不是？那你们就把这些东西搬到你们的席子上去！"并大声嚷道："这些东西是谁的谁就拿走，否则我就把它烧了。"后来只好重新占卜别人来做麻公[1]。

萨喃的缺位也有经济方面的原因。2005 年跳弓节时听说七师已经决定由其父亲继任萨喃，萨喃的儿子 YZHF 知道后找到邦郎总管，并当着我们 PCD 课题组成员大声指责七师的决策，表示就是给 1 万块钱也不能够让他父亲做萨喃。后来经过大家做工作，YZHF 同意他父亲上任做腊摩。2005 年 8 月 22 日上午笔者到他家，他对笔者表态："历史传统不做是不成的，再困难也要努力克服。以前没有支持我们都一直做，现在有一点支持可以减轻一些我们的负担。我的父亲已经 69 岁了，但如果一定要我父亲做，我也同意。只要他在位，我都尽力支持。"虽然我们 PCD 课题组给他家资助 1100 元钱，但是，承担这个角色的确给他本来不富裕的家庭增加了不小的经济负担。邦郎总管就说："这

---

[1] 2005 年 8 月 14 日笔者与同事李美在南宁对对王光荣老师的访谈。

1100 元只是适当补贴，是不够的，家里最少补贴 500 元。他家要杀一头 200 多斤的大肥猪和一些鸡，准备三四百斤酒，大米 100 多斤。连续办 3 天，光柴火就要烧不少❶。还要包糯米给亲戚回家，我们拿酒、钱去祝贺他，将来他家还得还礼给我们。"当时，他的大女正准备到县城读初中，需要的经费还没有筹好，他正到处去打短工筹钱。

此外，原来邦郎是每年一换的，后来也很少换了，这样一些多承担义务的人也开始产生怨言。比如，2005 年 11 月 9 日邦郎总管就对笔者说："我现在打的铜锣是王××买给的。我怎样做也不成，老婆骂我。现在我想交出，交给党支书他不要，交给哪个都不要。"

在市场经济条件下，村民有了较强的经济意识是好事，我们也不应该去指责这种村民。但是，如果没有信仰的力量、个人的奉献精神，在传统的传承上事事都考虑自己的经济利益，正是时代剧变给传统的传承带来的一个严峻的挑战。这也许是政府制定非物质文化遗产保护政策必须要充分考虑的。

（五）保护非物质文化遗产运动也有利于改善虎村传统节日的生存环境

文化多样性、非物质文化遗产是全人类的共同财富已经成为世界上越来越多的国家、非政府组织和民众的共识。保护非物质文化、维护文化多样性已经成为全球性的浪潮。中国政府也正积极行动起来，从中央到地方都颁布了一系列法律法规以加强非物质文化的保护，一场保护非物质文化的运动正在中国大地兴起。

实际上，从 20 世纪 50 年代开始特别是 20 世纪 70 年代末以来，国家投入大量人力、财力，收集、整理各民族民间文学艺术资料。1979 年开始组织编写包括有 56 个民族的音乐、舞蹈诸门类的"十部文艺集成志书"，这部规模宏大的丛书包括《中国民间歌曲集成》《中国戏曲音乐集成》《中国民族民间器乐曲集成》《中国曲艺音乐集成》《中国民族民间舞蹈集成》《中国民间故事集成》《中国歌谣集成》《中国谚语集成》《中国戏曲志》《中国曲艺志》。1984 年 5 月，国

254

---

❶ 据笔者观察，实际上 YCHC2005 年上任做萨喃的时候还杀了一只小狗和一头约 30 斤的小猪做祭品。

务院办公厅转发国家民委《关于抢救、整理少数民族古籍的请示》，明确了少数民族中口头流传的资料，要及时组织力量抢救，勿使失传，并在国家民委和少数民族聚居的自治区和省设立办事机构。这些措施和行动都对虎村的传统文化的保存起到了非常重要的作用。虎村白彝的神话、传说、民间故事、民族歌舞、民族乐器等都被有关专家学者整理收入相关的集成之中。王光荣还在广西少数民族古籍整理领导小组办公室的支持下收集、翻译、整理了白彝送葬的《开路经》。但是这些都只是一种记录和整理，然后放入图书馆、资料室当中，对传统文化的保留起到重要作用，但对传承人关注不够，随着老艺人的去世，许多民间技艺也就失传。

21 世纪初，联合国教科文组织设立了一个叫做"人类口头及非物质遗产代表作名录"，专门用以表彰那些最值得传承与保护的文化表现形式，以及与之相关的文化空间等，2003 年 10 月 17 日还通过了《保护非物质文化遗产公约》，掀起了一场在世界范围内的非物质文化保护运动。对此，施爱东"戏说"道："还是洋人厉害，他们就是会玩新花样，同样是那个东西，被他们重新定义一下，马上有了非同凡响的文化内涵。"❶在笔者看来，这种做法不仅仅是包装，更重要的是思路、做法的差异，其做法与我们过去的搜集整理民间文化然后锁到橱柜里不同，更强调保护活态文化即生活层面的文化，强调传统文化的传承。在这样的大背景下，经过中国民间文艺家协会主席冯骥才等一大批学者的呼吁，中国政府也开始重新审视和调整了政策。中国国务院 2006 年 5 月批准文化部确定的第一批国家级非物质文化遗产名录 518 项，其中云南文山壮族苗族自治州申报的彝族铜鼓舞、葫芦笙舞实际上就是富宁县白彝的传统。而后，广西壮族自治区人民政府也公布了首批自治区级非物质文化遗产名录 58 项目，白彝的跳弓节榜上有名。广西壮族自治区人大常委会在制定《广西壮族自治区民族民间传统文化保护条例》过程中组织专家到过虎村考察，这个条例经过多次修改、审议，广西壮族自治区人大常委会第十届人民代表大会常务委员会第十三次会议于 2005 年 4 月 1 日通过，从 2006 年 1 月 1 日起施行。目前政府虽然还没有

255

---

❶ 施爱东. 从"保卫端午"到"保卫春节"：追踪与戏说. 民间文化论坛，2006（2）.

就虎村的非物质文化的保护给予直接的投入，但相信将来必定会引起更多人对虎村的传统的关注而对其传承产生影响❶。

三、学者与非政府组织对虎村传统传承的推动

在政府推动的同时，学者与非政府组织（NGO）对于非物质文化的传承的推动发挥了重要的作用。就保护虎村传统特别是传统节日的传承而言，首推广西师范学院的民族民间文化研究所的王光荣教授，笔者领导的 PCD 课题组从2004 年进入虎村后也做了一些有益的工作，均得到村民的称赞。

〔一〕王光荣的推动

谈论白彝文化的研究和保护话题无论如何也不能不提到王光荣。王光荣作为一位从白彝山村中走出来的为数不多的高校教师，是白彝中唯一一位具有教授级职称的专家，他对本族群的传统具有深厚的感情，在长期从事彝族民间文化的教学和研究过程中，看到本族群的活态文化正在面临严峻的冲击有逐步消失的危险而十分焦急。他曾对笔者说，首先会熟练念经的人不多了。其次是原来一些传统的体育竞技活动已经很长时间不表演了，其中有两个活动是比较精彩的，一个是"朝斗"❷。这个活动在 20 世纪 50 年代以前村里人表演时，是两个人拿着一把木矛，互相投掷，互相接抓，现在已经没有人能够表演了。还有一个跳葫芦笙，这个现在还有，但已经只是象征性的了。原来是有一个五笙手摆着弓步吹奏五笙，其他青年小伙子一个接一个从他的头部飞越过去，具有民间武术的色彩。以前表演时谁能够跳过去就获一小块肉的奖励。现在只是从腿上跨过去。这样精彩程度就大大降低。再次，就是旅游部门带旅游团来，停留的时间很短，只有几个小时，只能精选一些片断表演给游客看，这样他们就不可能了解白彝的文化的全貌和内涵。为此，王光荣为继承和弘扬白彝的传统上下奔波。而且，他作为本族群的知识分子有着独特的优势：他同本族群民众有着血肉联系和"天然"的感情，熟悉本族群和本地区的历史、现状、特点及

256

---

❶ 2007 年 3 月 25 日笔者正在北京师范大学修改此文时收到王光荣教授的信息说，2007年农历二月补年节广西电视台将到虎村拍专题片。

❷ 朝斗：白彝语，飞镖的意思。"朝"彝语的意思是梭镖，"斗"彝语的意思是互相飞刺。

风俗习惯，通晓本族群的语言，同时当地的民众也把他作为本族群的代表，不仅愿意向他倾诉心声、反映意见，而且愿意听取他的意见、建议和劝告。这种独特的优势也使得他的工作开展得比较顺利。

本着"尽可能挖掘活态文化的潜力，尽力找回各种传统优秀节目，并加以适当升华，打造一个艺术跳弓节的新模式，让后人时常缅怀祖先创世的业绩，并有演绎传统文化与现代化结合的蓝本"❶，于是，从 2001 年开始，王光荣就自己出钱给虎村人到云南购买五笙、铜锣、纸扇等一批道具，还亲自制作彝族二胡送给虎村，带领部分男女青年到滇桂交界的其他彝族村屯学习在虎村已经失传的舞蹈，组织培训了一批青年学习吹五笙，跳扇子舞、铜钱舞、木鼓舞等，并多次与县领导沟通，请求他们支持改善虎村的基础设施，新建跳弓场和寨神庙，举行了"2002 年艺术跳弓节"。这次艺术跳弓节的举行，不仅使县领导和有关部门更加重视虎村白彝的传统，经过广西电视台等媒体的宣传，也扩大了虎村传统节日的影响，让更多的人了解虎村的传统节日，同时对于虎村人文化自尊心和自信心的重新建立也是一个极大的促进。

（二）笔者负责的PCD项目对虎村传统节日传承的推动

1. 社区伙伴及笔者负责的课题组

香港社区伙伴作为在香港注册的慈善机构，秉承公平、多元、自力自主、合乎生态原则、善治、互助及正能量的原则，强调以人为本、关顾环境生态并尊重地方文化，反思主流发展模式，提供资金及非资金的支持，在中国内地与本土社区、发展机构和地方政府以合作伙伴的关系，更好地建立人与自然的和谐关系，为实现可持续生活而努力，与本地的伙伴一起工作、学习和分享。

笔者作为少数民族成员，从事少数民族历史文化和民族政策的教学与调查研究近 20 年来，一直关注少数民族地区人民的生活和发展问题，并致力于为少数民族地区人民做一些力所能及的事。由于笔者非常认同 PCD 的理念和做法，2003 年 3 月笔者就成为广西第一批 PCD 在广西开展项目的承担者，参与了一个壮族社区发展项目。在 PCD 广西项目统筹的建议下，经过多次讨论，PCD

257

---

❶ 摘自王光荣撰写的《2002 年艺术跳弓节活动计划书》（内部资料）。

决定资助我们广西民族学院民族学人类学研究所开展"传统文化、知识与农村发展"的行动项目，其中虎村"族群传统文化资源管理与可持续生计研究"由笔者负责，课题成员有李美❶和笔者的一位硕士研究生吴政富。笔者2004年8月底到北师大上学之前，安排李美负责带领课题成员做项目点的前期需求评估。

2. 进行需求评估，确定项目行动思路和行动方案

按照PCD的要求，通过采用参与式方法（Participatory Rural Appraisal）进行需求评估，课题组发现：尽管有政府的推动，王光荣的努力，虎村的传统传承仍然遇到了前所未有的困难。在行动研究的前期需求评估调查中，村民表达了要求我们帮助保护民族传统文化的愿望，他们面临的具体问题有：

第一，民族乐器的制作问题与乐器不配套的问题。白彝善歌舞，白彝的生活也缺少不了歌舞，更缺不了伴奏乐器。无论是民族节日活动还是其他仪式的举行离不开乐器。所以，白彝自古有自制五笙的手艺，但由于缺乏制作五笙的葫芦及狄竹，目前使用的五笙是王光荣教授给钱到云南买来的；而另一主要乐器——铜鼓，也只有母鼓（大铜鼓），缺一个公鼓（小铜鼓），只是用一个铁皮油桶盖代替。

第二，彝经的传承问题。由于没有文字，彝经传承方式是口耳相传，死记硬背，目前虎村基本会念彝经的只有两三个人。此外，成为腊摩、萨喃的诸种条件，以及"七师"制度中，只要腊摩、萨喃夫妻双双健在，哪怕他已经没有能力履行自己的职位职责，其他人也不能取代他的传统规定等，也影响了彝经的传承，甚至使得传统"七师"组织结构不完整，虎村的萨喃已经缺位多年，每次活动只能由"七师"中的一位临时顶替，影响"七师"的组织功能的发挥。

第三，民族节日活动的开展日益困难。根本原因在于经济困难。如2004年、2005年，开年节那天，每户只交1元钱、2两肉、1斤酒，仍有一些家庭因经济困难而不太情愿交。另外，同样由于经济上的原因，一些人不积极做节

258

---

❶ 原广西民族学院民族学人类学研究所讲师，以同等学力在北师大申请到了民俗学专业硕士，导师为刘铁梁教授，2005年下半年调到学校图书馆工作。

日承办人，认为负担过重。这种情绪具有一定的感染性，节日活动开展也面临可持续性的问题，而节日是白彝传统的主要承载者和外显的主要方式。

第四，传统的传承后继乏人。近年来虎村大部分青壮年尤其是受学校教育比较多的都外出打工，只有逢年过节才回家，有的甚至一两年才回家一次。

第五，外来文化冲击。通过上学、打工、媒体等途径，大量外来文化涌入虎村，对村民尤其是对青少年文化价值观影响很大。那么，为什么在经济更为困难的20世纪50年代以前却能够正常进行？因为当时虎村村中有10亩公共地，他们出租给邻村的汉族人耕种，每年租金为4头猪（2大2小），活动经费完全不成问题。加上于今现代传媒的影响，电视与影碟、流行歌曲的充斥，不少年轻人外出读书打工，开阔了视野，对这些传统的节日文化缺乏热心，影响人们参与节日的积极性。因此，村民提出保护传统文化的根本在于提高收入水平，而种竹是他们最愿意做并具有条件做的项目。

课题组经过研究讨论认为，村民的需求与我们的研究兴趣相符合，但是，我们的项目资金有限，项目除了促进文化自觉，帮助村民提高对本土文化资源的管理能力外，因为村民生活困难导致传统传承出现困境是一个重要原因，也是我们项目无法回避的问题。因此，项目的设施必须与村民可持续生计相结合，使他们在传承和弘扬本族群传承的过程中提高他们的生活水平。于是，我们与村民代表讨论，根据我们课题资金情况，确立了课题行动的思路：以竹文化为切入点，在整理传统和弘扬传统的同时，帮助村民提高社区传统资源的管理水平，利用崇拜竹子、栽种竹子、利用竹子这种传统，发展竹子种植，增加村民收入，达到既传承传统又改善生活，使村民重新审视自己的传统，反思自己的传统，促进文化自觉。

3．项目的实施过程和方法

在行动项目实施过程中，我们始终根据参与式方法的原则，即外来人只是协助者，决策和行动的都由村民代表来决定，每做一项决定必须有不少于 1/3 的女性代表参与讨论，还多次征求从村里外出工作的有关人员的意见，促使他们更加关心本村的传统传承和发展问题。

259

PCD 项目的实施给虎村传统的传承注入了一支强针剂，得到了村民的认可和称赞。他们逢外来人到虎村就对他们说广西民族学院的老师来做了好事、实事，解决了一些他们村多年没有解决的传统传承问题。2006 年 11 月 25 日，在有 PCD 广西项目统筹徐国伟先生在场、当项目评估专家问到获得 PCD 资助后举行跳弓节有什么效果和变化时，邦郎总管 LRZH 就说："第一，获得资助，减轻群众负担，不用收村民的钱了，摆摊的也不收了，也不去临村讨钱了。第二，发扬民族传统舞蹈，丰富民族文化生活。第三，发扬尊老风俗，因为过节吃饭劏鸡、摆肉，先点香，由腊摩、萨喃念经祭祖，然后才开始吃饭。"女性代表 LGX 也说："获得资助后节日活动搞得更加好了，还恢复了一度被停止跳的一些舞蹈。"能够获得村民的首肯，是项目的策划者和出资者 PCD 的官员所愿意看到的，当然也是笔者感到欣慰的。按照我们的理念和预先的假设，经过两年多与村民一起共同努力，基本达到预期的目标。项目的实施过程对长期只是做理论思索而不亲自主持行动项目的学者而言，的确是一次学习提高、自我完善的过程（图 5-3）。

260

图5-3　笔者在与从虎村出去的干部及村民代表讨论（韦玺摄）

表 5-1　PCD 行动项目实施情况及效果分析

项目组做的工作	产生的作用和影响	作用和影响的具体表现	村民的想法和做法的变化
成立传统文化发展基金管理小组，制定管理条例	社区群众凝聚力增强，促进村民文化自觉	村里的传统事务的决策更加公开民主，有章可循，村民自我管理能力增强；妇女能够在传统节日活动的决策和实施中发挥作用	大家都觉得人心齐，泰山移，传统的传承不是可做可不做，而是必须做；提高妇女参与传统活动的积极性
萨喃缺位多年的状况	使虎村的七师制的功能得到更好的发挥	10多年来，"腊摩"的副手"萨喃"一直空缺，每年都是临时找一个人代替，这种状况从此结束	村民感到由经过举行传统的就位仪式上任的萨喃主持仪式，更加可靠
PCD 项目从资金上连续两年资助举办跳弓节集体活动	跳弓节集体活动顺利举行，进一步扩大了虎村传统文化的影响	2006年参加跳弓节的单位媒体记者较以前增加了许多，给虎村捐资的现金数额也达到2150元，初步形成一个自我积累、自我发展的机制	村民初步感觉到传承传统文化、开发传统文化的一点甜头，更加自觉承担邦郎分配给的任务
录制并制作彝族经文，免费发放给村民	促进了彝族经文的学习，有利于经文的传承	原来村民学习经文只能在闲时到腊摩、萨喃家中或举行仪式腊摩、萨喃念经时旁听，有了录音，随时可以学习，全村30多人要了光碟	到腊摩、萨喃家拜师学习，要带酒肉，且影响这些七八十岁的老人的正常生活。因为学习不便，影响年轻人学习积极性和学习效率，可用光碟自学，愿学习的人增多
推动彝族传统文化进入当地小学教学内容	有利于族群传统文化的传承自幼开始学习	学生在学校可以学习本族群文化，还以自己的族群舞蹈参加全乡全县比赛	本族群文化并不是丑陋的，而是精彩的

261

项目组做的工作	产生的作用和影响	作用和影响的具体表现	村民的想法和做法的变化
制定了种竹计划	在多次讨论中使村民和当地干部，更好地认识本地资源特点，寻找因地制宜的发展路子	认识到本村的优势在于利用传统文化特别是崇竹、用竹和适宜种竹的土质特点，这是虎村的可持续发展之路	村民越来越多地自觉地护理好已有竹子，准备今后多种竹子
督促村民代表与那坡县有关部门座谈	村民自我发展，如何争取政府和NGO的帮助能力提高	村民打报告给县政府要求加快虎村旅游点建设，2006年自己发请帖邀请自治区、百色市和那坡县有关单位参加跳弓节，扩大虎村影响并获得2000多元资助	那坡县人民政府已经在县人大会议上正式宣布把白彝民俗旅游作为那坡县重点建设的旅游项目之一，使村民充满着期待
督促传统文化发展基金会整理传统文化	使村民对本增强的传统文化资源有更清楚的认识	自觉修复织布机，年轻人学习制作传统服装、传统舞蹈、铜鼓的击打和五笙的吹奏方法	保持自己传统文化特色，才能得到政府的重视和吸引外地游客，制作传统服装、学习传统舞蹈积极性空前高涨

4．在项目实施过程中的一点体会

参与式方法是在外来者的协助之下，由村民自己来决策要做什么、怎么做，这固然是对过去政府行政以命令形式要求农民做什么、怎么做的行政方式的否定，这种方式对于培养农民的主人翁意识、培养他们的组织能力、决策能力和集体意识、大局意识具有很好的作用，对促进他们的文化自觉也具有良好的效果。但是，在实际操作过程中，往往面临这样一些令课题组成员非常头痛的问题，如村民之间的利益关系非常难协调；目前贫困的少数民族地区农民的整体素质还比较低，眼界也还比较狭窄，对于本族群文化也存在一定的"自盲"，加上政府几十年给钱给物的扶贫模式，使许多贫困地区的农民养成了严重的"等、靠、要"思想，往往使村民缺乏自主性、难以自我决策，采用参与式方法实施项目时，必须高度重视这些方面的问题。

262

在半个世纪的历程中，虎村传统节日经过了前所未有的大起大落，深刻反映了外力特别是政府的力量对于虎村传统节日传承的作用，在某种程度上可以说"兴在于政府，衰也在于政府"。

第二节　文化自觉：虎村传统节日传承的根本力量

人类发展史已经证明并将继续证明，源远流长的传统是确认一个族群或民族独立身份最重要的因素，迈向现代化，走向美好未来，并不需要也不可能同传统彻底决裂，一个族群或一个国家的现代化只能是在传统的地基上构筑未来的大厦。但是，为什么还会出现传统的危机呢？从虎村传统节日的传承中我们可以得到一些有益的启示。

一、文化的碰撞与文化自卑

大量的考古学和民族学的研究表明，即使在原始社会阶段族群或地区之间的文化已经开始互相交流和互相影响。随着社会的发展，这种交流越来越频繁，互相之间的影响也就越来越深，文化的变迁亦越来越快。但是，这种影响往往是强势族群的文化对弱势族群的影响更大，甚至导致弱势族群出现文化自卑心理而放弃本族群传统，影响其文化的传承。中国历史上许多少数民族迫于生存和发展的压力，或主动或被动地接纳和吸收汉族文化，甚至形成比较严重的民族文化自卑心理。同样，近代以来以汉族知识分子为代表的许多中国人在中西文化的碰撞中也曾表现出了强烈的民族文化自卑心理。

263

自从鸦片战争后，面对西方列强的入侵，中国人从感觉器物的不足到制度的不足，再到文化的不足，对自身文化的评价越来越低，每一次对西方文化认识的深入都伴随着对自身文化否定的加深。从洋务运动到戊戌变法，尽管中国在不断地进行变革和新制度的试验，但在侵略者的打击下中国却显得不堪一击，甚至不能保全自身文化。中国人在屡遭污辱中产生了对自身文化认知上的自卑。这种文化自卑心理在五四运动中就集中表现为对中国文化的彻底否定，甚至产生了对民族文化的罪恶感和"赎罪"意识。中华人民共和国建立后各项事业的迅速发展，增强了中国人的自尊心和自信心，但是，闭关锁国导致了夜郎自大、盲目排外，走向另外一个极端。改革开放后，国人得以环视世界，当了解到帝国主义并没有很快像革命导师所说的那样已经"垂死""腐朽"时，许多人的民族自信心又崩溃了，特别是在全球化的浪潮中民族文化心理的缺陷越来越重，文化自信心越来越弱，否定中国民族文化的合理价值、宣传全盘西化的思想重新抬头，洋文化大行其道，民间民俗文化日趋边缘化，以致一些人担心中国的民俗传统难以传承，认为中国传统节日中最具影响力的春节都已经面临需要"保卫"的尴尬局面。

就全球范围而言，伴随着全球化而来的是一股无法抗拒的力量：全球性互赖（global interdependence），它将全世界人们的生命与生活彼此紧密地交织相连，任何一个国家的问题，如就业、毒品、环境污染等都已成为全球问题的一部分；而各民族、族群文化的相互接触也随之变得前所未有地密集和广泛，由此产生的文化变迁与涵化愈发剧烈，引发的新的文化冲突层出不穷。从另一个角度来说，全球化同时导致了强烈的地方化，即具有地方色彩的强烈的认同意愿。全球化与地方化是一个不可分割的整体，前者的极端是霸权主义，后者的极端是排他性的原教旨主义；要使两者都达到平衡，使各种不同的民族文化能够逐渐地"和而不同"、多元并存，才能达到"各美其美，美人之美，美美与共，天下大同"❶的美好和谐境界。在全球化语境下，无论文化的面貌是否达到了文化全球化的程度或者朝此方向前进，东西方所感受到的人类生存的困境、文化的危机，从而引起的反思与批判，却是异曲同工。在刚过去的 20 世纪里，西方学术界关注"文明对话"与"文明冲突"之争，关注空前活跃着一股反思与批判的思潮，已深刻地影响到西方世界与非西方世界，这正是对当代人类所面临的诸多困境与文化危机的觉醒，转而从自身寻求原因与解决方法。在中国，针对这样的危机，费孝通先生提出了"文化自觉"这一理念。费孝通先生指出："文化自觉只是指生活在一定文化中的人对其文化有'自知之明'，明白它的来历、形成过程、所具特色和它的发展去向，不带有任何'文化回归'的意思，不是'归复'，同时也不主张'全盘西化'或'坚守传统'。自

264

---

❶ 费孝通. 反思·对话·文化自觉. 北京大学学报（哲学社会科学版），1997（3）.

知之明是为了加强对于文化转型的自主能力，取得决定适应新环境、新时代的文化选择的自主地位。"简单地说，文化自觉是"对文化进行多角度、全方位的反思的过程，是文化的再审视和定位"❶。这一理念包含了以下四个方面：第一，知我。文化自觉首先要认识自己，就必须由反思开始。从历史的角度纵向深入我们的文化精神中，不仅要深刻了解本民族及其代表文化，还要深刻了解其他兄弟民族及其代表文化。从空间的角度来看，要深刻了解各区域、各族群的文化生活，摒弃任何形式的民族沙文主义。第二，知他。这里的"他"指的是本土文化外的其他异质文化或人自身之外的对象。这体现了人与人、人与社会、人与自然的关系。要了解"他"，同样需要反思，同时进行"跨文化交流"（cross-cultural communication），即自觉性的"文化对话"，而非一般意义上的文化接触。第三，对话。只有平等对话，才能增进双方的互相理解；而要实现平等对话，其外必须重构现实的国际秩序，打破新老帝国主义的秩序结构，同时重构现实的经济关系，使南北经济关系走向平等，还要打破现实的文化格局，改变文化原创者和接受者角色的固定化结构。其实，最首要的就是要增强对文化转型的自主能力，使民族的文化能够持续成长。只有弱势文化建立起令人尊敬的现代文明文化大厦的时候，文化间的平等关系结构才有实际依托。第四，共荣。"'各美其美'就是不同文化中的不同人群对自己传统的欣赏。这是处于分散、孤立状态的人群所必然具有的心理状态。'美人之美'就是要求我们了解别人文化的优势和美感。这是不同人群接触中要求合作共存时必须具备的对不同文化的相互态度。'美美与共'就是在'天下大同'的世界里，不同人群在人文价值上取得共识以促使不同的人文类型和平共处。"❷这是对文化自觉历程的概括，也是文化自觉所追求的目标。通过平等对话，全球化能够逐渐发展出生命共同体的意愿；通过对话，大家都具备和平共处的根源意识，互相尊重，互相理解，互相欣赏，实现人类的共荣理想。由此，文化自觉不仅回应了中华民族复兴的问题，也是对整个人类前途的一种深刻的人文关怀。

265

---

❶ 费孝通. 反思·对话·文化自觉. 北京大学学报（哲学社会科学版），1997（3）.
❷ 费孝通. 跨文化的席米纳. 读书，1997（10）.

　　但是，要做到"各美其美，美人之美，美美与共，天下大同"是很不容易的。正如费孝通先生所说的，主要是西方强势国家容易妄自尊大，热衷于"传教"和推销自己的"文明"，而历史上许多受过西方殖民主义欺凌的发展中国家的民众，容易妄自菲薄，或闭关排外❶。实际上，在中国到底文化的发展何去何从，西化与东化一直是近代以来文化研究争论的热点和民众并存的两种心态。时而闭关自守占据上风，时而"中体西用"成为主流，时而全盘西化风头更盛，随着中国的发展，20世纪末新儒学"东方救世论"也颇有市场。这些观点都是采用一种"二元对立"的思维模式，而在中国文化和现实生活当中这种二元对立从来就不成立，更加强调平等交流、互相学习、取长补短、创新发展。从孙中山"集中外的精华"、蔡元培的"兼容并包"、毛泽东的"精华糟粕观"、张岱年的"综合创新"到费孝通的"文化自觉"都是一脉相承的符合中国文化发展方向的科学主张，所谓的"抵制圣诞节"和"保卫春节"都是极端的做法。

　　然而，就中国少数民族特别是弱小的族群而言，由于历史上长期受歧视和压迫，加上1958年后传统文化遭到史无前例的大破坏，主流社会的忽略，长期以来在教育中强调全国采用统一编写的教材，绝大部分少数民族特别是人口少、经济落后的族群文化进不了课堂，造成弱势族群学生成绩普遍低下。正如香港中文大学人类学系主任陈志明教授所说："这不仅在中国，在国外也是常见的问题。这并不是因为少数民族学童较主流社会学童的智商低，也不是他们不懂得学习，而是因为课本里的知识是他们很少接触过甚至很少听说的内容……中国的全国统编教材的内容以主体民族为主要对象，很少考虑到山区的少数民族，教材中所引用的例子主要以反映城镇的生活为主……总而言之，边远山区少数民族的学校教育问题，其实不是少数民族自身的问题，而是因为主流社会和地方政府忽略了他们……"❷于是，弱势族群的青少年在学校读书越多，在村落里生活的时间就越少，对本族群的传统知道的就越少，造成弱势族

266

---

❶ 费孝通. 费孝通在2003. 北京：中国社会科学出版社，2005：194-195.
❷ 陈志明. 走进竹篱教室·序一//袁同凯. 走进竹篱教室. 天津，天津人民出版社，2004：1-2.

群的"文化人"反而没有文化（地方性知识）的怪现象❶。这种状况不仅造成弱势族群学生的成绩普遍不如主体民族的学生，同时也是造成弱势族群传统面临失传的一个重要致命的原因。弱势族群学生在学校读书越多，不仅对本族群的文化了解就越少，而且对本族群文化的感情就越淡漠、文化自卑心理越重。因此，在相当时期内文化自觉特别是克服文化的自卑心理，增强对自己文化的自豪感和自信心显得十分重要。这是传统传承的前提与基础。如果一个族群对自己的传统文化连起码的自豪感和自信心都没有，这个族群传统的传承必然会遇到种种困境，传统节日的生命力就必然衰竭，生命力就不可能长久。正如赵世瑜教授指出，中国传统节日之所以面临种种困境，深层的原因就是过去 100 年来，我们始终缺乏自信。过去数千年泱泱大国的胸襟，已经荡然无存。皮之不存，毛将焉附？❷

2006 年农历二月十一日，虎村一位退休干部特地从县城赶回家参加他那位做巡题的弟弟的宴请，宴请后他也到跳弓场观看祭祀活动，他告诉笔者，他从小出去读书，后来参加工作，没有时间参加村里的传统节日活动，所以直到现在退休才有机会第一次参加这样的活动。这就是弱势族群传统传承面临的困境的一个例证。因此，要传承传统，必须"从娃娃抓起"，要让弱势族群的文化进入学校，从小培育他们的文化自尊心、自信心和自豪感，才能使弱势族群文化在现代社会的中得到传承。

二、虎村村民的文化自觉意识在提高

前面已经述及，在外力的推动下，加上越来越多的虎村人外出接触"异文化"后，他们开始重新认识和反思自己的传统，进一步提升了对自己的传统在自己生活中意义的认识。2006 年 11 月 25 日 PCD 课题组再次到虎村与村民代表座谈时，受过中等教育、教了一辈子书的退休后回老家居住的 LYI 就说："传统是我们民族几千年遗传（流传）下来的文化，如果说腊摩、萨嗬、铜鼓、五笙、麻公、跳弓节这些传统没有了，我们白彝的生活就没有什么意义了。因此，我

267

---

❶ 袁同凯. 走进竹篱教室. 天津：天津人民出版社，2004：345.

❷ 参阅 "节"：只剩下了吃东西？保卫中国传统节日. http://www.ce.cn/xwzx/gjss/gdxw/ 200611/03/t20061103_9265232_1.shtml.

们很需要它。比如，腊摩、萨喃，我们的红白喜事都需要他们，即使会念经的没有经过举行上任仪式的祭司来念经也不行。还有我们的传统节日几千年来都是这样做，如果没有铜鼓、没有五笙也搞不成。进新房要跳铜鼓舞3天3夜，白事还少不了五笙。"传统的重要意义赋予了族群民众生活的意义。可见，他们对自己传统意义的认识是多么深刻！

什么才是生活的意义？这是一个古老而重要的哲学命题。按照社会认识论的观点，这是不能抽象地加以臆断的概念，因为生活的意义就是每天不断生成的社会生活本身。但是，生活的存在并不等于生活的意义。意义是个体对自我存在价值的肯定，并找到存在的理由和支点。不仅仅满足于对物质生活的享受，而且通过各种方式确立自己追求的总体目标——生活目的。

只有发现生活的意义，人才获得生活和追求更美好生活的基础和动力。意义是生活的根基，也是生活的目的。追求意义既是每个人生活的内在需要与内容，又是生活的主题和灵魂。如果一个人找到了生活的意义他就会正视人生挫折、面对挫折能够调整好心态，不悲观失望，不自暴自弃，而是鼓起勇气去分析它、战胜它，就会实现人生的快乐、家庭的幸福和社会的和谐稳定。当然，世界的多样化决定了人的生活目的也是多种多样的，而且也不是一成不变的。雄才大略者"立德""立功""立言"❶，努力为人类、国家和民族而奋斗，是社会的福音；凡夫俗子则或是从政谋求高官厚禄，或是经商聚敛万贯家财，或是培养子女成才以光宗耀祖；基督徒认为人活着就是为了遵从神的教导拯救灵魂，死后即可升入天堂享受永恒的幸福。只要追求是在法律和道德允许的范围，不是采用黑暗的算计、彼此的仇恨、无耻的嫉妒、残酷的杀戮等危害他人和社会的卑劣手段都是无可厚非的，也是不应该干预的。

如果一个人连生活的意义都没有找到，即便他拥有满足生命有机体存活的基本物质条件，甚至是非常丰富的物质条件，读尽"圣贤之书"而"满腹经纶"，也会整天浑浑噩噩，如行尸走肉，在面对生活的困难、挫折、失败的时候，可能

❶ 《左传·襄公二十四年》："太上有立德，其次有立功，其次有立言，虽久不废，此之谓不朽。"

就会失去生活的信心和勇气而难以解脱。例如，一些大学生面对理想的大学校园和现实社会之间的巨大落差而对自我价值的怀疑，当理想破灭后浓重的失落，最终因放弃生活而毁灭生命，或恶意报复社会，这些都是个人、家庭和社会的悲哀！虎村人朴实、浅显的语言给我们诠释了深奥的人生哲学问题。

另外，由于社会和学校教育等方面的原因，一些过去没有认识到本族群传统意义的年轻人，在经过到外地打工，接触"异文化"之后，重新发现了族群传统的意义。从深圳打工回来的 HD 就说："我出去打工前很不喜欢我们传统的东西，觉得很难看、不好。我出去以后，在外面也不好，在自己的家乡还有跳舞。"❶通过到"大地方"接触"异文化"，反观自己的传统，促进了文化自觉，克服了文化的自卑心理，增强了自觉学习与传承传统的动力。族群成员环境变化与其文化自觉意识的形成过程是非常值得重视研究的普遍现象。公元前 70 年，罗马人毁掉了犹太人的都城耶路撒冷。犹太人被逐出家园流落世界各地。他们使用寄居国的语言，致使希伯来语作为口语逐渐消失。但是，民族文化的自觉使已经几乎成为历史语言的希伯来语从 19 世纪后半叶开始复活，到当代希伯来语成为 500 万人使用的以色列国的正式语言。虽然希伯来语在 1948 年 5 月以色列国建立前后还经受了多次挑战，移民数往往超过了原有居民数，然而希伯来语作为存活语言的地位从未动摇。壮族是被认为受汉族文化影响比较深的一个民族，过去很多壮族人文化自卑心理比较强，认为自己的文化很"土"，登不了大雅之堂。但是，当他们离开家乡，纷纷到广东等沿海地区打工后，他们却逐渐感觉到离不开自己的传统，族群的传统是他们精神的寄托。如广西天等县向都镇民族村登仇屯 26 岁的农永良当他到广东东莞打工后，感觉到"出来打工，我才知道自己更加离不开山歌"，他唱道："异乡打工实可怜，想唱山歌想家园，若能回家把歌唱，黄连做汤味也甜。"于是他毅然回乡学习壮族山歌创作❷。红棉树，广西德保县的壮家后生，真名叫廖汉波，日语、英语、普通话都说得很好。西安外国语学院毕业后到广东中山工作，却时常思念壮乡

269

❶ HD：男，1976 年生，虎村彝族，小学文化，在深圳一家工厂打工，2005 年 11 月 9 日随笔者到虎村调查的韦玺受笔者委托对 HD 的访谈录音。

❷ 怅然 是我们抛弃了民歌还是民歌抛弃了我们. http://post.baidu.com/f?kz= 142041017.

田峒和山野处处盛开的一株株红木棉，一年后创办壮族在线网站，分别制作壮语、英语、日语版，致力于传播壮族文化，创办和维护这个网站耗费了他大部分的业余时间和收入，每天只能休息三四个小时，但他却越来越痴迷。现在他的网站注册会员已经有近 8000 人，成为壮族文化爱好者的一个精神家园。他把大量汉语歌曲翻译成壮语，2005 年、2006 年他连续两年不遗余力坚持操办壮族新歌会，推动了壮语流行歌曲的创作和传播，使近几年在广西的壮族当中悄然兴起了一股用壮语和壮族音乐元素创作流行歌曲的浪潮。笔者作为一个从小受汉族文化教育的壮族人，应邀到广西靖西县参加 2006 年春节的壮族新歌会也颇受触动。笔者在这里所要表达的意思就是当一个族群的人走出去接触"异文化"后，往往会更加激发他对自己族群的情感，从对自己族群传统文化的不在意，甚至文化自卑转向文化自觉，重新认识到了传统的意义，恢复民族文化的自信心和自豪感，这是民族传统节日生命力的希望所在。

笔者坚信，在虎村年轻一代中也必然会出现越来越多推动传统传承的中间力量。

三、虎村人正自觉传承和学习传统

看到年轻人愿意学习传统，虎村人的老一辈非常高兴，也乐意向年轻人传授传统知识，这是传统传承的希望，也是根本途径。只有族群内部的学习和传承传统的欲望和动力被激发出来，传统传承才能够持续下去，否则只能是一厢情愿和美好愿望。

第一，自己织布和做传统服装正逐步成为一种时尚。近代洋纱传入中国，极大地冲击了中国传统的手工纺织业。中华人民共和国成立后，工业化的迅速发展，使汉族地区和许多少数民族地区的手工纺织业成为历史的记忆，白彝地区的手工纺织业也差不多成为"遗产"。一些家庭封存多年的织布机重新翻出来织布，织布机已经被破坏的家庭则重新制作了新机，以前从未学习过织布、绣花的姑娘开始向长辈学习传统的手艺（图 5-4），没有传统服饰的年轻人也已经都制作了至少一套传统服装。就连几岁的小娃子也都以穿上本族群的传统服装而感到自豪（图 5-5）。LYI 老人对笔者说："'文革'以后一段时间，都没有人织布啦，织布机有些人都拆来当柴烧了。后来搞民族传统节日，来的人多，也有人买，大家才又恢复。当时王光荣教授的大女儿结婚的时候，希望我的大女儿帮她做民族服装作为留念，所以，我家才新做的这台织布机。"❶

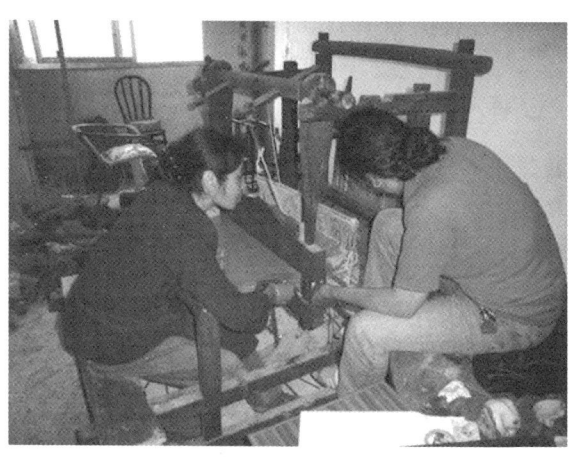

图5-4 姐妹俩在探讨织布工艺

（1）　　　　　　　　　　　　　（2）

图5-5 身着传统服装的儿童

271

---

❶ 2004 年 7 月 12 日笔者在 LYI 家中的访谈资料。

过去，虎村人自己种棉花，自己纺纱、织布、染布，于今他们虽然重新织布、缝制衣服，但已经不再种植棉花和纺纱，而是到云南富宁县买棉纱来织布，做衣服、床单、背带等，包括服装上的各种银饰（过去是银，现在实际上是锡）也是到云南富宁县购买。

第二，学习传统舞蹈和乐器演奏法，积极参与集体娱乐。虎村最重要的乐器是铜鼓和五笙，要跳舞就必须演奏这两种乐器伴奏。这两种乐器的演奏都是男性演奏，学习难度较大，自王光荣 2001 年组织培训后，已经有一部分青年人掌握了五笙和铜鼓的演奏法，这些年轻人大部分没有结婚，还不能到正式的祭祀场合演奏，但在入新居等娱乐场合可以演奏。相对而言，白彝的舞蹈比较简单，且都是集体性的，老少皆宜，更容易吸引男女青年参与学习和娱乐。他们打工回来，或节假日从学校回家，只要听到铜鼓声起，一般就会闻声而去，翩翩起舞（图 5-5、图 5-7）。

图5-6　周末回家的学生在学习传统舞蹈

第三，越来越多的人喜欢上了学习念颂传统的经文。白彝经文是白彝历史文化的重要载体，只能口耳相传，死记硬背，到 2004 年时虎村基本能够完整念彝经的只有两三个人，完全会念的只有腊摩 1 人。而 1925 年出生的腊摩毕竟年事已高，也影响了彝经的传授。村民强烈要求 PCD 课题组把腊摩所念颂的经文，进行录音，制成磁带或光盘，免费发放给需要学习的家庭，让"师傅"时刻在身边，创造彝人学习传统文化的便捷条件。根据这一要求，并对需要的家庭进行统计，笔者与课题组成员于 2005 年 8 月携带录制设备到腊摩家，请腊摩把主要的经词念颂出来，笔者刻录了 35 张光盘免费送给村民，受到村民的欢迎。村民平时闲暇时可以随时听录音学习，在举行仪式时再到现场听腊摩的念颂，从而更快地掌握白彝经文的念颂方法。

图5-7　青年人在学习演奏铜鼓

第四，虎村小学也把白彝的传统引入学生的第二课堂。虎村小学有 3 位彝族教师，他们在课外活动时间经常组织学生学习彝族舞蹈，还编排彝族舞蹈参加虎村的跳弓节表演和全镇的学校的文艺表演，从而使孩子从小在学校中学习到本族群的文化，培养彝族孩子的文化自觉意识，也使壮族、汉族的孩子了解彝族的文化传统。这是一个文化自觉的良好开端，我们期待着政府在政策和制度方面给予推动。

总之，虎村村民的文化自觉意识正在增强，学习传统的积极性有所提高，这是虎村传统传承的原动力、希望所在。

本章小结

    虎村人在生活中创造发明了他们的传统节日。在虎村人看来,传统赋予了他们生活的意义,传统节日活动可以给他们带来财富、平安和快乐,他们的生活离不开这些传统。千百年来,信仰的力量和对美好生活的追求驱使着他们不断传承自己的传统节日,以族内婚占绝对多数形成的家庭,使村落文化具有高度一致性,为传统节日的传承提供了文化场域。从 20 世纪 50 年代后期开始,虎村传统节日受到政治力量的强力干预,出现了大起大落,传承的思想基础、运作机制都受到影响,传统节日的传承出现了较大的困境。然而,在市场经济大潮冲击下,虎村独特的传统节日成为可以开发的资源,旅游开发正符合还没有完全摆脱贫困的虎村人对增加收入的需求,他们也初步尝到了旅游者给他们带来的甜头,于是政府的引导转而成为他们要求开发资源的强烈愿望。政府保护优秀文化遗产的政策和行动以及学者与非政府组织对虎村传统的收集、整理、研究和推动,使虎村传统节日的传承有了多股外部力量的推动,促进了虎村人的文化自觉,他们正重新审视自己的传统,开始自觉传承自己的传统。

结论与思考

至此，笔者对虎村白彝聚落的传统节日的民俗志考察就要暂告一个段落了。通过采用参与观察法和以参与式方法协助村民传承传统过程中，在给被研究者更多的表述机会的基础上，试图探讨一个弱势族群聚落的传统节日发明、内涵、运作与传承，进而揭示非主流族群的传统节日在全球化时代的生命力之所在。围绕以上问题，笔者试图做出以下结论。

一、传统是发明出来的，传统也不可能是永恒不变的，有的传统已经被发明了，有些传统正在被发明着，只有不断适应新环境的传统才具有生命力。

尽管虎村人声称他们的传统是"倮王"发明的，他们只是"依古而行"，但通过考察，笔者认为虎村目前的传统节日是虎村人适应新环境以及与周边族群互动的结果。白彝是一个有着悠久历史和独特传统的族群，源于川滇交界的凉山地区，但由于战争等原因辗转迁徙定居于滇桂交界地区，时空转换，形成了独特的族群和以跳弓节为核心的传统节日体系，白彝传统节日的发明与他们祖先的历史遭遇、所处的自然和人文生态有着直接的关系。与彝族其他族群不同的历史遭遇和环境不同，白彝发明了与其他彝族族群所不同的自成一体的传统节日。虎村的传统节日在新的环境和条件下还在不断地变迁，腊摩和萨喃产生办法的变迁、虎村由四个祖庙合并为一个祖庙、农历二月十二日"妇女节"在最近十年才发明出来，凡此种种都说明，传统是发明出来的，而不是自古就有的，传统也不可能是永恒不变的。有的传统已经被发明了，有些传统正在被发明着，还会将有更多的传统随着需要而被发明出来。传统的生命力在于不断地根据时空变化而调适。

没有不变的环境，也没有永恒的传统，一个族群的传统也不可能是独立发展的，而是在与其他族群文化的互动交流中不断变化的。虎村传统节日的发明与变迁，说明了传统不可能随着历史的演进和时代的发展而一成不变，传统必然不断注入新的内涵和功能使得传统的生命力得以延续。正如德国哲学家加达默尔所说："即使在生活受到猛烈改变的地方，如在革命的时代，远比任何人所知道的多得多的古老东西在所谓改革一切的浪潮中仍保存了下来，并且与新的东西一起构成新的价值。"❶

近年来，媒体和文艺界一些人频繁地使用"原生态""原汁原味"等词形容民间文化，在非物质文化遗产保护中很多地方提出"原生态保护"，一些学者也使用"原生态的真朴"的概念❷。传统节日活动的内容和形式必然会随着时空条件的改变而变化，民俗学者更主要的要关注传统的精神实质，而不是仅仅去"保卫"传统的形式，任何企图以"保卫"的心态去固守传统的形式只能成为历史的笑柄，是不可能成功的。

二、文化观念的表达是传统节日产生和不断传承的思想基础。

虎村传统节日活动带有浓郁的对自己历代英雄祖先的怀念、崇敬的色彩，带有感谢各种神灵保佑全寨人畜平安幸福和粮食丰收，并祈求神灵继续驱赶邪恶、保寨护村的愿望，体现了虎村重感情、知恩图报、积极承担社会责任的伦理观。在虎村传统节日活动里，村落的社会结构和社会关系显现出来了；各种祭祀、禁忌、歌舞、服饰、饮食等多种风俗习惯得到了集中展示和强化；通过节日活动腊摩的念经，族群的历史被叙述出来。正因为一个族群的传统节日是族群传统的内容和重要载体，节日活动是族群传统的集中展示，一个族群情感得到了鲜活展示和充分表达，这也正是传统节日具有旺盛生命力的重要基础。正如皮柏所说："曾经有人说，传统的生命力，没有任何地方比在节庆历史中，有更明显的表现。"❸因而，考察一个族群的传统节日就是抓住其传统的关键。对一个族群或国家历史进程中重大事件的缅怀往往也是古老的传统节日

❶ [德]加达默尔. 真理与方法（上卷）. 洪汉鼎，译. 上海：上海译文出版社，2004：363.
❷ 王宁. 非物质遗产的界定及其价值. 学术界，2003（4）.
❸ [德]约瑟夫·皮柏. 节庆、休闲与文化. 黄藿，译. 北京：三联书店，1991：37.

产生的重要原因之一，把纪念性的节日完全归结为"为了适应现代生活的需要"才产生的"现代节日"是值得商榷的。

传统节日，对虎村人来说不单纯是一个日期概念，它们更多地表达了一种文化、一种精神，传统节日给虎村人带来的是精神的寄托、身心的愉悦，节日活动既实现人神沟通、取悦神灵以祈福禳灾的目的，又达到了消除疲劳、慰藉心灵、舒畅精神、人际沟通、宣泄情感与调节身心、促进社会的和谐的功效。

三、制度化的节日运作机制是传统节日生命力的保障机制。

在虎村，千百年来形成了一套制度化的传统节日运作机制，包括具有明确分工的组织机构，以及经费保障的机制，从而使虎村节日传统得以不断地传承和延续。由于虎村传统节日的最高决策结构是每个成年男子都有机会参与的，而且是每个成年男子不断提高社会地位和社会声誉的必经途径，因而虎村传统节日活动的运作也不是少数人的事，而是全寨家家户户都要参与，共同集资，轮流承办，大家都非常关心，使虎村传统节日呈现出生生不息的旺盛生命力。虎村传统节日集体活动经费来源随着国家体制的变化也发生了变化，但是始终使虎村的传统节日活动的必要支出得到保证，而且经费的收入呈现出不断增长的良好势头，这也是虎村传统节日活动能够得以不断延续的重要保障。

虎村传统节日的运作不仅体现了民俗的规范功能，更体现了族群的社会结构、人与聚落成员的关系以及一个人一生社会角色转换、社会地位提升的过程。在虎村，一个男子从做麻公标志着成熟，到进入五师获得受人尊敬的社会地位，甚至成为萨喃或腊摩，社会角色的每一次转换的过程不仅是年增岁月人增寿的过程，也是一个不断地义务为全寨人服务的过程，社会地位越高就要更多地为众人义务服务，威望的获得和与尽义务是成正比的。虎村传统节日的重要特征就是集体性，全寨人一起过节，共同参与祭祀、集体娱乐、集中喝酒，通过传统节日活动把白彝聚落凝集为一个互相协作、互相依赖的整体，不仅使族群文化秩序得到了维护，社会秩序和道德秩序也得到了强化。

虎村传统节日能不能运作，运作经费来源的变化、节日运作中礼物的流动以及反映出来的社会网络的特点都与国家政治的变化密切相关。虎村传统节日

277

活动中礼物的流动体现了村民之间的互惠原则和以姻亲和宗亲为主的社会网络特点，但是新一代的虎村人在民族平等、经济社会发展的大背景下，通过个人努力建立起来的社会网络正在逐步扩大。

四、在当代推动传统节日传承与延续的力量是多方面的，但根本的力量是族群文化自觉意识的增强。

千百年来，在相对封闭的环境里，信仰的力量和对美好生活的追求驱使着他们不断传承自己的传统节日，以族内婚占绝对多数形成的家庭，使村落文化具有高度一致性，为传统节日的传承与延续提供了文化场域。从 20 世纪 50 年代后期开始，虎村传统节日受到政治力量的强力干预，出现了大起大落，传承的思想基础、运作机制都受到影响，传统节日的传承出现了较大的困境。然而，在市场经济大潮冲击下，虎村独特的传统节日成为可以开发的资源，旅游开发正符合还没有完全摆脱贫困的虎村人对增加收入的需求，他们也初步尝到了旅游者给他们带来的甜头，于是政府的引导转而成为他们要求开发资源的强烈愿望。政府保护优秀文化遗产的政策和行动以及学者与非政府组织在对虎村传统的收集、整理、研究和推动，使虎村传统节日的传承有了多股外部力量的推动，促进了虎村人的文化自觉，他们正重新审视自己的传统，开始自觉传承自己的传统。在新的历史条件下旧的基础和动力有所弱化的时候，又增加了新的动力使传统节日不会轻易丢失。虎村传统传承有了新的希望。

278

五、政府干预族群传统节日的传承必须掌握好方向，尊重文化拥有者的自主选择，体现人文关怀。

在当代社会里政府对族群传统节日的传承干预越来越大，正确的政策与引导对于族群传统节日的传承与延续具有促进作用，反之，就会破坏族群传统，甚至打击族群的文化自尊心和自信心。这一点对于弱势族群尤为明显。因此，笔者以为，在当今保护民间传统文化或非物质文化的"潮流"中有两点是特别需要注意的：

第一，我们在判断族群传统到底是精华还是糟粕，仅仅依据"唯物"和"唯心"的标准是不够的。以宗教为例，在中国，社会主义制度的建立，宗教生存环境发生了变化，宗教存在根源也将发生变化，这不意味着已经具备了宗教自然消亡的条件。因为物质财富的极大丰富、高度的社会主义民主和公平、公正社会的建立，以及教育、文化、科学、技术的高度发达，还需要长久的奋斗过程；由于某些严重的天灾人祸所带来的种种困苦，还不可能在短期内彻底摆脱；贫富分化的加剧，引起了许多新的社会矛盾和众多人的心理失衡。在这种新旧体制转轨的特殊时期，各种新旧思想观念纷纷登场，互相碰撞。宗教在一定程度上化解焦虑和不满，达到心理平衡和内心的安宁。试图超越历史条件消灭宗教，结果只能是加剧社会紧张和激化社会矛盾。同时，科学技术的发展还不足以铲除宗教存在的根基。自然科学和技术科学是人类探寻物质世界奥秘的主要武器，对人们的精神生活也有着重大影响。但对于精神世界的问题，不是单靠科学技术所能解决的，还需要社会科学和人文科学的不断进步，建设社会主义精神文明，不断丰富人民的精神世界。对生老病死的态度，对吉凶祸福的理解，对生命意义的感悟，对个人情感的皈依，凡此等等，这些人类心灵世界的问题，不仅需要科学说明，还需要人文关怀、心理安慰。此外，物质财富的增加也不能铲除宗教存在的土壤。长期以来，人们一直把贫穷作为滋生宗教最深厚的土壤。但随着经济的快速发展和物质的日益丰富也为宗教发挥其社会功能提供了新的机遇和空间。因为世界是由物质和精神共同构成的，随着人们物质生活水平的提高，对生活质量的要求越来越高，这主要表现在精神生活上。精神世界的问题，不是单靠物质生活和科学技术所能解决的，面对越来越激烈的竞争和社会内部的盲目力量，许多人感到无助或者对命运的不确定感，需要精神的抚慰，宗教就是一种可以选择的途径。宗教里的安宁是现实生活不安宁的表现，宗教里的希望是现实里的失望的反映，宗教里的"有求必应"是现实里"有求不得"的祈盼。所以，德国哲学家恩斯特·布洛赫（Ernst Bloch）提出："哪里有希望，哪里就有宗教。"❶按照恩格斯的观点，只要"谋事在人，成事在天"，宗教就不可避免会存在；只有到"谋事在人，成事也在人"的时候，宗教赖以存

279

---

❶ 转引自 安希孟. 哪里有希望，哪里就有宗教——布洛赫的"元宗教"理论. 社会科学，1996（6）.

在的基础才会消失。就目前的虎村人而言，面对经济的贫困、疾病的困扰、灾难的威胁，大多数人还只能选择腊摩和萨喃两位具有宗教色彩的祭司来念经驱除"晦气"、祈求平安来获得心灵的慰藉。在现代社会中，即使不相信某种宗教的人，通过一种"唯心"的真诚祝愿，也可以表达出对对方的一种关怀与良好愿望。正如冯骥才先生所说："这不是迷信，是一种愿望，一种寄托。"❶乌丙安认为这是一种不同于迷信的信俗，它能够"满足绝大多数俗民求吉、求安、求顺、求福以及免遭天灾人祸等民俗心理的最大需求"❷。

人不仅有自然属性、社会属性，还有精神属性，虎村人需要传统节日。传统节日，对虎村人来说不单纯是一个日期概念，它们更多地包含了一种文化、一种精神，传统节日给虎村人带来的是精神的寄托，身心的愉悦，他们期待着传统节日能够使他们的生活更加体面、富足。这是传统节日生命力之所在。

第二，非物质文化遗产保护要尊重文化拥有者的自主选择，体现人文关怀。

每个族群民间丰富的文化遗产都是全人类文化遗产的重要组成部分。在当今伴随世界经济全球一体化的迅猛浪潮而来的强势文化的强烈冲击、中国经济由社会主义计划经济向社会主义市场经济转型过程中人们思想观念和生活方式的巨大变化，民族民间文化遗产特别是以口头传统为主要存在方式的非物质文化遗产迅速变异或消亡，有的专家学者甚至认为"传统民间文化正面临灭顶之灾"❸。面对"严峻"的形势和国际保护非物质文化的浪潮，中国政府进一步加大保护力度，国家、地方政府都制定了一系列的法律、法规来保护民族民间传统文化。许多专家学者也心急如焚，以高度的责任感提出了许多富有建设性的保护和弘扬中国各民族丰富的文化遗产的意见和建议。这些建议和意见主要包括：对民族文化遗产的现状进行全面普查，建立详细的资料数据库和工作网站，确定保护名录、保护方案；由国家或政府投资建立培训机构，包括在高

---

❶ 杨维汉，刘晓莉. 中国年为何越过越浓厚——透视春节文化传承与发展. 新华网：http: //news.xinhuanet.com/politics/2007-02/24/content_5767087.html.

❷ 乌丙安. "信俗"：支配中国民俗生活的基本观念//周星. 民俗学的历史、理论与方法. 北京：商务印书馆，2006：167.

❸ 刘魁立. 论非物质文化遗产保护的整体性原则//张庆善. 中国少数民族艺术遗产保护及当代艺术发展国际学术研讨会论文集. 北京：文化艺术出版社，2004：4.

等院校中开设有关专业和课程，培养各级各类民间艺人；建立文化遗产的保护机制，形成以政府为主导，社会各方面参与的保护格局；走市场化的保护之路，特别要通过发展旅游业来提供经济刺激；加强宣传教育，使国内外更多人了解、理解民族文化遗产；保护文化生态环境，建立文化遗产保护区、保护带、保护村、保护点、博物馆等，开展特色文化艺术之乡和民族艺术家的命名活动；参考国外经验，设立专项基金包括个人基金，用于保护、开发、人才培训、宣传、咨询、考察交流，等等。2006 年的春节即将来临之际，河南大学教授高有鹏更是发出了一份长达 5000 字的《保卫春节宣言》，言辞热切，声情并茂，从中浮现出作者作为一名"文化卫道士"的痛切之情。这一"宣言"经新华社记者张兴军、周润健、穆晓莉报道之后，在各界激起了热烈的反响。

国家的这些法律法规以及专家学者的建议和意见，对于民族民间文化遗产的保护无疑是十分重要和有意义的。但笔者以为，这些意见、建议和措施，基本上是从客位的角度提出的，而没有更多地站在民众的立场来考虑问题。也就是说，老百姓对于保护民族民间文化遗产的看法是什么？为什么要保护？保护哪些内容？如何保护？基本上没有文化拥有者、传承者的立场和声音，很可能就会脱离实际，得不到他们的认同与积极参与，最终无法落到实处，保护和弘扬民间文化遗产也只能成为空谈。笔者以为保护和弘扬民族民间文化遗产，是一个系统工程，需要各方面的努力，但文化的拥有者和传承者的认同和积极参与是保护和弘扬民间文化遗产成败的关键。为什么这么说？笔者以为是由以下原因决定的。

首先是民间传统文化的性质。生于民间，长于民间，也必须传于民间。一个族群或村落民间的无形的文化遗产就是这个族群或村落广大民众的生产、生活中文化的重要组成部分，是民众的集体创造，它不可能脱离广大民众而独立存在。它对于一个集体道德的养成和社会秩序维护发挥重要的作用，是凝聚这个集体的黏合剂和精神家园的根基。一个族群或村落传统的价值首先是对这个族群或村落的成员而言的，他们尤其是年轻一代对这些传统文化的态度，从根本上决定着这些传统文化能否被传承下去。保护一个族群或村落的文化遗产在

281

某种意义上说就是维持这个族群或村落民众一些独特的生产、生活方式。因此，保护民间的无形的民族文化遗产的举措没有民众的认同与参与必然无法取得成功。

其次是民间文化传承的方式和保护的目标。一个族群或村落的民间文化是靠民众世代在生产生活中口传身教传承下来的。今天我们可以将一部分民族民间传统文化纳入学校教育体系之中，但将来也不可能将全部的民族民间传统文化全部纳入学校教育体系之中，因此，学校教育将无法全部替代民间传统的传承方式，要保护民间传统文化就得保护传统的传承方式。因为在当今急遽变化的世界里，民族民间传统文化传统的传承方式的外部环境已经发生了变化，这种传承方式已经难以依靠该文化的创造者的内部力量来维持这种机制的正常运转。保护民间传统文化的目标应像联合国教科文组织在中国实施的一些项目那样，"目标是促使这些地方社区最终能够逐渐自主地担负起相关文化遗产保护的责任"❶。如果我们的保护政策没有能够维护民族民间传统文化的传承方式，偏离了最终能够逐渐自主地担负起相关文化遗产保护的责任的目标，甚至把民间传统文化的保护主要定位于与民众利益无关的官员政绩、部门功利和投资者的商业利益，那么，所谓的保护必然以失败而告终。

再次是当今世界民主化和民族自治发展的趋势。当今世界，随着经济全球化和科技革命浪潮的不断兴起，民主化正在成为激荡整个人类的潮流，也是现代化的主要标志之一。民主的核心问题就是个人（或少数人）说了算，还是广大民众说了算。民主被视为全体公民对公共事务的自主自决。在中国，民主历来都是一个令人沉重的话题。由于各方面的原因，当前中国相当一部分群众还不具备通过正常的体制、渠道参与政治生活和行使主人权利的素质、意识和能力，但是我们并不能因此而否认民众的能力甚至忽视民众的这种权利。民族自治与民主化是相通的，可以说民族自治是民主的一种体现。民族自治强调在不违背国家宪法和法律的前提下，每个民族都有权决定本民族的内部事务。中国

282

---

❶ 周星. 把民族民间的文化与艺术遗产保护在基层社区//张庆善. 中国少数民族艺术遗产保护及当代艺术发展国际学术研讨会论文集. 北京：文化艺术出版社，2004：137.

目前已经建立了比较完善的民族区域自治制度，但如何进一步完善民族区域自治制度，难点就在于保护少数民族自治机关的自主权还难以落到实处。任何一个族群或村落的传统都是全人类的共同财富，保护一个族群或村落民间传统文化，当然关乎全人类，但首先是民族民间文化的拥有者和享用者的事，这是他们的民主权利和自治权利。因此，保护一个族群民间传统文化首先得尊重这个族群，要求官员和专家学者要始终抱着学习、合作、平等、谦虚的态度向当地人学习，尊重、理解当地人的传统文化，而不是把自己当作"救世主"，把民众当作愚昧、无知的人，从而盛气凌人、滔滔不绝地给当地人讲课、做指示。政府官员和专家的主要作用应该是协助者，与他们讨论、分享知识和经验，启发培养当地人的自信和自治，促进他们的文化自觉。这是工作的基本原则和基本态度。当然，当地民众中的每个人对自己的传统文化的态度也可能是不一致的，这时就应该以当地多数人的意见为准，而不能以少数人的意见为准，尤其是不能以少数接受过较好的学校教育后从当地走向城市工作、生活的人的意见为准。因为这些人的生活环境、价值观念已经与祖居地的环境大相径庭。

在重视文化遗产保护的过程中，自然而然会产生这样的问题：文化遗产保护是第一位的，还是民间文化持有者和享用者的尊严和自由选择权是第一位？这是文明社会的最根本性的问题。显然后者，也即人文关怀应该是第一位的，因为只有把民间文化持有者和享用者放在第一位，民间传统文化保护才会获得发展的根本动力。所以当民间文化保护与民间文化持有者和享用者的自由选择发生冲突时，前者应当让位于后者。我们不能自己充分享受现代文明，却擅自充当保护民间传统文化的保护者代表，强调保护民间传统文化而让民间传统文化的拥有者牢固地圈守在原有的文化空间里，放弃现代文明的享受，这是十分不道德的。

目前，在中国保护和弘扬民间传统文化工作中，必须关注这样一个事实：绝大部分的民间文化持有者和享用者都是处于经济文化欠发达地区甚至极度贫困地区。1993 年世界人权大会上的《维也纳宣言》中就指出，"极端贫困的大规模存在阻碍了对人权充分而有效的享有"，"极端贫困和社会排斥构成了对人

283

类尊严的侵犯"。贫困地区大量的青壮年人都到沿海发达地区和城市里打工,造成民间传统文化后继乏人。因此,当前中国保护和弘扬民间传统文化工作一定要从人文关怀的前提出发,首先要关注民间传统文化的拥有者的生存状态,努力帮助他们改善贫困的状态,深入到民间文化持有者和享用者的社区中区了解他们的社会文化属性、心理特质、风俗习惯。而且,在工作过程中,参与人员要始终抱着平等、谦虚的态度与社区成员相处,平易近人,充分相信他们,尊敬他们,要有耐心,鼓励他们积极参加讨论并发表意见,使用简单易懂、贴近民众生活的语言,使谈话气氛轻松、活跃,才能获取当地有关自然、技术和社会知识(乡土知识,indigenous knowledge),深入了解他们的忧虑和最关心的事情。把保护民族民间传统文化与民众的真实需要对接起来,使民众感觉到政府和专家学者在协助他们做他们自己需要做而原来难以做的事,基于此方法所制订的规划、制定的政策才能反映当地人信念、价值和意识形态,易于为当地民众所接受,从而获得民众的认同与广泛参与。目前在中国保护、弘扬和开发民族民间传统文化工作中,有些不理想之处,主要是缺乏人文关怀,没有平等地对待甚至完全忽视了民族民间文化的拥有者和享用者的利益,包括经济利益,有的还歪曲民间传统文化,给民间文化的拥有者和享用者带来了痛苦。因此,正如刘魁立教授指出:"只有当我们在工作中把民俗文化的创造者、持有者和继承者也纳入到我们的视野中来,把他们的主体性、现实境遇和要求也切实地考虑进来的时候,我们的抢救和保护工作才可以说是真正对人的关怀。这不仅是抽象的全民族、全人类,而且也是具象的实实在在生活在我们身边的人。"❶

实际上,尊重民众对文化的自由选择,强调人文关怀,与保护民族民间传统文化并不都是矛盾的,也不是保护民族民间传统文化就毫无作为了。通过大力宣传,并在制定政策时一定要让社区的民众参与讨论,倾听他们的声音,尊重他们的意愿,考虑他们的利益,让他们理解和认同政府的政策,促进广大民

---

❶ 刘魁立. 论非物质文化遗产保护的整体性原则//张庆善. 中国少数民族艺术遗产保护及当代艺术发展国际学术研讨会论文集. 北京:文化艺术出版社,2004:9.

众的文化自觉，提高保护民间传统文化的意识，使保护民间传统文化成为每个公民自觉的行动。

当然，文化自觉只是指生活在一定文化中的人对其文化有自知之明，明白它的来历、形成过程、所具的特色和发展的趋向，而不是要复古，也不是全盘西化或全盘他化。自知之明是为了加强对文化转型的自主能力，取得决定适应新环境、新时代文化选择的自主地位。但是，"文化自觉是一个艰巨的过程，首先要认识自己的文化，理解所接触到的多种文化，才有条件在这个已经在形成中的多元文化的世界里确立自己的位置，经过自主的适应，和其他文化一起，取长补短，共同建立一个有共同认可的基本秩序和一套各种文化能和平共处，各舒所长，联手发展的共处守则"❶。

由于近代以来中国的经济科技全面落后于西方发达国家，20世纪以来对民族传统文化矫枉过正之势时有发生，特别是"文革"对民族传统文化几乎不加分析地全盘否定，使国人产生了极大的民族文化自卑心理，尤其是少数民族历史上就长期受到歧视，经济文化的发展长期滞后，少数民族文化被视为"愚昧""落后""野蛮"的代名词，少数民族中获得较高地位的大部分都是学习"异文化"后取得的，因而少数民族的民族文化自卑心理则更强。民间传统文化根植于基层社区民众生活之中，过去由于基层社区民众尤其是少数民族与外界接触比较少，受教育的程度很低，民族民间传统文化受冲击比较小，中华人民共和国成立后尤其是改革开放后随着基层社区民众包括少数民族受教育程度的提高，与外界的频繁接触，文化的价值观发生了很大改变、文化的选择性也大增。因此，在中国尤其是少数民族的文化自觉将会遇到很多的困难和挑战。但是，只要以人为本，调动和激发全民族人民的积极性，进行文化价值观的宣传教育，克服文化自卑心理，中华各民族的文化自觉一定会得以形成。在文化自觉的基础上，建立完善的法律体系，源远流长、光辉灿烂的中华民族的民间传统优秀文化一定会得到发扬光大，并以其独特魅力在世界多元文化格局中继续发挥重要作用。

285

❶ 费孝通. 反思·对话·文化自觉. 北京大学学报（哲学社会科学版），1997（3）.

参考文献

一、专著

[英]E.霍布斯鲍姆，T.兰格，等. 传统的发明. 顾杭，庞冠群，译. 南京：译林出版社，2004.

[美]E.希尔斯. 论传统. 傅铿，吕乐，译. 上海：上海人民出版社，1991.

[苏联]阿尔诺利多夫，等. 文化概论——文化的实质及其运动发展的一般规律. 邱守娟，译. 北京：中国人民大学出版社，1989.

[美]阿兰·邓迪斯. 民俗解析. 户晓辉，编译. 桂林：广西师范大学出版社，2005.

[英]爱德华·泰勒. 原始文化. 连树声，译. 上海：上海文艺出版社，1992.

安德明. 天人之际的非常对话——甘肃天水地区的农事禳灾研究. 北京：中国社会科学出版社，2003.

[英]安东尼·吉登斯. 社会学. 赵旭东，等译. 北京：北京大学出版社，2003.

[美]奥格本. 社会变迁——关于文化和先天的本质. 杭州：浙江人民出版社，1989.

[英]巴利. 天真的人类学家——小泥屋笔记. 何颖怡，译. 上海：上海人民出版社，2003.

巴莫阿依. 彝族祖灵信仰研究. 成都：四川民族出版社，1994.

巴莫姊妹彝学研究小组. 彝族风俗志. 北京：中央民族学院出版社，1992.

白兴发. 彝族文化史. 昆明：云南民族出版社，2002.

[美]彼德·布劳. 社会生活中的交换与权力. 孙非，张黎勤，译. 北京：华夏出版社，1988.

常建华. 岁时节日里的中国. 北京：中华书局，2006.

常天. 节日文化. 北京：中国经济出版社，1995.

陈桂棣，春桃. 中国农民调查报告. 北京：人民文学出版社，2004.

陈庆德，等. 人类学的理论预设与建构. 北京：社会科学文献出版社，2006.

崔钟雷. 中国传统节日·民俗一本通. 哈尔滨：黑龙江科学技术出版社，2006.

丹增. 中国少数民族节日. 北京：中国画报出版社，2004.

丁恒杰. 文化与人. 北京：时事出版社，1994.

范宏贵. 越南民族与民族问题. 南宁：广西民族出版社，1999.

范勇，张建世. 中国年节文化. 海口：海南人民出版社，1988.

方国瑜. 滇史论丛（第一辑）. 上海：上海人民出版社，1982.

方国瑜. 彝族史稿. 成都：四川民族出版社，1984.

[德]斐迪南·滕尼斯. 共同体与社会. 林荣远，译. 北京：商务印书馆，1999.

费孝通. 费孝通在2003. 北京：中国社会科学出版社，2005.

费孝通. 论人类学与文化自觉. 北京：华夏出版社，2004.

费孝通. 乡土中国 生育制度. 北京：北京大学出版社，1998.

傅谨. 草根的力量——台州戏班子的田野调查与研究. 南宁：广西人民出版社，2001.

高丙中. 民俗文化与民俗生活. 北京：中国社会科学出版社，1994.

高丙中. 现代化与民族生活方式的变迁. 天津：天津人民出版社，1997.

高占祥. 中国民族节日大全. 北京：知识出版社，1993.

[美]格尔兹·克里夫德. 文化的解释. 纳日碧力格，等译. 上海：上海人民出版社，1999.

[法]格拉耐. 中国古代的祭礼与歌谣. 张铭远，译. 上海：上海文艺出版社，1989.

[法]葛兰言. 古代中国的节庆与歌谣. 赵丙祥，张宏明，译. 桂林：广西师范大学出版社，2005.

广西那坡县志编纂委员会. 那坡县志. 南宁：广西人民出版社，2002.

广西壮族自治区编辑组. 广西彝族仡佬族水族社会历史调查. 南宁：广西民族出版社，1987.

郭于华. 仪式与社会变迁. 北京：社会科学文献出版社，2000.

郝正治. 汉族移民入滇史话. 昆明：云南大学出版社，1998.

季诚迁. 少数民族节日. 北京：中国社会出版社，2006.

[德]加达默尔. 真理与方法（上卷）. 洪汉鼎，译. 上海：上海译文出版社，2004.

蒋廷瑜. 古代铜鼓通论. 北京：紫禁城出版社，1999.

蒋廷瑜. 铜鼓艺术研究. 南宁：广西人民出版社，1988.

景宜. 节日与生存. 北京：作家出版社，2000.

居阅时，瞿明安. 中国象征文化. 上海：上海人民出版社，2001.

[美]克利福德·吉尔兹. 地方性知识. 王海龙，等译. 北京：中央编译出版社，2004.

[明]邝露. 赤雅（蓝鸿恩考释）. 南宁：广西民族出版社，1995.

[英]雷蒙德·弗思. 人文类型. 费孝通，译. 北京，华夏出版社，2002.

李道和. 岁时民俗与古小说研究. 天津：天津古籍出版社，2004.

李富强. 让文化成为资本. 北京：民族出版社，2004.

李贵恩，刘德荣，等搜集整理. 铜鼓王：彝族英雄史诗. 黄汉国，等译. 昆明：云南人民出版社，1991.

李培林. 农民工——中国进城农民工的经济社会分析. 北京：社会科学文献出版社，2003.

李小云. 参与式发展概论. 北京：中国农业大学出版社，2001.

李小云. 谁是农村发展的主体. 北京：中国农业出版社，1999.

李亦园. 李亦园自选集. 上海：上海教育出版社，2002.

李亦园. 宗教与神话. 桂林：广西师范大学出版社，2004.

梁庭望. 壮族文化概论. 南宁：广西教育出版社，2000.

刘建. 宗教与舞蹈. 北京：民族出版社，2005.

刘铁梁. 北京民俗文化普查与研究手册. 北京：中央编译出版社，2006.

刘铁梁. 中国民俗文化志·北京门头沟区卷. 北京：中央编译出版社，2006 年。

刘铁梁. 中国民俗文化志·北京宣武区卷. 北京：中央编译出版社，2006 年。

刘锡诚. 象征——对一种民间文化模式的考察. 北京：学苑出版社，2002.

[日]柳田国男. 传说论. 连湘，译. 北京：中国民间文艺出版社，1988.

吕大吉. 宗教学通论新编. 北京：中国社会科学出版社，2004.

罗树杰，徐杰舜. 民族理论和民族政策教程. 北京：民族出版社，2005.

马翀炜，陈庆德. 民族文化资本论. 北京：人民出版社，2004.

[英]马林诺夫斯基. 西太平洋的航海者. 梁永佳，李绍明，译. 北京：华夏出版社，2002.

[法]马塞尔·毛斯. 社会学与人类学. 佘碧平，译. 上海：上海译文出版社，2003.

毛丹. 一个村落共同体的变迁——关于尖山下村的单位化的观察与阐释. 上海：学林出版
社，2000.

[美]米德. 文化与承诺：一项有关代沟问题的研究. 周晓虹，周怡，译. 石家庄：河北人民出版
社，1987.

[法]莫里斯·哈布瓦赫. 论集体记忆. 毕然，郭金华，译. 上海：上海人民出版社，2002.

纳钦. 口头叙事与村落传统——公主传说与珠腊沁村信仰民俗社会研究. 北京：民族出版
社，2004.

[德]诺贝特·爱利亚斯. 文明的进程I ——文明的社会起源和心理起源的研究. 王佩莉，译. 北
京：三联书店，1998.

帕男. 多情的火把花：楚雄民族节日散笔. 昆明：云南民族出版社，2003.

彭国梁，杨里昂. 我们的端午. 长沙：岳麓书社，2004.

彭兆荣. 旅游人类学. 北京：民族出版社，2004.

[法]皮埃尔·布迪厄，[美]华康德. 实践与反思：反思社会学导引. 李猛，李康，译. 北京：中
央编译出版社，2004.

亓克君. 我们的节日. 上海：上海科学技术文献出版社，2006.

祁树森. 云南楚雄民族节日概览. 芒市：德宏民族出版社，1991.

乔继堂. 中国岁时礼俗. 天津：天津人民出版社，1991.

乔健，等. 乐户：田野调查与历史追踪. 南昌：江西人民出版社，2002.

乔健. 那瓦侯传统的延续. 台北：台湾"中央研究院民族研究所"专刊乙种第三号，1971.

乔健. 印第安人的讼歌：中国人类学家对那瓦侯、祖尼、玛雅等北美原住民族的研究. 桂林：广
西师范大学出版社，2004.

乔晓光. 活态文化. 太原：山西人民出版社，2004.

[清]屈大均. 广东新语. 北京：中华书局，1985.

[美]史徒华. 文化变迁的理论. 张恭启，译. 台北：源流出版事业股份有限公司，1989.

289

四川省民间文艺家协会，四川省民间文学集成办. 民间文艺资料（第二集）. 1987 年 4 月内部刊印.

孙晶. 文化霸权理论研究. 北京：社会科学文献出版社，2004.

覃乃昌. 广西世居民族. 南宁：广西民族出版社，2004.

唐力行. 国家、地方、民众的互动与社会变迁. 北京：商务印书馆，2004.

佟辉. 天时·物候·节道——中国古代节令智道透析. 南宁：广西教育出版社，1995.

汪宁生. 铜鼓与南方民族. 长春：吉林教育出版社，1989.

王光荣，农秀英，搜集译注. 那坡县彝族开路经. 广西民族古籍办公室，1998.

王光荣. 通天人之际的彝族"腊摩". 昆明：云南人民出版社，1994.

王光荣. 中国广西彝族文化撷论. 香港：香港天马图书有限公司，1996.

王丽珠. 彝族祖先崇拜研究. 昆明：云南人民出版社，1995.

王铭铭，潘忠党. 象征与社会：中国民间文化的探讨. 天津：天津人民出版社，1997.

王铭铭. 村落视野中的文化与权力——闽台三村五论. 北京：三联书店，1997.

王铭铭. 人类学是什么. 北京：北京大学出版社，2002.

王铭铭. 溪村家族——社区史、仪式和地方政治. 贵阳：贵州人民出版社，2004.

王筑生. 人类学与西南民族. 昆明：云南大学出版社，1998.

[德]韦伯. 韦伯作品集V·中国的宗教、宗教与世界. 康乐，简惠美，译. 桂林：广西师范大学出版社，2004.

韦黎明. 中国节日. 北京：五洲传播出版社，2005.

[美] 维克多·特纳. 庆典. 方永德，等译. 上海：上海文艺出版社，1993.

[唐]魏徵，等. 隋书·地理下（点校本）. 北京：中华书局，1973.

乌丙安. 民俗学原理. 沈阳：辽宁教育出版社，2001.

巫瑞书. 南方传统节日与楚文化. 武汉：湖北教育出版社，1999.

吴培和，等. 族群岛：浪平高山汉探秘. 南宁：广西民族出版社，1999.

夏建中. 文化人类学理论学派. 北京：中国人民大学出版社，1997.

夏日新. 长江流域的岁时节令. 武汉：湖北教育出版社，2004.

萧放. 荆楚岁时记研究——兼论传统中国民众生活中的时间观念. 北京：北京师范大学出版社，2000.

萧放. 岁时——传统中国民众的时间生活. 北京：中华书局，2002.

邢莉. 中国少数民族节日. 北京：五洲传播出版社，2006.

徐赣丽. 民俗旅游与民族文化变迁. 北京：民族出版社，2006.

雪犁. 中华民俗源流集成·节日岁时卷. 兰州：甘肃人民出版社，1994.

阎云翔. 礼物的流动：一个中国村庄中的互惠原则与社会网络. 李放春，刘瑜，译. 上海：上海人民出版社，2000.

杨甫旺. 楚雄民族文化的保护与传承. 昆明：云南民族出版社，2004.

杨继林，申甫廉. 中国彝族虎文化. 昆明：云南人民出版社，1992.

杨懋春. 一个中国村庄——山东台头. 张雄，等译. 南京：江苏人民出版社，2001.

杨念群. 空间·记忆·社会转型. 上海：上海人民出版社，2001.

杨士杰. 云南山地民族生活方式的传承与选择. 昆明：云南人民出版社，1998.

叶春生. 现代社会与民俗文化传统. 哈尔滨：黑龙江人民出版社，2002.

[英]伊格尔顿. 文化的观念. 方杰，译. 南京：南京大学出版社，2003.

伊琳·森娜. 民间节日. 张金芹，译. 北京：外文出版社，2006.

袁同凯. 走进竹篱教室——土瑶学校教育的民族志研究. 天津：天津人民出版社，2004.

袁晓文. 四川民族地区基础教育现状调查分析与对策研究. 成都：四川民族出版社，2003.

苑利. 二十世纪中国民俗学经典·社会民俗卷. 北京：社会科学文献出版社，2002.

[德]约瑟夫·皮柏. 节庆、休闲与文化. 黄藿，译. 北京：三联书店，1991.

[德]约瑟夫·皮珀. 闲暇：文化的基础. 刘森尧，译. 北京：新星出版社，2005.

云南省编写组. 四川广西云南彝族社会历史调查. 昆明：云南人民出版社，1987.

云南省民族事务委员会编. 彝族文化大观. 昆明：云南民族出版社，1999.

翟学伟. 人情、面子与权力的再生产. 北京：北京大学出版社，2005.

张海英. 中国传统节日与文化. 太原：书海出版社，2006.

张庆善. 中国少数民族艺术遗产保护及当代艺术发展国际学术研讨会论文集. 北京：文化艺术
　　出版社，2004.

[清]张廷玉，等. 明史·刘显列传（点校本）. 北京：中华书局，1974.

张志刚. 宗教学是什么？北京：北京大学出版社，2002.

赵东玉. 中华传统节庆文化研究. 北京：人民出版社，2002.

赵世林. 云南少数民族文化传承论纲. 昆明：云南民族出版社，2002.

赵世瑜. 狂欢与日常——明清以来的庙会与民间社会. 北京：三联书店，2002.

赵世瑜. 眼光向下的革命——中国现代民俗学思想史论（1918—1937）. 北京：三联书店，2002.

郑杭生. 社会学概论新修（第3版）. 北京：中国人民大学出版社，2003.

中国科学院民族研究所广西少数民族社会历史调查组. 睦边县那坡人民公社隆平生产大队保保
　　（彝）族社会历史调查报告（内部印刷）. 1964.

中国民俗学会，北京民俗博物馆. 节日文化论文集. 北京：学苑出版社，2006.

中国民俗学会. 民俗春秋——中国民俗学会20周年纪念文集. 北京：学苑出版社，2006.

中央文明办调研组. 我们的节日. 北京：学习出版社，2006.

钟敬文. 话说民间文化. 北京：人民日报出版社，1990.

钟敬文. 民俗文化学：梗概与兴起. 北京：中华书局，1996.

钟敬文. 中国民间文学讲演集. 北京：北京师范大学出版社，1999.

钟敬文. 钟敬文文集·民间文艺学卷. 合肥：安徽教育出版社，2002.

钟敬文. 钟敬文文集·民俗学卷. 合肥：安徽教育出版社，2002.

周大鸣，秦红增. 参与式社会评估：在倾听中求得决策. 广州：中山大学，2005.

周星. 民俗学的历史、理论与方法. 北京：商务印书馆，2006.

周怡. 解读社会——文化与结构的路径. 北京：社会科学文献出版社，2004.

朱文旭. 彝族火把节. 成都：四川民族出版社，1999.

朱子仪. 西方的节日. 上海：上海人民出版社，2005.

邹广文. 人类文化的流变与整合. 长春：吉林人民出版社，1998.

二、论文

Kelly, D. Introduction: a discursion on Ethnography// Liu J, Ross A H, Kelly P. D .The Ethnographic Eyes: Interpretive Studies of Education in China..New York: Falmer Press, 2000: 1-28.

[美]M. 哈里斯. 夸富宴——原始部落的一种生活方式. 李培茱，等译. 人类学论文集（1983—1984 年）. 民族译丛，1986（6）.

安德明，廖明君. 走向自觉的家乡民俗学. 民族艺术，2005（4）.

安德明，吕微，等.家乡民俗学：从学术实践到理论反思. 民间文化论坛，2005（2）.

安德明. 家乡——中国现代民俗学的一个起点和支点. 民族艺术，2004（2）.

安希孟. 哪里有希望，哪里就有宗教——布洛赫的"元宗教"理论. 社会科学，1996（6）.

巴莫曲布嫫. 从梦鼓到祭歌——彝族英雄史诗《铜鼓王》的民俗文化价值//陶立璠. 亚细亚民俗文化研究（第一集）. 北京：民族出版社，1997.

白兴发. 近百年来彝族史研究综述. 学术月刊，2003（9）.

陈典松. 解放初期创办的南方大学及其影响//广州博物馆. 镇海楼论稿. 广州：岭南美术出版社，1999.

陈向明. 文化主位的限度与研究结果的"真实". 社会学研究,2001（2）.

陈志明. 走进竹篱教室·序一//袁同凯. 走进竹篱教室. 天津：天津人民出版社，2004.

邓永进. 传承与变迁：20 世纪西双版纳傣族文化发展研究. 云南大学博士论文，2000.

恩格斯. 家庭、私有制和国家的起源//马克思恩格斯选集（第 4 卷）.北京：人民出版社，1972.

方士杰. 彝族跳弓节的原始宗教烙印. 中南民族学院学报（哲学社会科学版），1994（2）.

方舟子. "敬畏大自然"就是反科学. 新京报，2005-1-13.

费孝通. 反思·对话·文化自觉. 北京大学学报（哲学社会科学版），1997（3）.

费孝通. 跨文化的席米纳. 读书，1997（10）.

费孝通. 迈向人民的人类学. 社会科学战线，1980（3）.

费孝通. 重建社会学与人类学的回顾和体会. 中国社会科学，2000（1）.

封海清. 从文化自卑到文化自觉——20 世纪 20~30 年代中国文化走向的转变. 云南社会科学，2006（5）.

冯骥才. 抢救与普查：为什么做，做什么，怎么做？ 河南大学学报（哲学社会科学版），2003（2）.

高有鹏. 保卫春节宣言. 河南大学报，2006-3-1.

郭凯. 谁阻碍了中国富人成为慈善家. 出版参考，2005（14）.

何祚麻. 人类无须敬畏大自然. 人民网：http://www.people.com.cn/GB/huanbao/35525/3110801.html.

贺学君. 民俗变异与民俗学者的立场. 西北民族研究，2003（3）.

黄楚慧，等. 中美人均GDP差38倍 人均慈善捐款相差七千倍. 广州日报，2007-3-14.

黄剑波. 乡村社区的国家在场——以一个西北村庄为例. 西北民族研究，2005（1）.

吉国秀. 婚姻礼仪变迁与社会网络重建. 北京师范大学博士论文，2004.

蒋超. 闲谈"采风". http://www.ycrx.cn/photography/exoterica5.htm.

[英]拉德克利夫·布朗. 对于中国乡村生活社会学调查的建议//社会人类学方法. 夏建中，译. 北京：华夏出版社，2002.

李爱慧. 传统的延续与转化：东欧犹太移民在美国的早期经历（1880－1920）. 南开大学博士论文，2004.

李贵恩，王光荣. 滇桂边彝族源流考. 广西民族研究，1994（1）.

李列. 彝学研究现代学术的建立（1928—1949）. 北京师范大学博士论文，2005.

李鹏，齐广海. 饲料添加剂的使用安全研究进展. 饲料工业，2006（18）.

梁浩，等. 那坡县那坡人民公社隆平大队彝族社会历史调查//广西壮族自治区编辑组. 广西彝族仡佬族水族社会历史调查. 南宁：广西民族出版社，1987.

刘魁立，等. 传统节日与当代社会. 民间文化论坛，2005（3）.

刘魁立. 节日文化论文集·序//中国民俗学会,北京民俗博物馆. 节日文化论文集. 北京：学苑出版社，2006.

刘魁立. 论非物质文化遗产保护的整体性原则//张庆善. 中国少数民族艺术遗产保护及当代艺术发展国际学术研讨会论文集. 北京：文化艺术出版社，2004：4；广西师范学院学报（哲学社会科学版），2004（4）.

刘铁梁，赵丙祥. 联村组织社区仪式活动——河北井陉县之调查//王铭铭，王斯福. 乡土社会的秩序、公正与权威. 北京：中国政法大学出版社，1997.

刘铁梁. "标志性文化统领式"民俗志的理论与实践. 北京师范大学学报（社会科学版），200（6）.

刘铁梁. 村落集体仪式性文艺表演活动与村民的社会组织观念. 北京师范大学学报，1995（6）.

刘铁梁. 村落庙会的传统及调整——范庄"龙牌会"与其他几个村落庙会的比较//郭于华. 仪式与社会变迁. 北京：社会科学文献出版社，2000.

刘铁梁. 村落庙会与公共生活秩序//财团法人中华民俗艺术基金会. 两岸民俗文化学术研讨会论文集. 台北：台湾省政府文化处，1999.

刘铁梁. 村落——民俗传承的生活空间. 北京师范大学学报（社会科学版），1996（6）.

刘铁梁. 民俗志研究方式与问题意识. 北京师范大学学报（社会科学版），1998（6）.

刘铁梁. 文化巨变时代的新式民俗志——《中国民俗文化志》总序. 北京师范大学学报（社会科学版），2006（6）.

刘铁梁. 作为公共生活的乡村庙会. 民间文化，2001（1）.

刘晓春. 非狂欢的庙会. 民俗研究, 2003（1）.

刘晓春. 民俗传承的地方性研究——以客家乡村社会为个案. 湛江师范学院学报（哲学社会科学版）, 1999（1）.

刘晓燕. 彝族灵魂观透视. 楚雄师范学院学报, 2005（2）.

罗树杰, 徐杰舜. 磐石: 广西民族团结研究报告. 广西民族学院学报（哲学社会科学版）, 2000（1）.

罗树杰问, 刘铁梁答. 民俗学与人类学. 广西民族学院学报, 2005（3）.

马翀炜. 社会发展与民族文化的保护. 广西民族研究, 2002（1）.

马克思. 政治经济学批判·导言（附录）//马克思恩格斯全集（第 12 卷）. 北京: 人民出版社, 1965.

马克思. 致巴·瓦·安年科夫//马克思恩格斯选集（第 4 卷）, 北京: 人民出版社, 1972.

马戎. 《云南映像》: 民族文化保护的"杨丽萍模式". http://yule.sohu.com/2004/04/02/41/article219714187.shtml.

潘英年. 梭戛生态博物馆的启示. 中国民族, 2003（3）.

彭绍昌. 百色彝族民俗考察. 广西右江民族师专学报, 2003（1）.

祁树森, 李世忠. 楚雄彝族的节日文化与习俗. 民族艺术研究, 1996（5）.

沙马拉毅. 彝族文化研究综述. 西南民族大学学报（哲学社会科学版）（中华彝学研究专辑）, 1996.

诗普尼温. 白彝黑彝从何而来. http://www.ls666.com/bbs/dispbbs.asp? boardid=68&id=9928.

施爱东. 从"保卫端午"到"保卫春节": 追踪与戏说. 民间文化论坛, 2006（2）.

施爱东. 告别田野. 民俗研究, 2003（1）.

万建中. 过年: 非常时间的非常行为. 北京观察, 2007（2）.

万建中. 狂欢: 节日饮食与节日信仰. 新视野, 2006（5）.

万建中. 论民俗规范功能的历史与现实. 广西民族学院学报（哲学社会科学版）, 2003（5）.

万建中. 民俗的力量与政府权力. 北京行政学院学报, 2003（5）.

万建中. 民俗文化与和谐社会. 新视野, 2005（5）.

万建中. 民俗志写作的缺陷与应有的追求. 民俗文化普查与研究通讯, 2007（创刊号）.

汪永晨. "敬畏大自然"不是反人类. 新京报, 2005-1-14.

王光荣, 等. 圣竹·神鼓·虎龙山·招魂礼——广西那坡彝族非物质文化载体之探究. 广西师范学院学报（哲学社会科学版）, 2006（2）.

王光荣. 《铜鼓歌》的启示. 民族艺术, 1987（1）.

王光荣. 桂西彝的金竹崇拜与民俗民风//云南省社会科学院楚雄彝族文化研究所. 彝族文化, 1995（年刊）.

王光荣. 论少数民族活态文化的抢救. 广西师范学院学报（哲学社会科学版）, 2004（1）

王宁. 非物质文化遗产的界定及其价值. 学术界, 2003（4）.

王润平. 当代中国家庭变迁中的文化传承问题. 吉林大学博士论文, 2004.

王希恩. 论中国少数民族传统文化现状及其走向. 民族研究, 2000（6）.

乌丙安. "信俗"：支配中国民俗生活的基本观念//周星. 民俗学的历史、理论与方法（上册）. 北京：商务印书馆, 2006.

吴锋. 中国传统孝观念的传承研究. 北京师范大学博士论文, 2001.

吴宗友, 曹荣. 论节日的文化功能. 云南民族大学学报（哲学社会科学版）, 2004（6）.

[日]西村真志叶, 岳永逸. 民俗学主义的兴起、普及以及影响. 民间文化论坛, 2004（6）.

夏敏. 文化变迁与民俗学的学术自省. 民俗研究, 1999（2）.

萧放, 吴静瑾. 近20年(1983—2003)中国岁时节日民俗研究综述//中国民俗学会. 民俗春秋——中国民俗学会20周年纪念文集. 北京：学苑出版社, 2006.

萧放. 传统节日：一宗重大的民族文化遗产. 北京师范大学学报（社会科学版）, 2005（5）.

辛世俊. 我们为什么要感恩——哲学层面的思考. 信阳师范学院学报（哲学社会科学版）, 2006（6）

徐杰舜, 罗树杰. 广西多民族格局发展轨迹述论. 广西民族研究, 1997（4）.

徐志林. "利市"源流演变探究. 广东教育学院学报, 2006（2）.

杨斌. "无须敬畏大自然"是妄言. 新京报, 2005-1-13.

杨维汉, 刘晓莉. 中国年为何越过越浓厚——透视春节文化传承与发展. http://news.xinhuanet.com/politics/2007-02/24/content_5767087.html.

余立梁. 论彝族节日文化. 楚雄师范学院学报, 2001（4）.

袁少芬, 钟桂明. 那坡县者祥屯和达腊屯彝族社会历史调查//广西壮族自治区编辑组. 广西彝族仡佬族水族社会历史调查. 南宁：广西民族出版社, 1987.

张海洋. 构建和谐社会与重建有神的社区——简论社区心态史在民族/民俗志中的地位. http://blog.sina.com.cn/u/48c6994f010008zi.

张海洋. 弱势群体的主体性与现代社会的互主性//中央民族大学民族学与社会学学院, 中央民族大学中国少数民族研究中心. 中国民族学纵横. 北京：民族出版社, 2003.

张莉萍. 滇桂交界地区彝族"跳弓节"调查与分析. 云南民族学院学报（哲学社会科学版）, 1995（3）.

张丽壁, 等. 广西彝族的跳弓节及跳弓舞. 民族艺术, 1987（4）.

张新明, 杨光玉. 假毛竹引种栽培技术研究. 经济林研究, 2000（4）.

张有隽. 本土解释在人类学理论、方法上的意义. 广西民族学院学报（哲学社会科学版）, 2002（4）.

张宗显, 罗树杰, 徐杰舜. 西藏的民族团结考察报告//徐杰舜. 中国民族团结考察报告. 北京：民族出版社, 2004.

赵南元. 点评两篇主张人类要敬畏大自然的文章. http://www.chinadv.com/tech/218137/.

赵世瑜. 中国传统庙会中的狂欢精神. 中国社会科学, 1996（1）.

郑家栋. 传统对于我们意味着什么. 中国中央电视台, 百家讲坛：http://www.cctv.com/lm/131/61/74177.html, 2006-12-25.

周凯. 2006, 那些纷纷落马的中国富豪. 中国青年报, 2006-12-19.

周琼. 彝族族源浅论. 楚雄师专学报, 2000 (2) .

周文中, 邓启耀. 民族文化的自我传习、保护与发展. 思想战线, 1999 (1) .

周星. 把民族民间的文化与艺术遗产保护在基层社区//张庆善. 中国少数民族艺术遗产保护及
    当代艺术发展国际学术研讨会论文集. 北京: 文化艺术出版社, 2004.

周星. 民族民间文化遗产保护与基层社区. 民族艺术, 2004 (2) .

宗远. 抢救活态文化迫在眉睫. 中国文化报, 2002-2-21.

左汝芬. 富宁彝族跳公节述略. 民俗研究, 1998 (1) .

附　录

一位祭司的诞生

——广西那坡县虎村白彝萨喃上任的考察

腊摩和萨喃是滇桂交界地区白彝族群的两位主要祭司，腊摩是第一祭司，萨喃是第二祭司。在本村落里，大到主持全寨的节日祭祀活动，小到为一些家庭主持结婚、起房、入宅、人生礼仪等仪式中的祭祀活动都少不了腊摩和萨喃，腊摩还是白彝传统文化的重要的传承人，白彝的经词全靠他们口耳相传，他们在白彝民众的精神生活中占有重要的位置。

腊摩和萨喃必须要经过举行复杂的上任仪式才具有得到村民的认可，举行这种仪式需要花费一笔较大费用，对于刚刚解决温饱的虎村人来说是比较沉重的负担。因而自20世纪90年代末虎村的萨喃去世后一直没有新的继任者，这成为虎村人心头的一块大病。笔者利用主持香港社区伙伴的行动项目——"族群传统文化资源管理与可持续生计研究"的经费，资助虎村人推选出来的萨喃候选人 YSHC 于 2005 年 11 月 18~20 日正式上任，了了虎村人的一桩心愿。以下就是笔者参加这次萨喃上任仪式的观察记录。

历时数月，几经反复，令笔者以为可能在短时间内仍然难以产生的萨喃候选人，经过七师、邦郎和妇女代表多方面做工作，终于在 2005 年 8 月 22 日晚上的会议定下由 YSHC 继任萨喃。根据当晚会议讨论决定，YSHC 决定继任萨喃后，其家庭要积极准备上任仪式需要的酒、肉和萨喃专用的彩巾、法袋、法凳，并选定上任的具体日子然后通知邦郎，邦郎组负责为 YSHC 采购长褂、法铃、法剑、彩扇和法帽❶。YSHC 家原来初步选定农历九月初，后来因为九月是他孙子的忌日，就推迟到了 11 月 18 日开始举行。

YSHC 上任萨喃的仪式历时三天，仪式的主要活动分述如下。

一、第一天：为祭司打山竹

腊摩和萨喃的法具，除神签外，其余的由家人或邦郎在街上购买就可以，如邦郎总管最初叫笔者到那坡县城购买萨喃的法帽，并说越南造的钢帽和当地壮族制作的一种小竹帽均可。笔者为此还专门在那坡县城转了一圈，没有找到越南钢帽和小竹帽，后来笔者委托在广西民族博物馆工作的一位学生去靖西县安德乡街上购买了一顶壮族的小竹帽，就成了当前虎村萨喃使用的法帽。而神签则必须要举行隆重的仪式去指定的地点采伐。

18 日这一天的打山竹活动分为几个阶段。

第一，为去打山竹的人送行。

清早，已经下了两天的小雨依然淅淅沥沥地下个不停，因此初冬的虎村已经比较湿冷。天刚刚亮 YSHC 家就请来几位亲戚宰杀了一头 140 多斤重的肥猪。五师、4 个邦郎和准备去打山竹的亲戚 7 点多钟就都来到了 YSHC 家。YSHC 家要设宴招待他们。因为原定上午 8 点钟出发，所以大家都来得比较早。后来由于修路加上雨天路滑，萨喃的一位重要亲戚无法从县城按时赶回村里参加送行仪式，所以 YSHC 的儿子看了日历后临时决定将出发时间改为上午 11 点。

9 点 10 分，YSHC 家派一位宗族兄弟和姑爷拿着 1 碗煮熟的菜（猪肉煮豆腐），1 瓶 1 斤装的米酒和 12 元钱，到腊摩家"请师"，请腊摩 LSH'AN 到家里来念经为准备上山打山竹者祝福，祈祷打山竹顺利。当他们到达腊摩家时，腊摩说他们的礼物少了一样东西，应该是还有 1 碗大米放在宗族神台上，请师的钱放在大米上面。因为这种仪式比较少举行，邦郎交代有所疏忽。两位使者表示，过后一定要补拿 1 碗米给腊摩。这并不是说腊摩非常希望得到这 1 碗米，而是他非常重视按照传统的规矩办事。但是，腊摩并没有立即请他们回家拿来大

❶ 腊摩和萨喃的装备是一样的，关于白彝祭司的装备。详见 王光荣. 通天人之际的彝巫"腊摩". 昆明：云南人民出版社，1994：10-11，26-36.

米，也说明这对于整个仪式而言并不是不可或缺的。腊摩招呼来请师的"使者"坐下后，就在自家的神台上点香、倒酒，接着与两位来请师的喝几口酒，然后念经交代祖宗出行目的，才与请师者一起到 YSHC 家。

腊摩在 YSHC 家念经首先要告诉 YSHC 家祖宗，当天要举行的是什么活动，恳请 YSHC 家祖宗保佑，然后祝福去打山竹者途中不遇到毒蛇、险恶，一路平安到达目的地，顺利采到山竹，安全归来。

按传统做法，打山竹需要四人一起去：一个邦郎，加上宗族、舅父、姑爷三个方面各派一个。这一次由邦郎总管 LRZH 亲自带队。由于 YSHC 家舅父派的亲戚都在云南，还不能够及时赶来，姑爷这边的亲戚就派一个去顶替舅父方面的亲戚去打山竹。但是，按照虎村的习俗，亲姑爷不能亲自去，而是派姑爷的兄弟去。他们四人被七师称为"山竹妹"，意思是替七师去完成任务的勤务员。席间，四位"山竹妹"身着崭新的节日盛装坐在面向神台和腊摩（附录图1）。他们承担着太多的希望：不仅关系到 YSHC 能否顺利上任萨喃，也关系到虎村全寨人能否顺利拥有已经缺位多年的新萨喃。因此，在席间五师不断给他们敬酒，唱山歌祝他们出行平安，整个送行仪式显得非常的隆重。萨喃的重要亲戚还专门给四个"山竹妹"封了一个"利市"封包，也预祝他们顺利。不过，这在传统仪式中是没有的，是一种外来文化的移植。

299

附录图1　清晨"七师"为四位即将出发的"山竹妹"饯行

第二，前往"神山"。

打山竹的"神山"在广西和云南两个省（自治区）交界的"本松苟"（彝语，意思是三个尖山头）。据虎村老人说，他们历任的腊摩和萨喃上任都是到这里打山竹。去打山竹的路线是从虎村通往云南省富宁县板伦乡一个白彝聚落木腊屯的一条小道上，这条路从这三座山中间穿过。这是那坡县白彝与富宁县白彝之间交流的传统道路。在 1989 年 1 月修通那坡县城厢镇内隆平到滇桂边界上的小集市那桑街的村级公路以前，两地交往完全依靠步行。2005 年 11 月笔者去的时候正在修筑连接两个省区之间的公路，估计在不久的将来就能够通车。

上午 11 点，依然是细雨纷飞。四位"山竹妹"准时搭乘腊摩小儿子这位 YSHC 家的亲姑爷的三轮摩托车在雨中上路奔向那桑街，笔者随他们一同前往，跟随笔者一起去调查的韦玺也一同前往。路上，笔者就问邦郎一路上有没有什么禁忌？邦郎总管对笔者说，路上如果碰到蛇被认为是不吉利的，也不能够碰到女人，特别是女人梳头、摸头，都是倒霉的。YSHC 家的一位姑爷也说，如果去卖东西，路上碰见女人特别是女人梳头、摸头，就卖不了好价钱。但是，他们对韦玺这位从南宁来的姑娘并不忌讳。可见，他们对女性的忌讳是有选择的。经过大约 40 分钟的颠簸，到达了这个壮族人聚居的小集市。在笔者的鼓动下，广西民族学院民族学人类学研究所所长周建新博士与广西艺术研究院院长廖明君研究员、韩德明研究员等人，已经清早从那坡县城到那桑等候，准备随我们一起去观看采山竹的情况。

也许真的是时间选得好，老天开眼，我们到那桑时，小雨已经停止。但是，连续下雨道路使积水而泥泞，刚走一小段路，我们的皮鞋就湿透了，大家每人赶紧在商店花 13 元购买了一双塑料的高筒水靴，把皮鞋寄存在商店里。同时，当时已经是饷午，我们就在街上吃上买了一些热的东西吃下去，补充能量，暖暖身子，然后就开始朝云南方向的"神山"行进。

虽然正在修路，但只是开挖了部分路基，我们走的仍然是羊肠小道，大家先穿过一片水田，然后翻过滇桂交界的一座丘陵，大约经过 40 分钟的行走，进入云南境内，到达一个壮族小村寨。从这个壮族村子再往前走约 500 米，就来到了目的地。

第三，登山采竹。

神山所在的区域是一片石灰岩山区，一座座独立的山峰拔地而起，但每座山峰都不是很高，相对高度大约在 150 米。山上虽然绿油油的，并没有什么大树，主要是蕨类和虎村人要找的山竹，还稀稀拉拉地长着几棵国家二级保护植物——董棕❶，但在远古的时候应该是草木茂密的地方。最靠近广西有三座并排的石山，就是虎村人打山竹的地方（附录图 2）。由于雨刚刚停止，山间依然是大雾弥漫。虎村人在此打山竹可能就是当年他们的祖先在战争中从云南败退进入广西躲避的地方。因为这三座山救了他们，所以他们把这三座山奉为神山，每当新的祭师上任都必须到这里来打山竹回去做神签，作为沟通人神的法器。同时，虎村腊摩、萨喃、央巴等几位关键人物在仪式中所戴的头巾，必须扎成三座并列的山的形状，都体现了这三座山在虎村人心目中的神圣地位。

附录图2　虎村人心目中神山的远景（左边的三座）

301

❶ 董棕：学名为 *Caryota nobecc*，属棕榈科,槟榔亚科,鱼尾葵属植物，又名孔雀椰子。董棕原产印度、中国西部、斯里兰卡，中南半岛也有分布。在中国主要分布于广西、云南等地，主要生于海拔 370~2000 米处的山坡和沟谷中。

四位"山竹妹"沿着小路来到三座山中间一座山的山脚，把带来的酒肉和糯米饭等放下，就登上中间的一座石山，开始分头寻找用作神签的山竹。据邦郎总管介绍，如果在中间这座山找不到符合要求的山竹，再到旁边的两座山找。山虽然不是很高，但是十分陡峭，加上长满了高过人的阙草、山竹和其他一些灌木，向上攀登十分困难（附录图3）。看到这种情形，周建新、廖明君、韩明德、韦玺等人均不敢上山。笔者则随"山竹妹"上山，本打算跟四位"山竹妹"一起上去拍摄一些镜头，特别是他们找到"母竹"时的激动场面。由于登上难度确实很大，加上背着摄像机、照相机，必须小心翼翼，增加了难度，所以跟随"山竹妹"登山10多米后，笔者也只好望其背项而下撤。

附录图3　神山的近景（上图的左二山头）

打山竹的关键和难点在于要找到一根"母竹"。虽然山上长着比较多的山竹，但是要找到母竹并不是太容易的事。因为母竹有特殊的要求：其竹节长是从肘关节到虎口❶，顶上还必须是有三个在同一平面的桠（附录图4）。要同时满足这两个条件的山竹非常稀少。如果当天找不到，当晚不能回去，第二天还

---

❶ 王光荣在《通天人之际的彝巫"腊摩"》12页中说是从主人的肘关节到中指指头的距离与实际情况有出入。

要继续找。所以，四位"山竹妹"的任务是比较艰巨的。据说，古时候真的有一年一直找到天黑还找不到，去找的人只好露宿山脚，第二天天亮再继续找。只要找到一根母竹，其余的只要竹节够长、不弯曲就可以采。

附录图4　山竹

在寻找山竹的过程中，YSHC 的一个去木腊村上门的弟弟，从云南赶回虎村参加哥哥的上任仪式正好路过这里，看到"山竹妹"正在找山竹，也放下行李，登上山去一起参与找山竹。还算顺利，经过差不多 2 个小时寻找，一位姑爷率先大声喊了三声"呼吁"，表明他已经找到了母竹，其他人也随之呼应，表示庆祝。王光荣在《通天人之际的彝巫"腊摩"》12 至 13 页中所说的"山竹妹"一边寻找母竹，一边唱着请魂歌，以及找到者就地点放鞭炮的情景并没有出现。笔者揣测，这种情景难以出现的原因，一是由于山坡陡峭，荆棘丛生，登山寻竹颇费力气，如果不是当天气温较低，他们早就汗流浃背，气喘吁吁，在这种情况下是不太可能再边寻找边唱唱歌的；二是在草木茂密的山上放鞭炮也不安全，而当天登山是虽然小雨已经停止，但树枝上的雨水依然没有蒸发，打得上山寻竹者的外衣都已经潮湿，如果带鞭炮上山恐怕也容易被打湿。而笔者所看到的则是当他们砍好其他山竹一起下山时，才轻松地唱着山歌下山。下到山下，邦郎总管取出一串鞭炮点燃后，就把刚刚打来的山竹捆好放在地上，并摆上从 YSHC 家带来的酒、肉、糯米饭，焚香烧纸，邦郎总管念祭祀山神（附录图 5）。

附录图5　邦郎总管在念经祭山

　　邦郎总管念的大意是："瘟王野鬼弄不得我们，让我们平安无事，顺利把山竹送到萨喃家"。接着，大家围在一起，以大地为桌，吃着刚才摆祭的酒肉和糯米饭。在他们喝酒吃肉的时候，凡是路过的行人，不管是否认识，都热情地招呼他们过来一起喝酒，分享彝家的快乐。有的壮族人开始不肯喝，经过解释，他们也愉快地接受了邦郎敬给的具有特殊含义的酒。由于天气寒冷，加上登山时衣服已经被打湿，寒风吹得大家都瑟瑟发抖。酒肉已经没有了热气，大家并没有多吃，象征性地喝了一些酒，吃了一点肉，就把剩余的肉、饭包起来，收拾东西，步行到那桑街，再乘坐腊摩儿子的三轮摩托返回虎村。

　　第四，五师迎山竹。

　　当几位"山竹妹"带着千辛万苦打来的山竹回到虎村头时，已经是傍晚时分，天色已暗。他们在村头下车，邦郎总管点燃一串鞭炮，然后四位"山竹妹"就列队并排开始一边走一边唱山歌。在家等待好消息的七老，听到鞭炮声和山歌声，急忙把已经准备好的酒提出来，唱着山歌来迎接凯旋的"山竹妹"，给她们敬两碗酒，请他们进村里来，请他们进屋里来（附录图 6）。而且七婆不顾年老体衰，雨天路滑，也挂着拐杖，随后一起把这个关系到全寨精神生活的山竹迎接。许多孩子更是蜂拥来观看这难得一见的场面。

附录图6　五师唱歌、端酒来迎接打山竹归来的"山竹妹"

　　山竹妹唱的大意是：我们从广西云南交界的神山打山竹回来了，我们为什么要去打山竹？因为我们家里有一位姓 YSHC 的公公要上任做萨喃，我们为他打山竹，我们走过了一山又一山，我们涉过一水又一水，我们没有碰到毒蛇和猛兽，顺利地打得山竹回到了村边。老人们唱的大意是：你们辛苦了，你们从遥远的广西云南交界的神山头走过来，你们为了萨喃的上任，爬到山上，寻遍了整座大山，好不容易打来了山竹，这一把山竹蕴含着你们心血，请接受我们敬你们一杯酒，请跟我们上路回到准备上任的萨喃家。来吧，来吧，我们在等你们，在家里的腊摩、萨喃在等着你们，在家里的七师七婆正在等待你们，来吧，来吧！请跟着我们一起回去吧，回 YSHC 家的楼梯口，走到 YSHC 家的大屋里❶。边走边对唱，"山竹妹"跟随五师走到了 YSHC 家的楼梯口。

　　第五，杀狗驱邪。

　　当几位"山竹妹"回到 YSHC 家的楼梯口时，他们却还不能马上登上 YSHC

305

---

　　❶ 此段歌词大意由王光荣现场口头翻译。

家的楼梯进入屋里。据说是因为恶鬼等不吉利的东西可能从野外跟随他们回来捣乱萨喃的上任仪式，必须采取措施驱邪才能让他们进家，以确保萨喃上任仪式万无一失。驱邪的仪式是：YSHC 家人先在楼梯口生一堆火给"山竹妹"烤，然后牵一只小狗来给他们劏吃。以火和狗驱邪的习俗在中国南方许多民族中都有。

在劏狗前，念经的人要右手持用芭蕉叶缠绕的九根小竹片，左手牵着小狗念经驱除邪气、恶鬼。由于"山竹妹"中没有人懂得念这段经，就请了村里的五师之一 FWD 来替他们念。FWD 念这段经词的大意是：我们走过一山又一山，没有毒蛇来拦路，没有妖风刮到我们的身上，我们去的时候一路顺利，如意地打到了山竹，回来的时候一路平安，现在我们向主人家汇报，我们将以劏这只小狗表明我们的情谊。念经后，将小狗杀死，整理干净、煮熟，他们几位就在楼梯口处把狗肉吃光。寓意把把从外面跟回到家里的一切邪恶的东西都已经消灭光，不会给萨喃上任带来任何不吉祥的东西。在杀狗、煮狗和吃狗的过程中，"山竹妹"还要一边和屋里的五师对唱"情歌"。因为家里的五师把"山竹妹"当作"情人"，把她们当作"妹妹"。

第六，请"山竹妹"进屋吃晚饭。

当他们吃完那只小狗后，在屋里的五师又唱歌邀请他们到屋里来。这时他们才拿着打来的山竹登上 YSHC 家的楼梯，越过 YSHC 家的门槛，把山竹交给五师的代表。五师代表接过"山竹妹"打来的山竹，交给腊摩仔细检查，确认没有问题后，请七婆用绳子捆好，放到了腊摩和即将上任分萨喃的所坐的饭桌上。捆山竹的绳子必须是绕三次，表示吉利。

把山竹交给了七师的"山竹妹"，当晚还只能坐在 YSHC 家门口内的右侧临时摆放的一张桌子边，并不能够深入 YSHC 家的屋里。这一晚上，他们都只能在这里吃饭、喝酒、唱歌。打山竹的几位"山竹妹"坐下后，就开始与七师对歌，所唱歌词其大意如下。

"山竹妹"：我们把山竹打回来了，可是山竹好不好，我们不知道。希望七师七婆检验，如果是好的我们的心就安然了。

七师：经过检验，你们打来的山竹非常符合标准，完全符合萨喃使用，现在你们辛辛苦苦地回来了，我们本来打算要好好地招待你们，可是我们衣长袖子短，没有美酒佳肴，只有这粗茶淡饭，实在是对不起你们了。

"山竹妹"：你们把我们请进到屋里来，屋里暖烘烘的，我们非常感谢。我们坐在桌边，前面摆着九大盘，前面摆着九大酒杯，我们吃不完，也喝不尽，感谢主家的盛情款待❶。

大家唱的都是礼节性的互相恭维的歌，唱了这些礼节性的歌后才开始吃晚饭喝酒。当晚，YSHC 家一共摆了 9 桌，将近 100 人一起吃饭，YSHC 家并不宽敞屋里屋外都挤得水泄不通。

第七，歃血示忠。

吃过晚饭，已经是晚上 9 点多了。腊摩就要求后勤人员立即重新布置场地，准备进行杀鸡喝血酒仪式。在堂屋神台前面、在火塘的东北面摆一张桌子，并在这张桌子上摆了 9 个碗、9 双筷和刚刚打来的山竹。在这里举行一个让准备新上任的萨喃 YSHC 表示忠于祖神和忠于火神的喝鸡血酒的仪式。喝鸡血酒仪式表示忠诚是彝族的传统，当年中国工农红军长征巧渡金沙江进入凉山彝族聚居区，红军先遣队司令员刘伯承在政委聂荣臻的陪同下，与当地彝族果基家支首领果基约打在冕宁县彝海边歃血为盟、结为兄弟的故事就成为历史佳话。

酒碗摆好后，YSHC 的亲舅舅的儿子❷把从自家带来的酒倒入 9 个碗里，由五师中的最长者标芒用牙齿把从舅舅家带来的鸡冠咬破，然后把鸡冠血滴入 9 碗酒里。由于标芒已经 80 多岁，牙齿不好，咬了几次鸡冠都不出血。他就请五师中比较年轻的 FWD 来咬，FWD 咬破了鸡冠，可是却没有血滴出来。按照过去的经验，一咬破鸡冠，血就会出来，如果不出血就是不吉利的。所以，在这种情况下，大家的表情都比较紧张。于是，有人就说，这个从街上买来的"良种鸡"，不是当地的"土鸡"，所以咬不出血。于是才把紧张的气氛缓和下来。这

---

❶ 此段歌词大意由王光荣现场口头翻译。

❷ 亲舅舅，彝话直译就是"最根本的舅父"。因为 YSHC 的亲舅已经去世，所以由舅舅的大儿子 FWW 代替。

时，邦郎马上找来菜刀把鸡弄到一边偷偷地在鸡冠上割了一刀，才把血弄出来，由 FWD 把鸡血滴入酒中。按照规矩是不允许用刀割的，但还是"变通"了。

把鸡冠血滴入酒后，YSHC 念一段经词，表示要把他就要上任做萨啷的消息告诉自家的列祖列宗。由于 YSHC 不是很熟悉这段经词，腊摩 LSH'AN 就在他的旁边，当他念经卡壳的时候不断地提醒他，使他能够念完这一段经词。这一段经词的大意是：今年他运气好，能够获得做萨啷的机会，众人给他喝鸡冠血酒，要他忠于全寨的神灵，为大家服务。天有多高，他就服务多高，地有多宽，他就服务多宽，鞠躬尽瘁，使全家、全寨人平平安安。念经后，他把手指放进碗里，蘸一点酒从肩上弹向身后，表示敬祖，让祖宗先尝一尝。然后，在大家的"监督"下，舅舅的儿子把 9 碗血酒递给 YSHC，他一一饮尽，表示永远忠于寨神，忠于本家的神灵，一心一意念经诵词，使本寨的老老少少、男男女女永远平安健康，让大家生活一天比一天好。

第八，杀鸡念经驱邪。

歃血之后，YSHC 家人宰杀了刚才取鸡冠血的那只鸡、鸡血、4 碗酒、4 双筷和新打的山竹摆在堂屋中间的地板上，面朝自家大门念"毛背经"。虽然这时 YSHC 家不太宽敞的堂屋里挤满了人，但腊摩还是要求大家让出一条缝，以便 YSHC 念经驱赶"邪气"的时候，"邪气"有路逃出去。在 YSHC 念经驱邪的时候，右手拿着一把菜刀，他舅舅的大儿子一直要坐在他的左边陪同，他的法凳也摆在他的右边，但是他还不能够坐上法凳。杀鸡念经驱邪同样是先以连毛的死鸡念一遍，再以拔光毛除去内脏的鸡再念一次。

就在 YSHC 在腊摩指导下不停地念经的时候，五师和"山竹妹"根本不听他念经，而是在那里继续喝酒对歌。这时，念经声、歌声和人们的欢笑声混杂在一起，气氛十分热烈。

YSHC 念经驱邪仪式结束，表示已经把各种可能带回家的恶鬼彻底清除，于是腊摩请 YSHC 把山竹放到神台上留作第二天正式上任时使用。

萨啷上任第一天的仪式结束时已经接近午夜。按照以往的做法，村民应该在 YSHC 家跳铜鼓舞，祝贺新的萨啷产生。但是，许多人觉得 YSHC 家房子太窄不好跳舞，于是，大家就转移到 FGY 家跳舞，引起了 YSHC 一位女儿的抱怨。

二、第二天：新萨喃正式上任

11 月 19 日这一天是 YSHC 正式上任萨喃的日子。虽然当天已经不再下雨，但是依然阴云密布。正式上任依然有很多仪式，其核心还是要驱除一切邪恶东西，确保上任活动平安无事。这一天，YSHC 家的舅舅派和姑爷派的亲戚都要送礼物去祝贺 YSHC 上任做萨喃。舅舅派的每家要做一大簸箕的糯米糍粑和 1 大瓶酒（约 2 斤半），糍粑的用途是当作招魂的粮食。白彝俗话说"天上雷公大，地上舅舅大"，意思是舅舅的力量大，据说要舅舅送来的糍粑才能够把魂招回来。姑爷派的亲戚则每家送一大茶盆的花菜，放在 YSHC 家的祖宗神台上，等萨喃上任仪式快结束时分发给在场的所有人（附录图 7）。

附录图7　姑爷带来的花菜和酒摆满了神台

仪式开始前，YSHC 的姐妹们就帮换上崭新的"法服"，今天他要坐上"法凳"主持仪式，正式成为祭司，也标志着缺位多年的虎村萨喃有了继任者。这套"法服"的头巾是 YSHC 家的姐妹们精心纺织的，而那披肩彩巾上精美的刺绣则更是凝聚着她们的智慧和对即将上任做萨喃的兄弟的祝福。而"法凳"则是 YSHC 的一位嫁到 BJ 屯的女儿和女婿 LGY 夫妻两人合作的结晶，木工部分是女婿的手艺，坐垫是女儿用自织的土棉布精心制作的。

309

上任后，新萨喃要做的第一件事就是念经驱邪。就在 YSHC 登上法凳，准备念经的时候，他的姐妹们发现他的头巾缠得不够理想，所以，他的大女儿和他的表姐又把头巾重新包扎了一下，使他显得更加具有祭司的威严。然后，YSHC 右手拿着头一天打回的山竹，开始念经。

第一，杀鸡驱邪。

吃过中午饭，已经下午 1 点多，新萨喃上任仪式接着头一天晚上继续举行。首先举行的是杀鸡驱邪。其形式的前两个步骤与头一天晚上的杀鸡驱邪仪式基本一致，即是把鸡杀死后先连毛念"毛背经"一次，然后拔毛后再念"毛背经"一次。所不同的有两点：一是今天 YSHC 是穿着萨喃的法服、坐在法凳上，以一位正式的萨喃身份来念经的。二是这一天要像在跳弓节祭山神一样，要用 12 团糯米饭插上鸡肉祭祀和自家织的棉布一匹（卷起来）作为祭品来摆祭，意思是让邪恶的鬼神也有酒、饭、肉吃，有衣服穿，然后离开不要在这里干扰萨喃的上任仪式。由于 YSHC 念经水平有限，他的"导师"只好坐在他的旁边指导，在他念经卡壳的时候提示他，使他能够念下去（附录图 8）。

附录图8　腊摩在旁边指导新萨喃念经驱邪

第二，杀猪敬祖。

这一天，YSHC 的家还要杀一头约 30 斤的小猪。因为猪是从街上买来的，是什么地方养的他们也不知道。他们担心有些邪气、恶气附在身上。所以还要念经驱邪后才能够用于祭祖。念经时，要向祖宗汇报，为什么要杀这头猪，就是今天××（YSHC 自己）上任做萨喃，不许各种各样邪气、恶气驱除，干干净净地祭祀寨神和祖宗。将经过念经后的死猪去毛解剖后，切肉来做肉串。先切 3 条肉，用于念经给新萨喃家祖宗的，请祖宗赏光，接受他敬给列祖列宗干净的猪肉，特别是要请 YSHC 家始祖要赏脸。第二串有 6 小块肉，是用来祭祀 YSHC 姓的先祖的，让寨神保佑全寨和 YSHC 家的平安。第三串有 8 块肉，用来祭祀各方来客的祖神，也让他们平平安安，保佑所到寨子的顺利。第四串有 9 块肉，用来祭祀全寨各个姓氏的始祖神。YSHC 在祭祖时对祖神念道：

你们接受我的祭品，看到我们的子子孙孙，看到我家的老老少少。我通过这个祭品来与我死去的父母亲对话，与列祖列宗对话，我拿着神签给你们祭祀，表示我的一片心意。我为了与你们对话而举行祭祀，我又特地杀了一只鸟❶来祭祀你们。我今天祭祀求的是安康、长寿，我祈祷事事顺意，祈祷寨门能够敞开让你们进出方便，回到你们应该住的地方，高高兴兴地来，快快乐乐地去，给全寨人安康。我为全寨人祈祷，我为全族人祈祷。❷

第三，招魂。

招魂，彝语叫"拉呼"，是虎村祭司上任的一个关键环节。招魂的地点仍然在杀鸡驱邪的地方，原来摆鸡的地方换成了刚刚宰杀那头小猪的肉。左边摆上舅舅派亲戚送来的4大簸箕糯米糍粑。这种糍粑做成厚约一厘米的一大块，铺满整个簸箕。同时，腊摩用草扎一个马的模型，据说这匹马是要招的魂乘坐而来的。同时，宗族兄弟抓来一只小鸡捆好它的脚到吊在"红卜麻"的树枝上，在人群中，小鸡被绑脚倒吊，惊恐万分，不停地发出"叽、叽"的惨叫声。据说，要招的魂听到这种叫声后就骑马跟随而来。

311

❶ 实际上杀的是鸡，可能是上古还没有养鸡时以狩猎到的鸟来祭祖的一种反映，但经词却一直沿袭未变。
❷ 此段经文由王光荣现场口头翻译。

接着，YSHC 左手持法铃，右手持山竹签开始念招魂经。当天的招魂仪式其实就是招他妻子的魂。为什么只招他妻子的魂还有待进一步深入调查。萨喃念经叙述了他跋山涉水去找他妻子的灵魂的艰苦过程，而他的妻子在另外一个世界又是如何受尽折磨，惨不忍睹。念了三段经词后，终于找到了他妻子的灵魂。如何把他妻子的灵魂招回来呢？关键在于要指出正确的方向，引导其进入正路，避免误入歧途。所以在经词中，有一段是这样的：

黑、白、黄三条路出现在你的眼前：下面一条是黑路，那是恶鬼走的路，你千万不能去走；上面一条是黄路，那是神祇走的路，你也不能走上去；而你眼前的白路，白路是一条直路，这才是你应该走的路……当你走到奈河边，那里有黑、白、黄三条河：下面一条是黑水，那是鬼喝的水，你千万不要喝；上面一条是黄水，那是神祇喝的水，你也不能喝；你前面那条河是白水，如果口干你就喝它❶。

在萨喃正确的指引下，他妻子的灵魂回到了虎村的土地上，最后还要引回家中的神台上。要把他妻子的魂引回家必须举行一个十分有特色的仪式：腊摩指挥送来糍粑的舅舅的家人把大糍粑剪成小块，分给坐在腊摩和萨喃后面的五师。然后，萨喃宗族的一个弟弟头顶一个簸箕，簸箕里面装着一碗大米、一个猪头和一块糍粑。

萨喃手持铃铛，一边有节奏地摇铃，一边由腊摩领着萨喃念经，把萨喃的妻子的灵魂引回家中。凑巧的是，刚才念经招魂的时候，小鸡一直不停地叫。等招魂仪式结束，经过数十分钟的折腾，小鸡也无力再叫了，而虎村人认为这是非常灵验的标志。

招魂仪式需要的时间非常长，萨喃滔滔不绝地念着那冗长的经词，很少有人能够专心从头到尾听完。据五师中的 LGF 说原来要做一天一夜，这一次新萨喃上任已经简化了许多。尽管已经简化了程序，但是当招魂结束的时候依然已经到了傍晚时分。

招魂的时候，YSHC 一直背对神台面对大门，而招魂以后在把树枝挂到神

312

---

❶ 此段经词由王光荣现场口头翻译。

台上前，要转向面对神台念经，告诉祖宗，自己的妻子的魂已经招回，准备引到祖宗神台上。念完这段经后，腊摩指挥萨喃的舅舅派的亲戚给小鸡松绑，而且特别强调不能够用刀来割绳子，必须用手来解开，然后放到干栏的底层，继续由萨喃家喂养，同时把腊摩用草扎的马放到神台上，把用于招魂的树枝挂到神台上面（按照男左，女右的原则）。虎村人认为招回的魂已经附在这根树枝上面，把树枝挂在家里的神台上面魂就不会再乱跑。挂好树枝后，萨喃的儿子给神台的香炉上香，萨喃念经向祖宗禀告。至此，萨喃上任大功告成。

第四，欢歌庆祝。

新萨喃的顺利上任，不仅对于 YSHC 本人及其家人是一件大事，同时也是虎村全体村民的大喜事。因此，当天晚上 YSHC 家又大宴宾客。席间，七师们带头高唱酒歌，祝贺新萨喃的顺利产生。老人在酒歌中还赞颂新上任的萨喃一家人的良好品行，赞扬他为大家办好事，为大众念经颂词，祝愿他吉祥安康。

七师唱过酒歌后，YSHC 家的已经出嫁的姐妹、女儿和侄女把自己精心制作的花菜拿到各个酒桌的客人那里分发，她们先把自己的花菜发给七师七婆，然后分给在座的所有客人（附录图 9）。当她们把花菜端到七师七婆的前面的时候，他们就伸手抓一把花菜到自己座位前面的桌面上，等散席的时候打包回家。而其他客人则只是抓一小抓放到嘴巴里尝一尝而已，表示已经分享了YSHC 家的快乐。分了花菜后，整个萨喃上任的"夜宴"宣告结束。

第五，送师。

萨喃派宗族兄弟和四个"山竹妹"把腊摩送回家中。回到家里，腊摩把萨喃家送的"谢师"礼物——一只猪腿、4 个糯米包、糍粑块、花菜等放在神台下的桌子上，手持神签面对神台念经向祖宗禀告。大意是说：这两天，他出门到 YSHC 家传授民族的风俗，传授宗族的经词，教会了新的萨喃。今天顺利完成任务回来了。向祖宗禀告完毕，腊摩的家人就把萨喃家送的礼物加热，与送他回来的"山竹妹"等人一起入席喝酒。虽然，刚刚吃过，但不在乎能够吃多少，而在于做"仪式"。然后，腊摩把他的道具全部收好，把法凳放回神台的

附录图9　萨嗬的姐妹、女儿们在分发花菜

左上角，宣告腊摩圆满完成主持这一场重大的仪式活动。

这一天，按照传统的做法也应该在萨嗬家跳铜鼓舞，因为同样的原因，像前一天晚上一样，大家都集中到 FGY 家跳舞。

三、第三天：修整神签

11 月 20 日这一天温暖的阳光一大早就出来了，一扫数日的阴云。新萨嗬请来村中的好篾匠修整打来的山竹签，破细竹篾编成 3 个小箍，把 24 根山竹签箍好，做成整齐的一把神签，装入法袋。从生长在山上的野生山竹，经过一系列隆重而复杂的仪式的转化，变成了萨嗬的神圣的专用法器。这把神签将终生陪伴萨嗬。即使某一天他去世，其他人包括祭师也不能使用他的神签，一直放在他家的神台上陪伴他的"灵魂"直到腐烂。

314

至此，YSHC 的身份和社会角色实现了转换：从一位呗帕成为一名全寨的公共祭司的转换，成为一位可以在寨神庙前与祖神对话的祭司，具有了更大的与"神"沟通和驱除"一切不好的东西、鬼神"的功力。

后　记

　　本书是在我的学位论文基础上修改而成的。2004年9月到2007年6月，我在北京师范大学攻读民俗学博士学位，毕业至今已经7年，学术又有了不少新的发展，虎村也发生了很大的变化。但是，在师友们的鼓励和支持下，我还是决定将之付梓，以对师友和乡亲们有一个交代。为了更好地体现当时的研究水平，除了必要的一些补充和更正外，都尽可能保持原貌。感谢知识产权出版社编辑为本书出版所作的努力。

作者
2014年7月于广西大学

　　以下是原文的后记。

　　自从1995年7月在北京大学举办的"第一届人类学高级研讨班"旁听时聆听到钟敬文先生的演讲后，就有了一个期盼到北师大学习民俗学的梦想。这个梦想在9年之后终于得以实现，首先要感谢刘铁梁教授领导的北师大民俗学与人类学研究所和导师万建中教授，使我迈入了民俗学的殿堂，否则我只能永远梦游于民俗学的大门之外。在北师大三年的学习是美好的，导师万建中教授以及刘铁梁教授、赵世瑜教授、萧放教授、杨利慧教授、康丽老师、岳永逸老师等各位老师高尚的人品、渊博的知识和对民俗学教学研究的执着、敬业，使我领悟到了北师大"学为人师，行为世范"的真谛。他们深深地感染着我，并将成为今后激励我继续前进的楷模。

能够有勇气从祖国南疆边陲负笈进京学习，要特别感谢徐杰舜教授。从1985年师从他学习中国民族史开始，20多年来，亦师亦友，是他始终鼓励和推动着前进动力不足的我艰难地向前迈步。进入北师大学习后，他仍然在学习上继续关心和帮助我，论文初稿写出后他又给我提出了建设性的修改意见。

感谢广西民族大学的领导尤其是民族学社会学学院、民族学人类学研究所的周建新院长、吴兆明书记、王柏中副院长、甘品元副院长等领导，在师资紧缺的情况下，支持我到北师大学习，在学习期间尽可能不给我安排工作，并尽力为我解除后顾之忧，使我能够专心学习，还为我的调查提供经费和设备的支持。

感谢香港社区伙伴广西项目统筹徐国伟先生为我们在虎村设立行动项目提供帮助和指导，使我的调查得以与社区伙伴的行动项目结合起来。自2003年与社区伙伴结缘后，从徐先生那里我学习到了很多有益的东西。在我们的这个项目结束后，他已暂时离开社区伙伴，离开中国到泰国开始他新的生活，在此也衷心祝愿他一切如意。

感谢广西师范学院民间文化研究所所长王光荣教授的帮助，是他的热情帮助和指导，使我树立在虎村调查的信心。感谢广西那坡县工会常务副主席梁卫东全家人特别是其父母对我的无私帮助，使我得以很快融入虎村并顺利开展行动项目与调查。感谢虎村的各位父老乡亲，特别是七师、邦郎和管理小组成员，延续两年多的调查也使我们建立了深厚的感情，他们把我当作虎村的一员，真诚地告诉我虎村传统节日是什么。在某种意义上说，这篇民俗志是他们的成果。同时，还要感谢那坡县博物馆馆长章焕然、宣传部副部长李永锋、文化馆副馆长农武等各位朋友的关心和帮助，使我在那坡县的调查少了许多障碍和苦闷。

感谢我的同事李美、学生吴政富等在实施社区伙伴项目前期所作的努力。感谢我的挚友《当代广西》杂志社的刘波主任、《金色年华》杂志社的肖艳霞副总编、广西广为律师事务所的廖海波律师、广西艺术研究院韦玺等对我在虎村调查和整理资料的帮助。还要感谢从英国曼彻斯特大学获得人类学博士回国的吴国富先生、中山大学人类学系郭立新博士、广西大学农学院方圆老师对我的帮助。

感谢与我同学三年的郑长天、姜秉官、西村真志叶、陈映婕、马光亭、孙乾飞、扈玲娟、李琼等诸位，是你们陪我在北师大度过充实而美好的学习生活。同时我忘不了漆凌云、李列、刁统菊、黄今姬、张虎生、黄旭涛、宇儿只斤·艾伦娜、詹娜、王颖超、施敏、李华伟、王立阳、袁明子、周全明、常华、阮氏好等学兄、学姐、学弟、学妹的鼓励和帮助，尤其是陆晓芹始终以她学习和完成论文的经验帮助我，也使我获益匪浅。真诚地感谢张莹、郜冬萍、胡小安等几位学弟学妹为我通读初稿，指出错误，提出修改意见。

最后还要感谢家人对我的理解和支持。年迈的父母和岳父岳母没有因为我三度负笈进京学习不能照顾他们而产生怨言，妻子为我使安心学习而打消了读本科的念头，下班之后专心照顾老人和儿子，这些都令我倍感温暖和愧疚。懂事好强的儿子在我进入北师大的时候也进入小学一年级，他要与我开展学习比赛，三年来他获得各种数学比赛、珠心算比赛、作文竞赛、英语竞赛、短跑比赛的奖励数十项，2007年1月22日还在《柳州晚报》发表作文一篇，他的认真劲儿，也使我不敢丝毫懈怠并倍感欣慰。

祝愿所有理解、关心、帮助我的人一切如意，你们的爱始终是我前进的动力。

"一位民俗学研究者曾说，除了柳田国男，很少有人能写出真正

317

的民俗学论文。对此，一位历史学者批评说，如果不是每个人都能做研究，那门学问就不是科学，而是艺术。"[1]虽然没有偷懒，但是本人生性愚钝，在导师万建中教授的点拨和各位老师的教导下学习了三年民俗学之后，只能以一位历史学者的话来替自己解脱。因为我这篇民俗志尽管费去了导师、本人及许多人的心思，但在民俗学家眼里可能算不上论文。按照施爱东先生提出的学术分工的设想[2]，笔者甘愿为民俗学研究型学术工作者"退而结网"构建理论大厦"担砖挑瓦"，但是对于这篇自以为费时、费心、费财的"自给自足的田野描述"民俗志是否被"研究型学术工作者"视为有用之材实在心虚。作为一名学历史出身的少数民族学者，在20年的少数民族历史文化研究中深感史料特别是本土少数民族学者所撰写史料不足的痛苦。如果这篇民俗志可以为后人研究白彝历史文化积累一点参考资料，笔者知足矣。

罗树杰

2007 年 4 月 30 日

于北师大学生公寓 G 座 801

318

---

[1] [日]小岛璎礼. 民俗学之存在意义——从村落社会发展起来的一门构想性科学. 赵晖，何彬，译//周星. 民俗学的历史、理论和方法（上册）. 北京：商务印书馆，2006：354.

[2] 施爱东. 告别田野. 民俗研究，2003（1）.